"十三五"全国高等院校人力资源管理系列规划教材

HUMAN RESOURCE STRATEGY
AND PLANNING

# 人力资源战略与规划

葛玉辉◎主编　宋　美　王亚男　蔡弘毅◎副主编

电子工业出版社
Publishing House of Electronics Industry
北京·BEIJING

**图书在版编目（CIP）数据**

人力资源战略与规划 / 葛玉辉主编. —北京：电子工业出版社，2021.2

ISBN 978-7-121-39936-7

Ⅰ. ①人... Ⅱ. ①葛... Ⅲ. ①人力资源管理－高等学校－教材 Ⅳ. ①F243

中国版本图书馆 CIP 数据核字（2020）第 223038 号

责任编辑：刘淑丽　　特约编辑：田学清

印　　刷：涿州市般润文化传播有限公司

装　　订：涿州市般润文化传播有限公司

出版发行：电子工业出版社

　　　　　北京市海淀区万寿路 173 信箱　　　邮编：100036

开　　本：787×1092　　1/16　　印张：15.5　　字数：348.7 千字

版　　次：2021 年 2 月第 1 版

印　　次：2024 年 8 月第 7 次印刷

定　　价：56.00 元

凡所购买电子工业出版社图书有缺损问题，请向购买书店调换。若书店售缺，请与本社发行部联系，联系及邮购电话：（010）88254888，88258888。

质量投诉请发邮件至 zlts@phei.com.cn，盗版侵权举报请发邮件至 dbqq@phei.com.cn。

本书咨询联系方式：（010）88254199，sjb@phei.com.cn。

# "十三五"全国高等院校人力资源管理系列规划教材丛书编委会

丛书编委会主任：葛玉辉

编委会成员：（按姓氏笔画为序）

王亚男　王传征　王泽平　王倩楠　毛双庆　刘　杨

宋　美　宋艳梅　张玉玲　陈佳怡　孟陈莉　赵晓青

胡汪红　郭亮亮　焦忆雷　蔡弘毅

互联网时代，"创新"已经成为社会发展的关键词，上至国家人才战略，下至组织发展规划，人们对"创新"有太多的解读与理解。VR 和 5G 技术的运用将引发新一轮的科技发展，组织的人力资源管理必将迎来新时代。面对新时代，人力资源管理必将再次升级。正在发生和即将发生的，包括 AI/VR 技术的引入，将给招聘、面试、培训等工作带来全新的体验。各类 App 将取代大多数绩效管理工具；大数据将改变组织人力资源战略决策模式；人们的需求和行为也在不断改变。新时代背景下，人力资源管理工作面临着前所未有的机遇与挑战。这就需要我们在人力资源管理方面做出新的改变以顺应时代发展。本丛书将和你一起拥抱新时代，为人力资源管理的再升级打开一扇窗、推开一扇门。

## 一、丛书框架（本丛书共 10 本）

- 《人力资源管理》
- 《劳动经济学》
- 《工作分析》
- 《绩效管理》
- 《薪酬管理》
- 《人才测评》
- 《员工培训与开发》
- 《职业生涯规划》
- 《招聘与录用》
- 《人力资源战略与规划》

## 二、丛书特色

近年来，管理学界掀起了国学之风，大多数经理人承受着极大的工作压力，时常接触古代圣贤、管理学大师的先进思想，也未尝不是一件好事。但在放下书本重新回到现实的管理生活中后，才发现"书走书的路，人走人的路"，所学的管理思想难以运用到日常的管理活动中去。

学术是实践的后台，丛书的作者一直想把自己在讲授"人力资源管理"课程中产生的许多心得体会、研究人力资源管理及相关领域时所得的思想和新观点，以及在做企业管理咨询和诊断等工作中所获得的成果融入书中，进而编写出一套体现理论的系统性与前沿性、理论与实践平衡、网络与教学互动的丛书来。呈现在读者面前的这套丛书就是在这样的背景下努力完成的结果。

（1）理论的系统性与前沿性。针对高等院校的教学要求，丛书在内容上力求涵盖人力资源管理的相关内容及主要活动，保持理论的系统性；同时，收集国内外人力资源管理的理论与技术的最新进展和作者多年来的研究成果，使丛书与其他同类书相比更能体现人力资源管理与时俱进的特点。

（2）理论与实践平衡。强化人力资源管理与实际工作的紧密结合，体现理论与实践并重的特色。

（3）网络与教学互动。丛书有一个作者与读者的互联网互动平台，将丛书的最新理论成果、策划案例分析、图形、表格、工作文本等相关资料上传（http://www.boshizixun.cn），以形成有效的互动；同时，丛书会及时增加、更新相关资料，读者扫描丛书序言最后的二维码即可查看、领取，以实现丛书资源的共享。

### 三、丛书的作者（学术界+企业界）

丛书的作者既有来自高校管理学院的教授、博士，又有来自管理咨询公司的资深高级咨询师，更有来自企业的人力资源总监、高层管理者，这为丛书的理论与实践结合、学术与应用并重、操作与理念相互渗透提供了强有力的支撑。

丛书从调研、策划、构思、撰写到出版，前后历时两年半。丛书的出版，既是作者辛勤付出的成果体现，更是"产学研"团队合作的成果。衷心感谢团队成员付出的努力，以及电子工业出版社的编辑为丛书的出版给予的支持和帮助。

在丛书的编写过程中，我们参阅和借鉴了大量的相关书籍和论文，在此谨向相关的作者和专家表示最诚挚的谢意。限于作者的水平和经验，丛书难免存在不足之处，恳请读者予以批评、指正。

丛书互动网站：http://www.boshizixun.cn

丛书主编邮箱：gyh118@126.com

扫码可查看、领取丛书共享资源

葛玉辉，管理学博士、教授、博士生导师

2019 年 9 月于上海

葛玉辉，男，华中科技大学首届 MBA 毕业，管理学博士、工商管理系主任、教授、博士生导师。劳动经济学、旅游管理硕士点带头人，国内著名的管理咨询专家、中国管理学网名师、上海交通大学海外教育学院特聘教授、复旦大学特聘教授、同济大学特聘教授、慧泉（中国）国际教育集团高级教练、精品课程人力资源管理主讲教授、上海解放教育传媒·学网特聘教师，上海博示企业管理咨询公司首席顾问、技术总监。中国人力资源开发与管理委员会委员、上海人才学会理事、上海市系统工程学会会员、上海社会科学联合会会员、湖北省社会科学联合会会员、中国管理研究国际学会理事。

### 学术科研

出版《现代企业策划与创新》《现代人力资源管理与创新》《人力资本产权及其制度创新研究》《人力资源管理》《成功职场修炼》等 30 部专著；在《管理工程学报》《科学学与科学管理技术》等杂志上发表论文 239 余篇，2000—2018 年主持了企业策划与人力资源开发及管理研究等科技项目 40 余项。其中国家级项目 4 项，省部级 6 项，横向课题 31 项；主持的 4 项科研成果分获国家优秀成果二等奖、湖北省重大科技成果奖、湖北省科技进步三等奖。

### 管理实践

葛玉辉教授自 1997 年开始专向为企业提供培训与咨询服务，专注于提升企业战略、人力资源竞争力和营销管理能力。先后受渤海油田、江汉油田、吐哈油田、克拉玛依油田、荆州自来水公司、湖北水泥厂、甘肃丰源建安商贸有限公司、安徽石油销售公司、五凌柳州机械厂、东风汽车公司（上海）、泛亚汽车技术中心有限公司（上海）、东风悦达起亚汽车有限公司、华东石油销售公司、江苏油田、上海临空经济园区、上海海洋大学、上海完美教育集团、浙江诸暨组织部和人事局、杭州诺贝尔集团、安庆石油化工有限公司、温州市人事局、吴江经济技术开发区人事局、安徽皖投公司、铜陵有色金属集团控股有限公司、马鞍山钢铁集团、上海电力公司、浙江电力公司、河北电力公司、四川省农商行、上海影视集团、上海医药集团、上海临空经济园区、中国人民银行上海总部、上海期货交易所、上海银行、上海建行、上海工商银行、黑龙江省农商行、上海市委党校、上海宣传系统人才交流中心、诺霸精密机械（上海）有限公司、浦东干部学院、国家税务总局、苏州税务局、国家科技部、上海电气集团、上海印包集团、上海申通地铁集团公司、中国电力投资集团公司、华能电力集团公司、复旦大学、上海交通大学、中国人民大学等大型国有企业、合资企业、民营企业、高等院校的邀请，做关于企业人才管理创新、人力资源管理、营销生产力、员工执行力、战略规划、文化整合方面的专题讲座、培训和科研工作，为企业创造了一定的经济和社会效益，同时塑造了良好的社会形象。

当前，我国正处于经济发展转型时期，经济全球化持续深入，高新技术不断进步，人才愈加重要。各国间的竞争从根本上讲就是高素质人才的竞争。人力资源作为推动组织发展的核心力量，也已成为现代企业管理的核心和重要组成部分。由于企业所处的内外环境发生了很大变化，提高企业运营效率和增强企业竞争力越来越受到各类企业管理研究者及政府机构的重视。从国内现有的企业管理理论和方法来看，主要包括以西方的管理科学为背景的企业管理理论方法和以中国传统文化为根基的管理思想两大类别。但无论是西方的管理理论还是东方的管理思想，对人才的关注都是摆在首位的。

企业的人力资源管理是现代企业管理的基础和核心。对于企业的其他管理方法，如战略管理、研发管理、生产管理、变革管理、财务管理等，必须结合人力资源管理，而且人力资源管理必须落实在对以上问题的执行这一关键环节上。在所有的人力资源管理工作中，人力资源战略与规划是其中尤为重要的组成部分，其与企业战略管理之间有着相辅相成的关系。在企业的战略管理中，必须要有企业的人力资源战略与规划与之相匹配。成功的人力资源战略与规划能通过把握现有及未来劳动力的构成情况，确立招聘和发展战略决策，协调整个人力资源管理活动。因此，人力资源战略与规划是企业战略与运作之间的重要连接因素之一。

人力资源战略与规划主要涉及对未来人力资源的需求和对工作的要求。它取决于公司的目标、策略，公司所面临的外部环境，以及目前公司员工的知识技能掌握情况。公司通过人力资源战略与规划来确保随时有足够的训练有素的员工来有效且高效地推动公司的运作。人力资源战略与规划关系到公司所需雇用员工的数量，员工所需何种技能及经验，何时及如何进行招聘或转职。由于员工解聘、升职及退休也会影响到人力资源需求，因此人力资源管理层需要通过人力资源战略与规划来预测企业未来对员工的需求及类型。同时，人力资源战略与规划还应包含为员工更好地履行当前的工作职责提供必要的技能培训规划，以满足员工职业发展道路的需求。

目前，不论是普通高校的企业管理、劳动经济学等经济管理类及相关专业的大学生、研究生，还是各种类型的组织内人力资源管理从业人员及广大普通员工，都亟须一本有关人力资源战略与规划的书，以帮助他们系统地学习人力资源战略与规划的知识，掌握人力资源战略与规划的理论，提高人力资源战略与规划的实际操作技能。

本书的编写力图做到理论性、系统性与实用性。全书共包括9章。

第1章人力资源战略与规划概述，主要阐述人力资源战略与规划的概念、人力资源战略与规划的产生与发展、人力资源战略与规划的意义和作用，以及人力资源战略与规划的影响因素。

第2章人力资源环境分析，主要阐述人力资源环境分析的概念、人力资源环境分析的基本方法、人力资源环境分析的主要内容，以及人力资源环境分析与对策。

第3章人力资源战略制定与选择，主要阐述人力资源战略的类型和影响因素、人力资源战略的制定、人力资源战略的选择，以及与企业发展相匹配的人力资源战略。

第4章人力资源需求预测，主要阐述人力资源需求预测简述、人力资源需求定性预测、人力资源需求定量预测、人力资源需求预测定性方法与定量方法的比较，以及人力资源供需平衡。

第5章人力资源规划的制订，主要阐述制订人力资源规划体系、人力资源培训规划、人力资源招聘任用规划、人力资源职业生涯规划。

第6章人力资源规划的实施，主要阐述人力资源规划的实施简述、人力资源规划的实施原则与路径、人力资源规划实施的保障措施、人力资源规划的实施要点、人力资源规划的实施评价技术——平衡计分卡。

第7章人力资源战略与规划的评价和控制，主要阐述人力资源战略与规划评价和控制的必要性及目的、人力资源战略与规划评价和控制的主要内容，以及人力资源战略与规划评价和控制的主要方法。

第8章人力资源战略与规划的发展趋势，主要阐述全球化背景下的人力资源战略与规划、网络与知识经济时代背景下的人力资源战略与规划、大数据时代背景下的人力资源战略与规划。

第9章中国企业的人力资源战略与规划，主要阐述中国企业的人力资源战略与规划的发展历程、中国企业的人力资源战略与规划的基本情况、中国企业的人力资源战略与规划存在的问题，以及中国企业的人力资源战略与规划的典型经验。

本书从全新的视角来分析人力资源战略与规划，通过理论与案例相结合，利用丰富的图和表，形象地将人力资源战略与规划的本质与实际案例展示出来。具体来说，本书有如下特色。

第一，本书有层次地引入人力资源战略与规划的系统知识，既有扎实的理论基础，又有工具与案例的详细介绍，使读者对人力资源战略与规划的理解更加透彻。

第二，本书从全新的视角介绍人力资源战略与规划的设计，结合需求预测工具，从人力资源战略的分解、筛选与表述三方面进行分析，然后再结合人力资源环境案例，引出人力资源战略与规划实际操作的全过程，全面深刻地介绍了人力资源战略与规划。

第三，本书形式活泼、可读性强。文中广泛运用插图和表格，使本书讲解更加直观、鲜活，增加读者的直观性认识。每章最后有大量的习题及案例分析，便于读者进一步增加对人力资源战略与规划的了解。

葛玉辉担任本书的主编，对全书的总体框架、编写大纲和便携规范进行设计，经参与编写的成员多次讨论，最终定稿。副主编宋美、王亚男、蔡弘毅协助主编做了大量工作。具体分工如下：第1章至第3章由葛玉辉、王亚男编写，第4章至第6章由葛玉辉、宋美编写，第7章至第9章由葛玉辉、蔡弘毅编写。

本书在编写过程中，参考和借鉴了许多学者的著作及相关文献资料，谨向他们致以最诚挚的谢意。由于本书是作者第一次编写人力资源战略与规划的大胆尝试，加之作者水平有限，书中难免存在一些缺点和不当之处，望有关人士批评指正。

本书可作为高校经济管理专业本科生、MBA、研究生的教材，也可供企事业单位人事行政总监、人力资源主管、人力资源专员、行政专员等各级专业从业人员及其他非人力资源专业的各级管理人员的短期管理课程培训参考使用。

葛玉辉

2020 年 10 月

# 目录

# 第1章
# 人力资源战略与规划概述

✎ **学习目标**

◆ 掌握人力资源战略与规划相关概念的定义和内涵，理解相关概念之间的异同。
◆ 了解人力资源战略与规划的产生与发展。
◆ 理解人力资源战略与规划的意义和作用。
◆ 认识人力资源战略与规划的影响因素。

📝 **关键术语**

人力资源战略　企业战略　人力资源规划

◉ **引导案例**

### 星巴克的伙伴关系与人力资源规划

有一类公司，在公司内部员工相互之间会有一些特定的称呼，以此来表明他们各自独特的企业文化和氛围。例如，在迪士尼乐园，所有的工作人员都称为演艺人员；在苹果专卖店，有一部分店员称为 Genius；而在星巴克，从 CEO 到普通店员，相互之间有一个奇特的称呼——伙伴，对除门店外的其他公司部门，则一概统称为"星巴克支持中心"。

在星巴克，"伙伴"被看作"销售美好体验"的最关键环节，在不断强化的过程中成为星巴克公司文化的一个重要组成成分。每位新加入星巴克的员工，除了要接受自己的伙伴身份，还会接受一系列培训，包括所在岗位要求的业务培训和每个员工都需要完成的咖啡知识与门店经营培训。2012年11月，星巴克（中国）大学成立，这个面向公司内部所有员工开放的企业大学培训平台与咖啡知识培训、门店经营培训一起构成了完整的星巴克"伙伴"教育。

卖一杯咖啡也许真的不只是卖了一杯咖啡，星巴克的确让员工和很多顾客都相信了这一点。但如果从职场角度来说，这种工作状态和效果显然不是让员工互称伙伴就能实现的。那么，星巴克还有哪些办法？它的人力资源规划又有哪些具体设置？我们一起来看看星巴克的"伙伴"法则。

### 1. 星巴克的员工构成

作为一家咖啡连锁零售商，星巴克的绝大部分员工都集中在门店。近几年，星巴克在中国的员工招聘总数每年都为6000～7000人，而其中超过90%的新人都会以门店员工的身份进入星巴克。星巴克曾计划2015年将在全球新开2400家门店，在中国内地将门店增加到1200家——这将带来更多的工作机会。

星巴克门店和支持中心的人员是双向流动的。例如，一位有意愿的门店员工在得到经理的推荐之后，可以参加支持中心的空缺职位面试。每年星巴克都有超过20%的门店员工进入支持中心工作。

### 2. 星巴克的招聘

对于校园招聘，在星巴克2013年面向校园的管理培训生招聘计划中，开放职位的部门均为门店，招聘的管理培训生数量约为400名。毕业生在提交求职申请之后，还要完成星巴克的在线测评和面试。管理培训生进入星巴克之后与社招员工的发展机会基本相同，但前者通常能在9～15个月的时间里成长为门店副经理。另外，星巴克内部员工也可以向公司申请加入管理培训生计划。

针对门店普通员工的岗位，星巴克更多的还是面向社会公开招聘。门店员工也可以向公司推荐适合的人选（星巴克也更乐见这种方式），候选人只需要通过面试便可以进入该门店工作。

经由其他社会招聘途径进入星巴克的员工可以有更多的选择，如可以跳过门店直接申请支持中心的岗位。支持中心部门包括门店开发及设计部、市场推广及产品部、公共对外事务工作部、伙伴人力资源部、研发与质管物流部、供应链部等。

星巴克的选人原则：①与他人开展良好合作。星巴克柜台后面就是一个咖啡制作到售出的流水线，而且员工的工作情绪和合作技巧对顾客来说也是可见的。②以客户为先。顾客在接触其产品之前首先接触的是员工，员工的服务态度会直接影响顾客对公司品牌的印象。③优秀的学习能力。也许你得从一位门店的咖啡师做起，但只要你具备优秀的学习能力，你便会有一个更好的发展机会。④影响他人的能力。尤其是当你希望未来能领导一个团队时，如领导自己门店的员工，甚至领导一个区域的门店经营，这种能力很重要。

**3. 职业发展路径**

（1）门店垂直晋升路径。对于在门店工作的员工，能否快速升职主要看自己的业务能力、知识储备能否有较快的发展，每年约有20%的员工可以获得各类升职机会。

（2）跨部门发展路径。任何级别的员工都有机会进入支持中心或门店，换部门工作。在通过跨部门应聘面试后，公司将根据员工的具体能力，并结合公司需求给予其相应职位。每年约有20%的员工从门店零售进入支持中心。

（3）升迁和跨部门的条件。个人能力是否达到升迁标准：在原有职位做得好是前提。

**4. 星巴克的培训体系**

在星巴克，所有新员工除接受相关部门的业务培训外，还必须参加一段时期的门店见习和考核，同时接受咖啡知识培训。

（1）门店经营培训。所有新员工在入职之初均要在门店实习。对进入支持中心的新员工而言，门店培训的持续时间为2～3周。在此期间，新员工会在老员工的指导下从如何泡出不同口味的咖啡做起，整个培训主要涉及零售课程、岗位锻炼、门店负责辅导等内容。相比招聘外部人员，星巴克在营运管理人员的招聘方面更倾向于任用从基层做起的员工。对员工自身而言，对公司的一线经营业务的了解也有助于其未来职业的发展。

（2）咖啡知识培训。员工获得咖啡知识主要通过员工分享和自学两个途径。入职之初，新员工会接受来自公司的咖啡知识的培训，主要涉及一些咖啡豆产地分布、烘焙方式等基础知识。在培训结束后，新员工往往还需要通过一个考核。在基本的培训之后，员工可以借助公司内部的资料发放、员工分享活动等来了解更多的咖啡知识。

星巴克（中国）为所有的员工设立了"咖啡大师"和"咖啡公使"的认证通道，在每年的星咖啡知识比赛中，公司会评选出对咖啡知识掌握得较好的员工，并且授予他们这两个称号，然后在次年对其再次进行认证，通过考核的员工可以继续拥有这两个称号。目前，国内有咖啡大师称号的伙伴大约有1800个，拥有咖啡公使称号的伙伴不到20个。拥有荣誉头衔的员工有资格申请其所在职位以外的公司兼职，如可以申请星巴克（中国）大学的讲师职位。

（3）星巴克（中国）大学。这是星巴克（中国）在2012年11月推出的一个面向员工的企业大学培训平台。员工除接受入职的相关培训外，还可以报名入学，接受更加系统的培训，为今后的晋升做好知识技能储备。星巴克（中国）大学提供的课程：①新员工课程。这类课程包括获取星级咖啡师证书的相关课程、公司体验、咖啡交流等。②员工推荐课程。这类培训项目是由员工的直属上司根据员工的个人特点和发展需求来进行个性化推荐的，如咖啡大师认证项目、项目管理、谈判技巧等。当员工希望从门店进入支持中心时，在接受资格面试之前，会被要求接受这一类培训。③优秀员工进阶课程。这类培训所面对的对象是那些潜在的管理人员。例如，专门针对门店经理设置的星光计划培训项目。这个项目每年会举办一期，但培训时间会被分成多个部分，其目的在于让员工能将培训与工作结合起来。

#### 5. 星巴克的福利措施

不同的公司会针对员工设计不同的福利政策,但目的都是提高员工的积极性。好的福利政策未必就是高财务投入的福利政策。通过强调对每位员工的关注,星巴克希望它的福利政策能显得公平和人性化。

（1）股票。每位星巴克的员工都能享受到公司的股票,包括那些在星巴克做兼职的临时员工。兼职员工只要每星期工作超过 20 小时,一年做满 360 小时就可以享受当年的股票,第二年这份股票就能兑现。当然,股票发放存在一个标准体系。每年,星巴克总部会向不同市场投放不同数量的股票,员工可以根据绩效、表现、薪资水平得到属于自己的那份股票。公司每年投放的股票比例保持在 10%以上。

（2）保险。除了国家规定的保险,公司还为包括门店兼职员工在内的所有员工购买了意外险。星巴克希望以此让员工在工作时能更安心。

（3）星基金。这是星巴克员工自发的一个互助计划,公司会定期为星基金注入资金。假如员工遇到意外,他们能向委员会提出申请,并且有机会获得帮助,但星基金并不能覆盖所有员工的需求。星基金同样向兼职员工开放。

资料来源:改编自《第一财经周刊》2013 年 1 月 8 日刊载<br>的文章"星巴克:独特的人力资源管理手册"。

## 1.1 人力资源战略与规划的概念

本节将从人力资源战略与规划的概念开始,导入人力资源管理的系统性介绍。人力资源战略包括企业战略和人力资源战略两部分内容;人力资源规划则包括现有人力资源状况分析、人力资源需求预测、人力资源供给预测,以及人力资源规划方案制订 4 个部分。人力资源战略与人力资源规划作为人力资源管理的重要内容,两者之间既相互适应又相互融合,共同形成对企业战略的适应与支撑,既应当有量化的评估,又可以结合企业文化的"软"条件,"软硬结合",为企业短期及中长期整体战略提供支持。

### 1.1.1 人力资源战略

企业人力资源战略与企业战略是密不可分的,人力资源战略应当与企业整体战略相适应,因为其会在一定程度上影响企业战略的制定。因此,在对人力资源战略进行学习之前,大家应当首先了解企业战略。本部分内容将分别从企业战略制定的 5 个基本步骤,结合人力资源战略与企业战略之间关系的现状,对人力资源概念进行辨析。

#### 1. 企业战略

企业战略是指确定企业的目标和方向,并采取一定的行动以实现这些目标。企业战略管理是将企业的主要目标、政策和行为依次整合为一个有机整体的过程。企业战略管理过程包括以下 5 个基本步骤。

（1）定义企业的宗旨和使命。其中包括说明企业共同的价值观，企业为什么要存在等内容。企业的宗旨和使命一般包含下列内容：①确定企业所要服务的特定的相关利益群体；②确定满足这些相关利益群体的行动，如强调为员工提供发展机会，为社会提供就业机会等。

（2）考察企业经营的外部环境。这是指对影响企业实现其宗旨和使命的技术、经济、政治，以及社会力量进行系统分析。

（3）分析企业的优势和劣势。分析的重点是企业内部资源相对于竞争对手而言具有哪些明显的优势，同时受到了哪些关键因素的制约。

（4）确定企业战略。在对影响企业的外部环境和内部资源进行分析后，第一步就是要确定企业战略。迈克尔·波特将企业战略划分为成本领先战略、产品差异化战略和集中战略。企业可以根据自身情况和外部环境分析结果，选择一种适合自身的战略。与此同时，企业也需要确定中短期发展战略目标，包括企业的销售额、利润、预期的资本收益率，以及企业在客户服务和员工发展等关键领域的目标。

（5）制订企业战略行动方案。这是指企业应该在企业结构、人力资源、财务、营销等方面做出怎样的改进，采取什么样的政策和方案，以实现企业的发展战略目标。在此阶段，企业开始对人力资源进行战略性考虑。当企业的领导层制订企业战略行动方案，并对员工招聘、选拔、发展和奖励等有关事项进行思考时，就为企业的人力资源战略奠定了基础。如果企业领导层在制订企业战略行动方案时，没有对人力资源做出相关决策，就很难形成有效的人力资源战略。

### 2. 人力资源战略

人力资源作为与市场营销、财务会计、生产制造并列的子系统，对企业战略目标的实现具有重要意义。然而在现实中，企业战略与人力资源战略之间存在很大的分歧。例如，企业在实行成本领先的整体战略时，可能会采取降低劳动力成本的措施来达到成本最小化的目标；而企业为了降低成本而进行裁员时，又会与企业进行人力资源管理时强调的对员工的收入稳定、个人发展及为社会就业负责的承诺相悖。再如，企业战略可能鼓励产品创新和技术领先，而企业的人力资源管理采取的却是成本导向战略，这时企业的人力资源管理对企业战略目标的实现所起的也不是促进作用。如果企业采取的是产品领先和技术创新战略，而企业的人力资源状况却不足以支撑这样的战略实现，那么企业战略在很大程度上就会受到企业人力资源的制约。总之，在人力资源成为企业竞争力来源的今天，人力资源战略与企业战略的匹配对企业战略目标的实现具有重要意义。

人们一般对人力资源战略有两种理解：一种是将它理解为市场定位过程。按照这种理解，有人根据迈克尔·波特对企业战略分类的思路，将人力资源战略划分为成本领先、质量领先和产品差异化 3 种战略。另一种则是将人力资源战略理解为一种管理过程，即企业通过人力资源管理实现战略目标的过程，这也可以称为"战略性人力资源管理"。

一般而言，对人力资源战略的各种理解在实践中没有本质的区别。在本书中，我们对人力资源战略的理解是基于以上两个方面的，并力图将这两种理解融合起来。我们认为，人力资源战略是企业根据内外部环境分析确定企业目标，从而制定出企业的人力资源管理目标，进而通过各种人力资源管理职能活动实现企业目标和人力资源目标的过程。

## 1.1.2　人力资源规划

什么是人力资源规划？有关人力资源规划的定义和概念很多，总体而言可以概括为以下几种。

（1）人力资源规划就是要分析企业在环境变化中的人力资源需求状况，并制定必要的政策和措施来满足这些需求。

（2）人力资源规划就是要在企业和员工的目标达到最大一致的情况下，使人力资源的供给和需求达到最佳平衡。

（3）人力资源规划就是要确保企业在需要的时间和需要的岗位上获得各种需要的人才（满足数量和质量两个指标），使企业和个人都能获得长期的利益。

（4）人力资源规划是预测企业未来的任务和环境对企业的要求，以及为了完成这些任务和满足这些要求而设计的提供人力资源的过程。

综合上述定义，本书认为人力资源规划主要包括以下4个方面。

第一，现有人力资源状况分析。企业必须对现有人力资源状况进行分析，了解企业目前已有的员工存量、素质，以及相对于竞争对手而言在人力资源上的优势和劣势。

第二，人力资源需求预测。企业必须根据未来发展战略对未来的人力资源需求做出正确的预测，确定未来理想的人力资源状况及目前存在的差距。

第三，人力资源供给预测。企业必须根据人力资源市场的现状对未来的人力资源供给做出正确的预测，确定未来的人力资源市场能否为企业提供符合质量和数量要求的人力资源。

第四，人力资源规划方案制订。当企业目前的人力资源状况与未来理想的人力资源状况存在差距时，企业必须制订一系列有效的人力资源规划方案。在劳动力过剩的情况下，企业可能需要制订一系列的人员裁减计划；而在劳动力短缺的情况下，企业可能需要在外部进行招聘。如果外部人力资源市场不能保证有效供给，企业则需要考虑在内部通过调动补缺、培训、工作轮换、晋升等方式增加劳动力供给。

企业制订人力资源规划的动因在于企业经营环境的动态性和企业自身的发展。社会环境的动态性使市场对企业的人力资源供给时常处于变化中。同时，企业自身的发展使企业对人力资源的需求也处于变化中。社会环境对企业人力资源供给的影响，主要体现在市场对企业产品的需求和人力资源市场对企业的人力资源供给方面。当市场对企业产品的需求比较旺盛时，劳动力短缺对企业的快速成长就会产生制约作用。但当市场对企业产品的需求萎缩时，企业内部又很容易产生劳动力过剩。如何在这两种环境压力之间找到平衡对任何企业来说都是一种严峻的挑战。另外，企业自身的发展也使企业对人力资源的需求处于变动中。例如，在成长阶段，企业一般比较重视销售，此时企业对营销人员的需求量很大，相对而言，对技术、管理、广告策划等人才的需求并不是很迫切。随着企业逐渐走向成熟，企业对技术、管理、广告策划等人才的需求也越来越大，而这时企业内部受各种短期利益的驱使，往往并没有培养或储备这类人才。要解决这个问题，主要有以下两种办法。

一种办法是到市场上去招聘合适的人才，但由于人力资源市场状况不稳定，往往很难在短期内找到合适的人才，即便能找到，新员工也要在经过一些基本培训和了解了企业的情况之后才能真正开展工作。另一种办法是企业通过人力资源规划，根据企业发展的状况，有计划地进行内部培养。但由于这些人才并不是企业目前所必需的，因此往往在很大程度上导致企业成本增加。总之，企业外部环境的变化和企业自身的发展是企业进行人力资源规划的根本原因。

## 1.1.3　人力资源战略与人力资源规划紧密融合

早期，企业将人力资源战略与人力资源规划作为两项单独的人力资源管理职能进行管理，且更多地关注人力资源规划。现在，由于企业内外部环境的变化，人力资源战略对于企业长期发展越发重要，并逐渐与人力资源规划紧密融合，演变为人力资源战略与规划，成为企业战略整体框架中的一部分。美国著名的人力资源专家詹姆斯·W. 沃克认为，20 世纪 90 年代的人力资源规划已经开始与人力资源战略紧密联系起来，其趋势有如下几种。

（1）企业正在使其人力资源规划更加适合企业精简且较短期的人力资源战略。

（2）企业的人力资源战略与规划更加注意关键的环节，以确保人力资源战略与规划的实用性和相关性。

（3）人力资源战略与规划更注意特殊环节上的数据分析，更加明确地限定了人力资源战略与规划的应用范围。

（4）企业更加重视将长期的人力资源战略与规划中的关键环节转化为行动方案，以便对其效果进行测量。

人力资源战略与规划的制定过程包括人力资源战略、人力资源规划和行动方案的制订等。其中，人力资源战略主要研究的是社会和法律环境的可能变动将对企业人力资源管理产生的影响等问题；人力资源规划主要是对企业未来面临的人力供求形势进行预测，包括对企业未来员工的需求量、企业内部和外部的人力供给状况的详细预测；行动方案是根据预测结果制订的具体行动方案，包括招聘、辞退、晋升、培训与开发、工作调动、绩效管理与评估、工资福利政策和企业变革等。人力资源战略与规划的应用范围很广，其本身可以是战略性的，也可以是战术性的；可以是整个企业范围的，也可以是一个具体部门的；可以周期性地制定，也可以在需要时单独制定。

### 1. 人力资源战略与规划受到企业战略的影响

企业的人力资源战略与规划要适应企业的整体战略。一般企业战略包括战略计划、经营计划和预算方案等方面。

企业的战略计划用以制定目标和决定为实现这些目标所需要采取的行动。第一，明确宗旨，即明确企业存在的目的和企业的特殊作用。第二，建立目标，即确定企业的总任务和为实现企业总任务的各个部门的任务，分析企业的优势和劣势，找出促进或阻碍将来实现企业目标的各种因素。第三，确定结构，确定企业的构成部门、各个部门在实现企业目标过程中的作用，以及各个部门之间的关系。第四，制定战略，确定企业目标实现的层次性，以及企业目标实现程度的数量标准和时间标准。第五，制订方案，明确各个方案的组成部分，以及衡量各个方案的有效性。

上述这些战略计划都涉及企业最本质方面的根本决策，对企业发展及人力资源战略与规划具有长期的影响。例如，企业收购、剥离、增加产品线，投入新的资本，应用新的管理方法、产品组合、消费者组合、竞争重点和市场的地理限制等都属于战略计划。战略计划的影响范围很广，可能需要投入大量的资源。一般而言，战略计划会涉及大量的资料收集和分析工作，并需由上层管理者反复审查和评价。

经营计划也可以称为战术计划，它涉及计划方案所需要的资源和企业策略，以及可能影响目前经营活动正常进行的具体问题。例如，购买效率更高的办公设备、处理被退回的次品和设计新的防伪标志等都属于战术计划。同战略计划一样，战术计划对人力资源战略与规划也是有影响的，但影响程度不同。战术计划对企业发展及人力资源战略与规划具有短期影响，影响范围比较小，所引起的变化也比较小。例如，年度的预算方案涉及预算、部门和个人的工作目标、项目的具体计划与时间安排、资源分配、完成战略计划和经营计划的标准，以及对结果的监督和控制。一般而言，计划期间越短，计划就越细致。

从总体上看，企业战略对人力资源战略与规划具有制约和限制作用。具体而言，企业战略制约人力资源战略，企业的一般战术计划制约人力资源规划，企业的预算方案制约人力资源的行动方案。又由于企业的一般战略计划制约企业的一般战术计划，而企业的一般战术计划又制约企业的预算方案，因此在人力资源战略与规划中，人力资源战略制约人力资源规划，而企业的战术计划制约具体的人力资源管理行动方案。因而，人力资源管理的目标既要与企业的长远战略目标相一致，又要与企业的短期目标相一致。

### 2. 人力资源战略与规划应和企业战略紧密联系

人力资源战略与规划作为企业战略整体框架的一部分，和企业战略及人力资源管理战略的其他职能如招聘和选拔、薪酬、考核等是紧密相关的。传统的人力资源规划主要关注、确保企业在适当的时间、地点，聘请合适数量和质量的员工。它更多地偏重于定量分析，目的是保证在适当的时间和适当的岗位上寻求到合适的劳动者，也就是偏重于处理和解决"硬"问题。而人力资源战略与规划除了解决"硬"问题，也注重解决

"软"问题，即更明确地将重点放在创建和形成企业文化上，以明确整合企业目标和员工价值、信念和行为。当"硬"人力资源规划被批判缺少广度和偏重于员工数量时，相应的"软"部分就会适应整个人力资源管理的主旨。要使人力资源战略与规划发挥效力，就应该将它与不同层次的企业战略联系起来。人力资源战略与规划和企业战略的关系如图 1-1 所示。

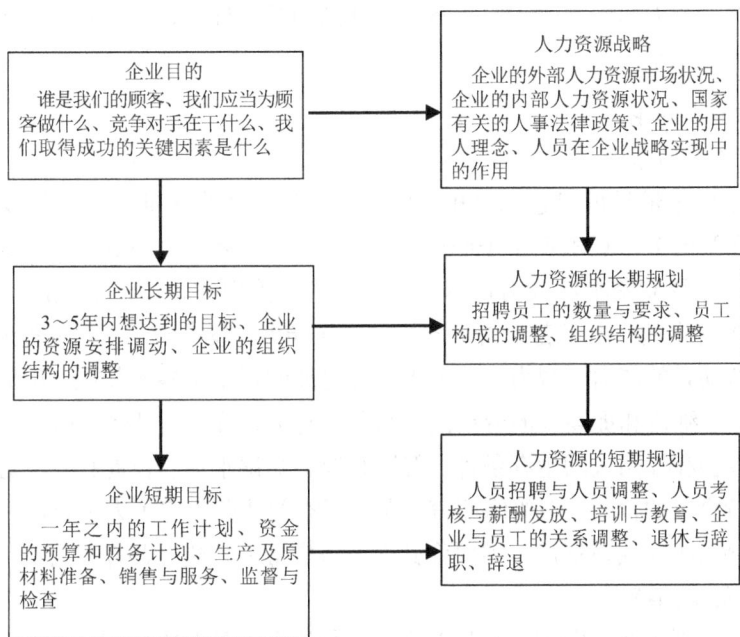

图 1-1　人力资源战略与规划和企业战略的关系

资料来源：伍双双. 人力资源开发与管理[M]. 北京，北京大学出版社，2004.

人力资源战略与规划的目标存在于企业战略目标的体系中，是企业总体战略目标实现的保证。企业人力资源战略与规划应该服务于企业发展战略和目标。企业在制定人力资源战略与规划时首先要明确企业发展战略和目标，以及企业为完成这些目标所需要的组织能力。人力资源战略与规划与企业战略的关系：企业制定人力资源战略与规划的前提是，有明确清晰的经营战略规划和核心业务规划；企业人力资源战略与规划的质量取决于企业的决策者对企业战略目标、企业结构、财务预算和生产规划等因素的明确程度。

企业的长期目标是指通过经营活动明确企业想要得到什么，企业的每一个战略步骤，企业要想取得什么样的成就。计划的长短是随着企业经营的性质而变化的，通常为 3～5 年。制订长期计划是一个相当复杂的任务，首先应明确企业在 3～5 年内想达到什么样的地位，取得什么样的成就，然后才能做计划、做决策、进行投资等。提前 3～5 年的预见要考虑企业内外部诸多因素，在人力资源规划上，要预测人员的具体需求，保证组织中的每一个人都朝着一个共同的目标努力工作。

短期目标是长期目标的细化，是指企业期望在将来的某一具体时刻达到的具体业务状态。短期目标为企业提供了一个合理安排各项资源的前提，确保企业朝着正确的目标前进。而人力资源战略与规划要解决的主要问题就是保证每一项工作的人员供应。

## 1.1.4 人力资源战略与规划的理论基础

本节主要介绍人力资本理论、战略管理理论和组织理论，为深入研究人力资源战略与规划奠定理论基础。

### 1. 人力资本理论

1）人力资本的概念

人力资本理论最早可以追溯至柏拉图，后来经过亚当·斯密、屠能及马歇尔等人的发展，最终西奥多·舒尔茨于1960年正式提出人力资本这一概念。西奥多·舒尔茨认为，资本包括物质资本和人力资本，物质资本是体现在物质产品上的，人力资本是体现在劳动者身上的。由于劳动者的素质、工作能力、技术水平、熟练程度各异，故受教育之后，劳动者的能力、智力、技术水平等提高的程度也各不相同。因此，人力资本是指为了培养、维持和提高人的劳动能力与劳动努力程度（包括体力劳动和脑力劳动），用于维持、改善和提高人的生存条件、健康状况、知识水平、技能技巧、劳动的自觉性和积极性等所投入的价值。对组织而言，人力资本的特征决定了人力资源可以通过获取人力资本优势而成为战略资产，需要像其他经济资源一样进行战略管理。

2）人力资本的特点

人力资本有别于物质资本，它具有不同于物质资本的基本特点，如下所述。

第一，人力资本是体现在人身上的技能和生产知识的存量。之所以称这种资本是人力的，是因为它已经成为人的一部分，又因为它可以带来未来的满足或者收入，所以称其为人力资本。

第二，人力资本与非人力资本（如金融资本）相比较，其最大特点是具有主观能动性。人力资本是经济发展的原动力，世界上的财富从本质上讲都是由人力资本创造的。一定时期内社会总财富的增加额（增量）是全社会的人力资本在同一时期内所创造的价值与所消耗的价值的差额。

第三，一个人所能拥有的人力资本相当有限，这种有限性主要来自一个人的体力、精力和生命周期等自然条件的约束。

第四，人力资本的形成与效能的发挥与人的生命周期紧密联系在一起，人的年龄及其变化对人力资本具有决定性影响。

第五，人力资本是一种特殊的资本，它能创造超出自身价值的额外价值。

3）人力资本理论的主要内容

1960年，西奥多·舒尔茨在美国经济学会年会上发表了《人力资本投资》报告，并对这一理论进行了系统阐述。他指出，人力资本理论主要包括以下几个方面。

首先，人力资源是一切资源中最重要的资源，人力资本理论是经济学的核心理论之一。

其次，在经济增长过程中，人力资本的作用大于物质资本的作用。西奥多·舒尔茨认为，在现代化生产条件下，劳动生产率的提高是人力资本大幅度增长的结果。在发达国家中，人力资本以超越物质资本的速度增长，因而国民收入的增长速度比物质资源的增长速度快得多，劳动者的实际收入明显增加，这正反映了人力资本投资的收益。

再次，人力资本的核心是提高人口质量，教育投资是人力投资的主要组成部分。西奥多·舒尔茨认为，人力资本包括人口数量和质量，而提高人口质量更为重要。对企业而言，人力资本的核心就是提高员工的素质，而教育是提高人口质量最基本的手段，所以也可以把人力资本视为教育投资问题。

最后，教育投资应以市场供求关系为依据，以人力价格浮动为衡量标准。西奥多·舒尔茨认为，人们自我投资以增加生产能力与消费能力，而教育是人力资本最大的投资。他说："教育比大多数再生产性非人力资本更为耐用。大多数非人力资本只有较短的生产寿命。教育可以增加，因为它是耐用的，它具有较长的使用期限这一事实意味着，在总投资相同的情况下，教育资本的增量要比非人力资本的增量大。"西奥多·舒尔茨对1929—1957 年美国教育投资与经济增长的关系做了定量研究，得出结论：与其他类型的投资相比，人力资本投资回报率较高。用于教育的人力资本投资是经济增长的重要源泉，因此可以用教育收益率来衡量人力资本收益率。

**2．战略管理理论**

1）战略管理的内涵

"战略"一词的希腊语是 strategos，意思是"将军指挥军队的艺术"，原是一个军事术语。一些军事著作如孙武的《孙子兵法》、尤利乌斯·恺撒和亚历山大的《军事学原理》、克劳塞维茨的《战争论》等，都对军事战略理论及方法的演进产生了深刻的影响。20 世纪 60 年代，战略思想开始用于商业领域；20 世纪 80 年代，战略思想已发展为十多个学派。关于企业战略比较全面的看法一般认为是明茨伯格的 5P 模型：如果从企业未来发展的角度看，战略表现为一种计划（Plan），而从企业发展历程的角度看，战略则表现为一种模式（Pattern）；如果从产业层次看，战略表现为一种定位（Position），而从企业层次看，战略则表现为一种观念（Perspective）。此外，战略也表现为企业在竞争中所采用的一种计谋（Ploy）。战略管理则是指对企业战略的管理，是企业在信息和知识经济时代，面对瞬息万变的经营环境，所必须采取的管理手段。人们一般认为，战略管理包括战略分析、战略选择和战略实施 3 个过程。而战略内容研究的则是企业的战略选择及其与业绩之间的关系，是解释性的。

2）几种典型的战略管理理论

（1）战略适应理论。战略适应是指战略与组织和环境因素之间的相称、一致或匹配。战略适应理论的创始人是安德鲁斯。1971 年，安德鲁斯将战略看作公司能做的（组织的优势和劣势）与可做的（环境机会与威胁）之间的匹配，从而建立起了著名的 SWOT 分析框架。该理论的实质是强调资源与战略、战略与环境条件之间的适应，认为价值的创造是内部能力与所追求的战略，以及战略与竞争环境之间相互适应的产物。因此，战略的选择必须基于仔细地评价可使用的资源和市场的机会与威胁，并使之匹配以达到适应。

（2）产业结构分析理论。此理论的主要代表人物迈克尔·波特教授于 1980 年在《竞争战略》中提出，现有企业间的竞争程度、潜在入侵者、买方的讨价还价能力、供方的讨价还价能力及替代品的威胁，是决定产业盈利能力的 5 种竞争作用力，这 5 种竞争作用力综合起来决定了某产业中企业获取超出资本成本的平均投资收益率的能力。迈克尔·波特认为，竞争战略的选择由两个中心问题构成：一是由产业长期盈利能力及其影响因素所决定的产业的吸引力；二是决定产业内相对竞争地位的因素。此理论是 20 世纪 80 年代战略理论的主流模式。

（3）资源理论。1959 年，彭罗斯发表了《企业成长理论》，第一次将企业成长归结为企业内部资源的运用，认为企业的增长是资源过剩和关于资源认识水平提高的产物，是关于资源战略理论的开创性研究。20 世纪 80 年代中后期，企业内部异质性资源研究获得了大发展，巴尼等人逐步完善了资源基础理论，并使其与核心能力理论共同成为 20 世纪 90 年代战略理论的主流模式。1991 年，巴尼提出企业资源具有 4 个基本特点才能产生竞争优势，即有价值、稀缺性、不可完全模仿（独特的历史条件、原因不明、社会复杂性）和不可替代性。1990 年，普拉哈拉德和哈默提出核心能力理论，该理论在企业发展和企业战略管理研究方面迅速占据了主导地位，成为企业经营和管理的重要理论之一。后来，提斯等人提出"企业动态能力论"，全面论述了核心能力理论，认为企业的竞争优势来源于企业所拥有的核心能力。几种战略理论的比较如表 1-1 所示。

表 1-1　几种战略理论的比较

| 项　目 | 战略适应观 | 产业结构观 | 资源基础观 |
|---|---|---|---|
| 分析单位 | 企业 | 产业 | 企业 |
| 竞争优势的来源 | 内部能力与竞争环境之间的适应 | 产业营利性，相对的讨价还价能力 | 有价值、稀缺性、不可完全模仿和不可替代性资源 |
| 保持优势的机制 | 企业的适应能力 | 产业壁垒 | 难以模仿的企业资源 |

### 3. 组织理论

1）组织的含义

组织是社会的细胞和基本单元，是社会运行的基础。组织的含义有广义和狭义之分。在广义上，组织是指多种要素按照一定方式相互联系起来的一个系统。这时组织和系统是同等程度的概念。在狭义上，组织是指人们为了实现一定的目标，运用知识和技能互相协作结合而成的具有一定边界的集体或团体。组织具有多种形式，但都具有以下共同特点：有自己的目标、由个人和群体组成、通过专业分工和协作来实现目标。

2）组织的构成

明茨伯格的组织理论认为，任何一个组织都由 5 个基本构成部分，即技术核心、高层管理部门、中层管理部门、技术支持部门和管理支持部门。

技术核心是指从事组织基本活动的成员，具有生产子系统的功能，完成将投入转换为产出的主体活动。技术核心在制造型企业中是指生产部门，在学校中是指教研室和学生班级，在医院中是指医疗部门。

技术支持部门的作用是帮助组织适应环境。例如，工程师、研究人员等技术支持人员，负责审视环境，探寻其中的问题、机会和技术发展动向，他们促进了技术核心的创新，有助于组织的变革和适应。

管理支持部门是完成维持性功能的子系统，负责从物力和人力资源等方面确保组织运行的顺畅。管理支持部门具体负责的事项，包括人员招聘、薪酬福利、员工培训等人力资源活动，以及机器设备的保养与维修、保安保卫等组织维护等方面的活动。

管理是一个独特的子系统，负责指导和协调组织的其他部分。管理活动可以分为两部分：高层管理部门负责为整个组织或主要的事业部提供方向、战略、目标、政策；中层管理部门则负责部门层次的执行和协调工作。

在组织的现实活动中，以上 5 个构成部分是相互交织在一起的，每个部分常常需要承担多个子系统的功能。例如，管理者负责协调和指导系统的其他部分，但同时也可以参与管理支持或技术支持活动。

3）几种典型的组织理论

对组织而言，从研究历史来看，每一时期均有其不同的研究重点，不同的社会学者、企业界学者、组织行为学者也都有不同的观点。比较经典的观点包括如下几种。

（1）"科层体制"理论。1911 年，马克斯·韦伯认为，合作性群体本身就是一种社会关系，如不是封闭性的就是以有条件的规章限制外人加入（半封闭性）的，此种方式使特定成员的行为遵循一定的秩序，并通过行政首长（经过不同方式产生）行使特定功能。

由马克斯·韦伯的观点可知，其特别强调社会互动及分工，组织是为了达成特定目的的特定活动。

（2）"系统组织"理论。社会系统学派的代表人物切斯特·巴纳德在 1938 年提出了系统组织的理论。1963 年，弗理蒙特·卡斯特、约翰逊和罗森茨威克三人合写了《系统理论和管理》；1970 年，弗理蒙特·卡斯特与罗森茨威克两人合写了《组织与管理——一种系统学说》。这两本书比较全面地论述了系统组织理论，主要观点如下：第一，组织是由许多子系统组成的，它们之间既相互独立，又相互作用、不可分割，从而构成了一个整体。第二，企业是由人、物资、机器和其他资源在一定的目标下组成的一体化系统，它的成长和发展同时受到这些组成要素的影响，在这些要素的相互关系中，人是主体，其他要素则是被动的。管理人员需力求保持各要素之间的动态平衡、相对稳定及一定的连续性，以便适应情况的变化，达到预期目标。同时，企业还是社会这个大系统中的一个子系统，企业预定目标的实现，不仅取决于企业内部条件，还取决于企业外部条件，如资源、市场、社会技术水平、法律制度等，企业内部条件与外部条件在相互影响中达到动态平衡。第三，可以把企业看作一个投入—产出系统，投入的是物资、劳动力和各种信息，产出的是各种产品（或服务）。

（3）"组织均衡"理论。西蒙认为，组织是指一个人类群体当中的信息沟通与相互关系的复杂模式。除同意切斯特·巴纳德的观点外，他更具体地说明了先有目标、活动，而后才有人和组织的产生，个人会加入组织是因为组织提供了"诱因"，个人则可以对组织有所贡献，两者间达成均衡，组织才能持续存在。因此，西蒙认为组织应具备 3 项条件：协调和合作、沟通网络、层级顺序。组织任务是通过层级的权责关系、沟通的信息交流，以及人员的合作努力达到目标的。

（4）"组织生态"理论。组织生态理论是由迈克尔·哈南与约翰·弗里曼借鉴生态学理论在 1977 年提出的。该理论重点探讨组织种群创造、成长和死亡的过程及其与环境之间的关系。

组织生态理论认为，在种群内新的组织不断出现，每个新的组织都试图找到能够支持它的领地或缝隙，即环境资源和需要的领域。因此，组织种群在不断变化。种群生态组织的进化过程大体上可以分为 3 个阶段：变种、选择和保留。变种是指在组织种群中不断出现的新组织。它们通常是由企业家发起、由大企业用风险资本建立或者由寻求提供新服务的政府建立。选择是指变种选择适应环境的组织形式。适应环境的组织能找到自己的领地或缝隙，从而从需要生存的环境中获得资源。保留是指组织将其所选择的组织形式固化下来。

根据组织生态理论，当变化迅速发生时，老的组织容易衰退或失败，但会出现能更好地适应环境需要的新组织。传统的组织设计是用来管理以机器为基础的技术的，它需要对特质资源进行稳定、有效的利用。然而，现代的组织却是以知识为基础的，也就是说，它的设计是用来处理思想和信息的。组织中的每一位成员都应以知识为基础，能识别和解决在其活动领域中出现的问题。因此，在这个新的管理秩序中，管理的责任是创造组织的学习能力和适应能力。这便是学习型组织、网络型组织，或者生态型组织。这些组织不存在单一的模型，它们是关于组织概念和员工作用的一种态度或理念，是用一种新的思维方式对组织的思考，这些组织结构表现出对环境的自学和自适应的功能。

## 1.2  人力资源战略与规划的产生与发展

人力资源战略与规划已经经历了几十年的发展。早年的人力资源战略与规划在内容和形式上都是比较简单的。虽然有些领先的企业已经制定了人力资源战略与规划，但是绝大多数企业的人力资源战略与规划还处于探索阶段，往往强调的只是人员的供给与需求预测、人力资源的配置，以及人力资源战略与规划的制定等单一的行为。企业的人力资源战略与规划还没有形成一套系统的、专门化的职能。此外，企业在单纯强调人力资源战略与规划的同时，没有很好地根据企业战略制定企业人力资源战略，也没有在企业人力资源战略的指导下很好地制订企业人力资源规划。一般来讲，人力资源战略与规划的发展经历了萌芽阶段、产生阶段、发展阶段和成熟阶段。下面从历史发展的角度分别探讨企业人力资源战略与规划的各个阶段的特点和内容。

## 1.2.1　人力资源战略与规划的萌芽阶段

自进入现代工业社会以来，劳动力就成为与资本、土地并列的基本生产要素之一。在资本主义发展的早期阶段，由于资本是主要制约企业发展的生产要素，因此资本家在考虑生产时，首先需要考虑的要素就是资本。相对于资本而言，劳动力在市场上是相对过剩的资源。劳动力的过剩和价格的低廉使企业非但没有产生对人力资源战略与规划的需求，反而对劳动力的管理（即人事管理）采取了一种随意的态度。资本家对人事管理的不重视直接导致企业中劳资双方关系的严重对立，这突出表现在雇主和工人之间的矛盾和冲突、工人就业的无保障和工人在岗位上的"磨洋工"等问题上。由于劳动不被重视，雇主对企业的人事管理采用了一种任意的、独断专行的、非系统化的方式。在资本家的眼中，工人只不过是一件普通的商品，在其利润最大化的目标函数中，劳动力与其他生产投入要素的地位一样。在大多数企业中，最高管理者把所有的人事管理权诸如招工、开除、定薪、提职和分配工作等统统下放给负责车间或部门工作的人员，一般而言，他们在这些问题上具有决定权。他们的任务是用最少的单位成本生产最多的产品。为了完成这一任务，他们采用的是高压驱动手段。他们将工人看作完成任务的工具。这种简单的管理方式在当时之所以有效，是因为市场上有大量的劳动力剩余，且工人完成工作并不需要特殊的技能。这时的企业基本上没有人力资源战略与规划的职能。

## 1.2.2　人力资源战略与规划的产生阶段

在 19 世纪末期之前，美国大部分劳动力从事的还是农业劳动。非农业部门，如制造业、采矿业和建筑业，一般都是小规模经营，雇用的都是具有某种手艺的工匠，使用的是手工工具，由小业主兼管理者经营。但是到了 19 世纪末期，工业部门发生了重大变化。大多数从事制造业的工厂的雇员人数都增长了数倍，同时企业中的生产过程也发生了重大变化，机器代替了手工工具，半熟练和非熟练的操作工及流水线工人代替了传统的工匠，标准件和相互替换件取代了特制件。最后，越来越多的工厂采用了所有权和经营权分离的现代企业制度，从而形成了一个专门从事企业日常经营活动的管理者阶层。

当时由于现代管理技术和标准化流水线还没有在社会上得到广泛应用，企业的生产效率还不是很高，生产出来的产品还未能满足人们的需求。因此，雇主提高生产效率的方法便是延长工人的劳动时间、降低工人的报酬，而这样的生产效率的提高是建立在损失员工利益的基础之上的，从而直接导致了企业内部劳资关系的对立。在这样的形势下，泰勒发起了科学管理运动，工业心理学家雨果·闵斯特伯格试图采用工业心理学的原理和方法促进工业效率及工人对工作的满意程度的提高。在这一阶段，由于福特的标准化生产流水线的发明，产品从传统的低效率生产转变为高效率的标准化生产。企业规模的扩大和生产技术的革新，使劳动分工、专门化、职能制、员工选拔、绩效考核等管理技术在企业中被广泛应用。由于企业对生产效率的重视和熟练工人的缺乏，企业人力资源规划的一些主要职能已经产生，如进行人力资源供给和需求的预测，以及根据人力资源供给和需求的差距制定人力资源规划政策。但是，在这一阶段，还没有形成一整套系统的人力资源规划理论。企业人力资源规划的重点也只是如何从市场上获得熟练工人，以及如何通过各种人力资源管理措施提高工人的工作效率等。

## 1.2.3 人力资源战略与规划的发展阶段

20 世纪 60 年代以后，科学技术的迅速发展和企业规模的迅速扩大使社会对高级人才产生了更大的需求。在这一阶段，由于中青年男性劳动力，以及科学、工程与技术人才严重短缺，人力资源战略与规划开始在企业人力资源管理中占据非常重要的地位。企业人力资源战略与规划的重点开始放在了人才的供需平衡，尤其是管理人员及专业技术人才的供需平衡上。人力资源战略与规划被定义为"管理人员将企业理想的人力资源状态和目前的实际状况进行比较，通过各种人力资源管理措施，让适当数量和种类的人才在适当的时间和地点，从事使企业与个人双方获得最大的长期利润的工作"。此概念包含了人力资源战略与规划的 5 个步骤：确定企业的目标和计划，预测企业的人力资源需求，评价企业人力资源存量状况及企业人力资源供给状况，确定企业的净人力资源需求，以及制订适当的人力资源战略与规划方案。这是一个线性的过程，在这个过程中，企业根据过去的人力资源状况预测未来的人力资源需求和供给，并制定人力资战略与规划。在这一时期，人们对人力资源战略与规划的普遍看法是企业预测其未来的人力资源需求，预测其内部或外部的人力资源供给，确定供求之间的差距，并根据预测结果制订企业的招聘、选拔和安置新员工的方案，制订员工培训和开发方案，以及制订预测必要的人员晋升和调动方案。

20 世纪 70 年代，由于美国新法律的出台和各种政府政策的制定，企业人力资源战略与规划需要考虑反优先法案和其他各种有关人事法案的影响。各种法律和制度的制定限制了企业的雇用行为、保障了员工福利和提高了安全保护措施。在此阶段，美国企业的管理者花费了大量的时间和精力去应对能源危机、企业发展停滞等问题，这些都消耗了企业的大量利润，产生了大量成本。但也是在这一阶段，人力资源战略与规划被广泛作为大企业和政府企业的一种关键人事管理活动。一方面，人力资源战略与规划极大地扩展了职能范围，不再局限于对企业人才的供求预测和平衡。"人力"（Manpower）一词由于具有性别歧视的含义被弃而不用，而"人力资源"（Human Resource）成为一个时髦的词语被广为应用。另一方面，"人力"也含有企业将员工视为一种费用和成本的意思，而"人力资源"则将员工视为企业获取利润的源泉，是企业的资源和资本。1977 年，人力资源战略与规划学会的成立标志着人力资源战略与规划作为企业人力资源管理的一项职能已经产生。1978 年，在亚特兰大的第一次人力资源战略与规划学会大会上，人们对人力资源战略与规划的看法已经进一步系统和成熟，认为它不仅包括传统的需求与供给预测，而且包括人力资源环境分析、人力资源预测和规划、员工职业计划和发展、员工工作绩效、企业设计及其他方面。

在这一阶段，由于人力资源战略与规划职能的扩展，已经有一些企业开始在制定人力资源战略与规划的过程中既考虑企业战略和人力资源战略，又考虑各种人力资源的行动方案，制定人力资源战略与规划配套体系。但无论是从理论来看，还是从实践来看，许多关键的问题还没有得到解决，人力资源战略与规划作为一个体系还没有完全形成。

### 1.2.4　人力资源战略与规划的成熟阶段

20 世纪 80 年代以来，企业开始对以前的多元化战略进行反思，缩减企业规模，采取多次裁员和提前退休的政策。一方面，很多企业实行分权管理，降低管理费用，争取变成精干型企业，这导致相当多的人才必须转移。企业的变革也使企业与员工之间形成的心理和社会契约发生了巨大的变化。另一方面，人们对职业规划、弹性工作安排及绩效工资更加重视。很多企业倾向于努力减少正式员工的数量，而更愿意雇用兼职员工和短期合同员工来满足企业的需要，这种情况导致企业的临时劳动力快速增加。面对这样的形势，企业人力资源战略与规划的重点变成强调高层管理者的培养与交接计划、人员精简计划、企业重组、兼并与收购计划，以及企业文化变革等。

由于企业面对的经营环境变化越来越快，企业战略在企业经营中的重要性越来越凸显，而人力资源战略作为企业战略的一个组成部分也越来越重要。企业开始使用一些工具和技术来确定人力资源战略，并将人力资源战略与人力资源规划联系起来，从而在不同的人力资源战略下使用不同的规划工具，进行不同的规划活动。在此之前，人力资源战略作为企业人力资源管理的一项独立的职能活动，可能与企业经营的外部环境不匹配，或者与企业人力资源管理的其他职能性活动如招聘、薪酬管理等发生冲突。在将人力资源规划与人力资源战略联系起来以后，企业便能根据企业的经营环境制定人力资源战略，从而在统一的人力资源战略下制订一致的人力资源规划。这也就是人力资源战略通常所说的两个一致性，即外部一致性和内部一致性，或水平一致性和垂直一致性。人力资源规划与人力资源战略联系在一起，根据明确的人力资源战略制订人力资源规划，标志着企业成熟的人力资源战略与规划管理职能的形成。

## 1.3　人力资源战略与规划的意义和作用

### 1.3.1　人力资源战略与规划的意义

人力资源战略与规划的意义主要体现在以下几个方面。

### 1．有助于企业适应变化的环境

环境的变化需要人力资源的数量和质量做出相应的调整。任何一个企业，不管它是公有的还是私有的，也不管它的规模和战略如何，都要经历环境变化的考验。

### 2．有助于企业及时填补职位空缺

企业中经常会出现职位空缺的现象。对规模比较小的企业来说，可以在空缺实际出现后再设法补上，但对规模比较大的企业来说，则应该事先进行人力资源的规划和预测。其原因首先是在规模比较大的企业中，员工分工明细，工作的专业化程度比较高，新员工的适应期比较长；其次是规模比较大的企业的职位空缺数额也比较大，要做到及时填补，必须提早准备。

### 3．有助于新员工尽快胜任工作

在员工流动率比较高的情况下，企业的人力资源部门必须在很短的时间内匆忙地招聘大量的新员工，这很容易导致录用标准下降。结果是招收了很多工作不稳定的员工，这又会造成以后的员工流动率上升。在离职率居高不下的情况下，企业应该简化工作，目的是缩短最低训练时间，使新员工能在尽可能短的时间内胜任工作。

### 4．有助于稳定生产

现代大工业生产在很多情况下都属于连续性作业，其主要特征就是生产水平稳定，因而也就要求劳动力水平稳定。通过人力资源战略与规划，使新招收的员工数量等于离职的员工数量，可以保持劳动力数量的稳定。

### 5．有助于减少未来的不确定性

如果没有变化就不需要计划，计划可以帮助企业更好地应对变化。企业面临的市场竞争环境的变化给企业的决策带来了不确定性，为了克服这些不确定性可能给企业未来的经营带来的消极影响，企业的人力资源部门就必须建立相应的招聘政策、培训政策和员工生涯发展政策。人力资源部门在制订计划的时候，还应考虑到计划期的长短。短期计划指的是 1 年以内（含 1 年）的计划，长期计划指的是 3 年以上（含 3 年）的计划。到底是应该制订短期计划还是长期计划取决于企业面临的不确定性的大小。伯瑞克和马西斯早在 1987 年就提出了不确定性大小的影响因素及其与计划期长短之间的配合关系。

由此可见，如果没有人力资源战略与规划，我们就无法正确地评估结果，也无法知道我们的努力方向是否正确、哪一个行动在实现目标方面具有最重要的作用，以及如何把不同的人力资源管理活动集成起来使它们相互配合。没有人力资源战略与规划，人力资源管理活动就会变成相互之间不存在有机联系的活动的大杂烩。企业目标包括扩大市场份额、降低成本、技术革新、提高名声和提供高质量的服务等。如果没有整体的计划，这些目标就可能被遗忘。管理者可以通过计划来确定目标，目标明确后，每个管理者与每个员工工作的意义和范围就会很清楚，企业也就可以更好地把资源集中到与企业目标最一致的产品和服务的经营中去。事实表明，目标明确的管理者比目标不明确的管理者更有效率，并且对工作也更满意。所以，人力资源战略与规划可以把企业的人力资源管理活动与整个企业发展联系起来，使人力资源管理活动成为企业的一个有机组成部分。

在人力资源经理、员工及其他有关人员一起对未来进行计划的过程中，还会涉及选择相关的信息进行预测、制定目标、进行决策、对结果进行评估等许多问题。近年来，虽然计算机化的人力资源信息系统（HRIS）在帮助人们收集和处理信息方面的作用越来越大，但其仍然无法替代决策者的作用。在信息时代，信息量非常大，而人们用来识别、处理和分析信息的时间及其他资源有限，这就要求决策者挑选出重要的信息服务于目标的设定、决策的制定及结果的评估。虽然信息不总是完全的和确定的，而且人们的决策也不总是系统的，但计划还是很有用的。因为计划可以帮助我们尽量避免这些弊端，所以支持决策的计划系统可以帮助我们提高人力资源管理的水平。

## 1.3.2　人力资源战略与规划的作用

人力资源战略与规划的作用可以分为以下两大方面：一是对企业战略方面的贡献；二是对人力资源管理职能自身的贡献。

### 1. 人力资源战略与规划对企业战略方面的贡献

1）人力资源战略与规划是企业战略的核心

在现代社会，人力资源是组织中具有能动性的资源。如何通过人力资源战略与规划吸引优秀人才，促使组织现有人力资源发挥更大的效用，从而支持组织战略目标的实现，是每一个管理者都必须认真考虑的问题，这也正是企业的管理者越来越重视人力资源战略与规划的原因。企业战略的关键在于确定好自己的顾客，经营好自己的顾客，实现顾客满意和忠诚，从而实现企业的可持续发展。但是如何让顾客满意？需要企业有高质量的产品与服务为顾客创造价值，而高质量的产品和服务，需要企业员工的努力。所以，人力资源是企业获取竞争优势的首要资源，而竞争优势正是企业战略得以实现的保证。同时，企业要获取战略上成功的各种要素，如研发能力、营销能力、生产能力、财务管理能力等，也要依赖于人力资源。因此，人力资源战略与规划是企业战略的核心，在企业战略的实现过程中做好人力资源战略与规划是十分重要的。

2）帮助企业识别战略目标

由于企业所处的内外部环境是不断变化的，企业的战略目标也需要不断调整。人才竞争是未来竞争的焦点，企业必须认识到，那种需要什么人才就能找到什么人才的前提已经不再适用于未来的环境。因此，人力资源战略与规划有助于企业认清企业目标的变化和人力资源现状，通过分析、预测人力资源的供求状况，制订相应的规划，使企业的战略目标更具有预见性，从而提高企业对环境变化的适应能力和企业的竞争力。

3）有助于创造战略目标实现的环境

企业的战略目标必须分解为更具体的目标体系，在采取有效的资源保障和配置，以及有效的激励和约束的条件下，才能得以实现。人力资源战略与规划不仅可以在人力资源战略目标下，通过计划把资源集中到与企业目标最一致的产品和服务中去，还可以通过计划的制订、实施和评估、反馈,保证政策的连贯性和一致性。

4)为企业战略目标的实现提供人力资源的保证

人力资源战略与规划在明确企业战略的要求后,要预测人力资源的供需缺口,采取相应的措施,平衡人力资源的供给与需求,确保企业战略目标的实现。人力资源战略与规划可以使企业员工看到未来企业各层面的人力资源需求,从而参照企业人力资源的供给情况设计自身的职业生涯发展道路,这对提高员工的工作生活质量来说也是非常有益的。

5)有助于提高企业的绩效

员工的工作绩效是企业效益的基本保障,企业绩效的实现是通过向顾客有效地提供产品和服务体现出来的。而人力资源战略与规划的重要目标之一就是通过员工实施对提高企业绩效有益的活动。过去,人力资源管理以活动为宗旨,主要考虑做什么,而不考虑企业的成本和需求;目前,从资源型经济正在向知识型经济过渡,从而企业人力资源管理也必须实现战略性转化。人力资源管理者必须把他们活动所产生的结果作为企业的成果,特别是作为人力资源投资的回报,使企业获得更多的利润。因此,通过人力资源战略与规划,实施有助于提高员工绩效的相关活动,能有效推进企业战略的调整和优化,从而实现企业绩效最大化,提高企业绩效。

6)有利于企业形成持续的竞争优势

随着企业间竞争的日益白热化和全球经济一体化,很难有哪个企业可以拥有长久不变的竞争优势。往往是企业创造出某种竞争优势后,渐渐被竞争对手模仿,从而失去优势,而优秀的人力资源所形成的竞争优势很难被其他企业模仿。通过人力资源战略与规划的实施,可以增强企业的人力资本总和,利用企业内部所有员工的才能吸引外部的优秀人才。人力资源战略和规划就是要保证各个工作岗位所需人员的供给,保证这些人员具有其岗位所需的技能。同时,通过设计与企业的战略目标相一致的薪酬福利规划、培训规划,以及员工职业生涯规划等,增强企业人力资本的竞争力,达到增加人力资本、形成持续竞争优势的目的。所以,人力资源战略与规划在某种程度上决定着企业的生存和发展。

**2. 人力资源战略与规划对人力资源管理职能自身的贡献**

人力资源战略与规划是人力资源部门各项业务开展的基础。

1)设定人力资源部门各项业务活动的目标

人力资源战略与规划要对企业现有的人力资源能力进行分析,还要对员工预期达到的能力与要求进行估计和分析,找出现状与理想状态的差距,并以此为基础制定人力资源各项业务活动的目标。一般情况下,人力资源战略与规划所设定的目标就是考评人力资源部门的业务活动如招聘、考评、培训、工作系统设计等的标准。

2)合理利用人力资源部门的资源

人力资源部门的各项业务活动需要耗费人力、物力、财力等有限资源,合理的规划有助于提高效率,降低成本。例如,人力资源战略与规划可根据企业对人力资源的数量、质量需求,以及人力资源的供给状况,决定员工培训的参加人数、范围与内容,并决定培训的投资额度等，达到以最小的成本获得最大效益的目的。

3）提高人力资源部门业务活动的工作质量

完善的人力资源战略与规划，具有统一人力资源管理各个业务部门思想和行动的作用，能统筹各部门的工作思路、部门之间的业务衔接，而且还可以加强对各部门的监督，从而提高人力资源部门的工作效率。

## 1.4　人力资源战略与规划的影响因素

企业在制定人力资源战略与规划时，必须充分考虑各种因素对其可能产生的影响，以确保人力资源战略与规划能顺利实现。

### 1.4.1　地域因素

在制定人力资源战略与规划的过程中，企业必须考虑不同地域条件对人力资源招聘等方面的影响。尽管目前人力资源的来源分布在地域方面有离散的趋势，但经济发达、社会环境良好的区域对人力资源的吸引力还是比较大的。这也说明，企业在制定人力资源战略与规划时，需要考虑企业所处的地理位置对其人力资源战略与规划实现的影响。对于所在区域不是经济发达地区的企业，其所能得到的人力资源供给可能会比较有限；对于在某些地域上占据优势的企业，其也需要考虑怎样在较多的求职者中找到最符合企业要求的人才，还要注意一些本地人力资源政策环境的变化对人力资源的影响。

### 1.4.2　人口因素

人口总量的变化会影响劳动力的供给总量，从而会影响企业的人力资源供给。例如，我国实行了多年的计划生育政策深刻改变了我国的人口状况，对企业长期人力资源规划有着重要的影响。企业的人力资源素质和结构会受到包括人口总数、适龄劳动人口数量、性别比、迁移与受过高等教育的人口变化等重要的人口信息的影响，企业必须对此做出准确的判断，进而作为制定自身人力资源战略与规划的一个重要依据。

### 1.4.3　经济因素

经济发展状况会影响人力资源市场的发展，也会影响企业对人力资源的需求，进而影响企业的人力资源战略与规划。例如，当经济形势好的时候，人力资源流动的速度就会加快，人力资源的供给量就会增加，企业得到的人力资源供给也会增加；而当经济萧条的时候，人力资源流动的速度就会减慢，人力资源的供给量就会减少，企业得到的人力资源供给也会减少。同样，经济形势好的时候，企业对高素质人力资源的需求就会增加；经济形势不好的时候，企业对人力资源的需求就会减少，甚至裁员。因此，经济发展状况是企业制定人力资源战略与规划时必须考虑的一个关键因素。

### 1.4.4　技术因素

新材料、新技术和新资源在企业中的应用，对人力资源质量、数量和结构提出了新要求。企业需要更多可以与技术的变化相适应的掌握新知识的人力资源；而人力资源结构也因此而改变，企业需要吸纳大批具备新知识的劳动者，并减少知识老化的员工数量，企业的人力资源战略与规划必须满足企业适应新技术发展的需要，并为此做出相应的改变。

### 1.4.5　法律因素

政府常常制定许多规范人力资源活动的法律法规，以保护劳动者的权益，保证人力资源活动的正常有序进行。我国以《中华人民共和国劳动合同法》为核心的，包括职业安全与健康、劳动争议、社会保险等内容的劳动法规体系已经比较健全，对规范和发展我国的人力资源市场起到了非常重要的作用。对企业来说，其人力资源战略与规划必须在国家的法律法规框架中进行，忽视这些法律法规的影响，必将导致人力资源战略与规划制定和实施的失败。

## 1.5　人力资源管理面临的挑战

近年来，人力资源管理的理论和实践，都在不断地发展和成熟。然而，目前的人力资源管理依然面临着来自环境、人力资源职能，以及管理者角色等诸多方面的挑战。经济全球化改变了全球竞争的边界，信息技术的发展则进一步缩短了人与人之间的距离，人们的竞争意识也在随着环境的变化而加强，随着互联网技术和理念的不断发展，企业在人力资源管理上也逐步呈现出了新的发展趋势。与此同时，人力资源管理又逐渐从原有的作业性、行政性事务转向企业战略支持层面。这些变化，不断挑战着现有的人力资源管理理念与方法，为人力资源管理带来了更多的发展机遇和挑战。

### 1.5.1　人力资源战略与规划产生的环境

在快速变化的人力资源管理研究与实践中，人力资源战略与规划的制定和实施都离不开环境。

21世纪的企业面临着前所未有的变革和激烈的竞争。经济全球化、信息技术的飞速发展、竞争焦点的变化等，尤其值得关注。

#### 1. 经济全球化

经济全球化改变了全球竞争的边界，企业面临着前所未有的挑战。全球化蕴涵着对新市场、新产品、新观念、企业竞争力和经营方式的新思考。一个成功的全球化企业应该具备独特的技能和视野：能感知到世界市场和产品的微妙差别；了解并理解世界范围内各种不同的文化和宗教的差异，及其对产品和服务的影响力；能在全球范围内共享信息；能采取有效的激励政策来鼓励员工，并在全球范围内共享自己的构想与智慧；能创建一种观念，保证既尊重各地的条件，又相互借鉴各自的全球化经验等。为在全球化背景下获取竞争优势，企业还要建立复杂的、由世界各地区优势交织而成的网络。这个网络应保证各地区的技术发明均能在全球范围内共享；世界范围内的产品、人员、信息和创意能依赖网络迅速流动，满足各地区的需求；能形成全球性规模经济和地方性灵活反应的管理方式；实现全球思维和当地行动的结合等。这些都是全球化给企业带来的挑战，要求企业各部门的管理者和人力资源从业人员，以一种新的全球思维方式重新思考企业人力资源的角色与价值增加问题，建立新的模式和流程来培养员工全球性的灵敏嗅觉、效率和竞争力。

### 2. 信息技术的迅猛发展

电子通信、计算机、国际互联网和其他互动技术的迅猛发展，消除了大部分企业之间和人与人之间在地理上的隔离，让世界变得更小，创造了不受地理边界限制与束缚的全球工作环境和视野。新技术的飞速发展，不仅提高了企业的经营生产效率，大大降低了交易费用，而且对企业管理方式产生了巨大冲击。例如，通信设施和计算机网络的普及改变了企业的市场营销理念和方式；计算机网络和技术的运用，客观上重新分配了企业的内部权力；通信手段和网络技术的发展，使顾客和员工能在获得更多相关信息的基础上，提高反应速度和灵活性，创造更多的机会。技术的发展将不断地重新定义工作时间和工作方式。

正是信息经济和技术的飞速发展，使企业越来越认识到创造发明技术的"人"的重要作用。全球知识经济和互联网时代的到来，使人力资源管理发生了许多变化。人力资源管理通过数据化、云计算使制度更加透明、交流更加高效、协作更加紧密，通过持续学习不断更新和优化知识结构、不断提高各种专业技能、不断培育创新意识和创新能力成为各层次人才的内在需求，人力资本的价值增值效能像过去的财务资本一样受到了企业的重视。因此，人力资源管理工作开始逐渐受到与其他职能部门相同甚至更高的重视。

### 3. 竞争焦点的变化

随着经济全球化和技术的迅速发展，以及知识经济时代的来临，科技进步对经济增长的贡献份额已经超过了其他生产要素贡献的总和，客观上对企业竞争进行了重新定义。竞争的本质是用独特的方式为顾客增加更多的附加值，企业必须找到新的和独特的方式为顾客服务。因此企业竞争的主题集中在更快、更好地对顾客的兴趣和需求做出反应方面。顾客在企业的战略发展过程中起到十分重要的作用，"让顾客满意和高兴"已成为企业试图在高度竞争的全球市场中获得成功的重心。因此，企业需要进行不断变革、快速决策，在价格或价值上领导一个行业，与供给者甚至竞争对手合作，为顾客创建一条高附加值的价值链。这就要求企业改变过去将人力资源管理限定在企业内部的观念和做法，从价值链出发，充分发挥人力资源管理的战略角色，并为包括供给者、企业员工和顾客在内的所有利益相关者创造实现价值的功能。

### 1.5.2  人力资源职能和管理者角色的变化

在 21 世纪"非连贯性"的竞争环境中，很多企业逐渐认识到，要建立自身的竞争优势，关键是如何去建立并运行有效的人力资源管理。为迎接挑战，企业人力资源管理者的角色已逐渐从过去的行政、总务、福利委员会转变为企业学习和教育的推动者、高层主管的咨询顾问、战略业务伙伴、管理职能专家和变革的倡导者等（见表 1-2）。

表 1-2  人力资源职能的转变

| 人力资源管理工作 | 传 统 职 能 | 注重职业生涯管理的职能 |
| --- | --- | --- |
| 人力资源规划 | 分析目前和未来的工作、技能和任务，分析组织的项目需求，使用统计数据 | 在信息与数据中加入员工的个人兴趣、偏好等内容 |
| 培训与开发 | 提供能增强与工作有关的学习能力、技能的机会与信息 | 提供职业发展路径的信息，关注员工个人的成长 |
| 绩效评估 | 绩效评估的等级与奖励 | 绩效反馈，制定员工的发展目标和开发计划 |
| 招聘与甄选 | 将组织需求与应聘者的资格相匹配 | 根据职业生涯兴趣等多种信息，将员工个人需求和职业需求相匹配 |
| 薪酬与福利 | 根据时间、生产率和才能等进行奖励 | 与工作无关的活动也将获得奖励，如社会兼职等 |

资料来源：Gary Dessler. Human Resource Management. 北京：清华大学出版社，2003.（有改动）

在 21 世纪经济全球化的背景下，企业的人力资源管理者已逐渐从作业性、行政性事务中解放出来，更多地从事战略性人力资源管理工作。因此，企业人力资源管理部门已逐渐由原来的非主流的作业性部门转变为企业经营业务部门的战略伙伴。传统的企业人力资源管理项目是事务性的。所谓事务性项目指的是考勤、绩效考评、薪资福利等行政性和总务性的工作。而战略性项目包括人力资源政策的制定、执行，中高层主管的甄选，员工的教育、培训及职业生涯规划的制订，企业发展规划的制订和为业务发展开发留住人才等，具有前瞻性。

正是基于上述分析，企业人力资源管理实践日益向战略人力资源管理转变。战略人力资源管理是企业在面对 21 世纪激烈的竞争环境时通过人力资源管理与开发来支撑和保证企业经营活动所采取的有效方法。这代表企业的人力资源管理已从传统人事管理角色（即只注重个别员工工作绩效和满意程度等微观问题）向帮助企业管理层为获取持续竞争优势、实现员工贡献最大化进行一种全新的角色转变。美国一家权威机构对人力资源经理所做的民意调查显示：人力资源发生变化的重要原因是企业对人力资源进行了重新组合，使它具有战略性的功能。人力资源的开发与管理工作不再被看作与企业的战略计划没有任何联系的、仅有一些狭窄目标的领域，而被看作能创造价值与维持企业核心竞争力的战略性部门。

## 1.5.3　人力资源战略与规划在中国的发展

我国过去的人事管理方式是以劳动人事管理为主的，即执行事务性、文书性的雇用与解雇的职能。企业除年度劳动工资计划及员工培训计划外，并没有系统的人力资源规划。改革开放以后，我国的人事管理制度开始变革，人力资源管理开始引起我国学术界和企业界的关注。2002 年，中央提出实施人才强国战略；2003 年年底，我国开始全面部署大力实施人才强国战略；2007 年，党的十七大将人才强国战略写入党代会报告，载入党章，进一步提升了人才强国战略在党和国家战略布局中的地位；2008 年 2 月，中央人才工作协调小组向中央提出了编制人才规划的建议；2010 年 4 月 1 日，中共中央、国务院印发了《国家中长期人才发展规划纲要（2010—2020 年）》。

为实现中华民族伟大复兴中国梦，我们要把人才资源开发放在科技创新最优先的位置。当前，中国经济发展进入新常态，企业人才发展机遇与挑战并存。经济全球化加快了人才开发国际化和一体化进程，新一轮科技革命和产业变革的孕育兴起，使新产业、新业态和新模式不断涌现，"互联网+"与人才发展快速融合，为人才发展提供了广阔空间；我国经济发展基本面总体向好，"一带一路"的实施，新型城镇化和城乡一体化动能的不断释放，为人才发展创造了良好环境；转方式、调结构、抓创新、促改革、惠民生、防风险的战略部署，全面深化改革红利的逐步释放，经济增长内生动力的不断增强，发展基础、区位条件、人文环境的显著提升，为人才发展注入了强大动力。但是，我们也应看到当前我国结构性矛盾依然突出，"三期叠加"等周期性因素引发的矛盾风险进一步凸显，经济增速放缓，人口老龄化加剧，劳动力等要素成本上升，高投入、高消耗、偏重数量扩张的发展方式已经难以为继。因此，我国要将创新摆在发展全局的核心位置，发挥创新驱动发展的引擎作用，树立人才引领发展的理念。

人才发展环境的变化和相关政策措施的出台，使我国的人才工作发生了深刻的变化，也为企业人力资源战略与规划发展带来了深刻的影响和有利的外部环境。为了适应当前发展态势，我国人力资源战略与规划的水平必须提升，要从根本上由人事管理转变为现代人力资源管理，要使人力资源管理朝国际化、多元化与跨文化方向发展，要提升人力资源管理规划层次，将规划与战略相结合，真正发挥和实施人力资源战略与规划职能，并从国际人力资源战略与规划的模式方法中提炼出适合我国企业应用的理论和方法。但是，我们也要清醒地认识到当前我国许多企业在人力资源战略与规划方面还存在不少问题。例如，企业战略目标不明确，在人力资源管理方面也没有明确的规划；对人力资源规划认识不全面，各级部门主管和经理也未能有效配合；企业外部环境变化过快，规划难度增大；缺乏人力资源战略与规划的专门技术与人才；人力资源战略与规划的手段比较单一，与外部信息技术、互联网时代结合不够紧密等。究其原因，虽然许多企业设立了人力资源部门，但在行使部门职能的时候，工作人员仍然沿用传统的人事管理方式方法，其自身不适应现代人力资源管理要求。第一，整体素质不高，专业人员很少，专业知识储备不足，专业技能不够；第二，缺乏系统的职业培训；第三，许多人力资源工作者没有接受过良好的培训，也没有经过正规大企业的熏陶。

总之，随着知识经济和信息技术的快速发展，人才在企业中的地位和作用越来越重要，人力资源管理在企业管理中的地位也在不断提高。

## 【本章小结】////////////////////////////////////////////////

人力资源战略包括企业战略和人力资源战略，人力资源规划包括现有人力资源状况分析、人力资源需求预测、人力资源供给预测，以及人力资源规划方案制订 4 个部分。

人力资源战略与人力资源规划作为人力资源管理的重要内容，两者之间既相互适应又相互融合，共同形成对企业战略的适应与支撑。

人力资源战略与规划的发展经历了萌芽阶段、产生阶段、发展阶段和成熟阶段。

人力资源战略与规划的意义在于：有助于企业适应变化的环境、及时填补职位空缺、新员工尽快胜任工作、稳定生产和减少未来的不确定性。人力资源战略与规划的作用分为两大方面：一是对企业战略方面的贡献；二是对人力资源管理职能自身的贡献。

人力资源战略与规划的影响因素有地域因素、人口因素、经济因素、技术因素和法律因素等。

## 【复习思考题】////////////////////////////////////////////////

1. 什么是人力资源战略和人力资源规划？为什么要将人力资源战略和人力资源规划联系起来？

2. 人力资源战略与规划经历了怎样的发展阶段？

3. 人力资源战略与规划的意义是什么？对企业来说有何作用和贡献？

4. 影响人力资源战略与规划的影响因素有哪些？

## 案例分析 ————————————

JS 公司是一家以摩托车零部件、游艇发动机零部件和液压件生产为核心业务的机械加工企业。JS 公司成立于 20 世纪 60 年代，前身是一家劳动服务公司，现有员工 2000 余人，其中正式员工约为 1400 人，其余为劳务工和技校实习学生，现设职能部门 15 个，生产制造部门 4 个。近几年，随着 JS 公司合资合作进程的加快、业务领域的不断拓展，JS 公司的客户结构已经由过去单一的国内客户转变为以国外客户为主、国内客户为辅的结构，且国内客户所占比重逐年递减。但是国外客户的订单并不好接，他们对生产装备、加工精度的要求非常高，产品加工难度非常大，质量要求非常高，对各类人员的素质要求也越来越高。同时，由于开发了大量新客户，JS 公司对人力资源的需求大幅度增加。而 JS 公司在人力资源管理上存在着年龄老化、人员整体素质不高、劳动生产率低等问题。随着人力资源需求的增加，人力资源的供给问题日益严重。像其他处于快速发展中的企业一样，JS 公司出现了人员短缺现象，许多新的项目由于没有合适的人员去开发和管理而被迫搁置，人力资源需求和供给之间的不平衡已经成为 JS 公司发展的瓶颈。

资料来源：http://www.docin.com/p-1855035936.html，有删改。

**问题**

JS 公司如何通过人力资源战略与规划来解决人力资源供需不平衡的问题？

**本章实训**

### 分析讨论 W 集团公司的人力资源战略问题

通过对本章主要内容的学习，读者们应该对人力资源管理与企业战略之间的关系有了一定的认识。在知识经济时代，人力资源管理与企业战略也应该有了相应的进步和发展。在这个实训练习中，通过阅读案例，参与者要根据自己对人力资源管理的了解，从人力资源管理的角度提出 W 集团公司下一步的改进方案，W 集团公司在企业管理创新和沟通协作方面还需要注意哪些问题，以及如何解决这些问题。

参与者可分组进行练习，一般以每组 4～6 人为宜。每组作为一个组织的经营团队并推选一位成员担任团队领导者（组长），即人力资源战略的总负责人，代表小组公开发言；其他小组成员分别代表其他组织职能的负责人，以充分真实地模拟组织运营环境，同时要尽可能避免仅从人力资源管理方面考虑问题，而要将人力资源管理与企业战略相结合。通过 W 集团公司这样比较典型的中国企业的案例，读者还可以将本章所学习的中国企业人力资源战略与规划方面的问题融入其中进行考虑，尽可能地进行通盘思考。

首先阅读以下案例：

W 厂是一家乡镇企业，1983 年成立于一个江南小镇，注册资金为 15 万元。15 年后，该厂已发展成一个拥有 16 亿元资产，下属 9 家境内独资或控股公司、4 家境外独资公司的大型综合性铜冶炼加工企业集团——W 集团公司。W 集团公司是通过先有一个核心企业，再扩散发展起来的，产权纽带紧密，实质上属于一种较典型的母子控股公司。W 集团公司对下属子公司的经营战略、重大投资决策和人事任免均有绝对控制权。顾先生既是 W 集团公司的董事长兼总经理，又是二级控股公司的董事长、法人代表。W 集团公司董事会是最高权力和决策机构。由集团正、副总经理和各二级公司总经理组成的理事会实质上是协商和执行机构，无决策权。

在职能部门设置方面，董事会下只有董事会办公室是实体，但其职能未与董事会的需求相吻合；理事会的一个办公室和四个部门是近期才设立的，职能未明确界定。从人员配置上看，理事会各部部长都是由对应的主管副总兼任，实质上采用的是职能式组织模式，即职能部门除能实际协助所在层级的领导人工作外，还有权在自己的职能范围内向下层人员下达指令。

集团公司专门成立的总工程师办公室（简称总工办）完全不同于其他企业作为职能部门的总工办，它是由几位专职人员管理着从全国高薪聘请来的 56 位专家的一个服务性部门。这些专家都有各自的岗位，总工办只负责其生活后勤管理及参谋咨询的组织工作。跟随顾总经理一起"打天下"的一班老功臣令人非常头痛。他们历尽艰辛，劳苦功高，但大多数文化水平低，又居功自傲，排斥外来人才和年轻人，矛盾时有发生。顾总经理虽然文化水平也不高，但其思维敏捷、个性坚毅、精力充沛、行事果敢，且十分健谈。专家们反映，以前顾总经理能静下来听他们的意见，现在似乎越来越没有耐心了。好在他思路敏捷、反应快，总是能及时发现问题并立即调整方案，化险为夷。管理层普遍感觉到顾总经理思维跳跃、难以跟上、难以沟通，但也基本达成了一个共识：按顾总理理的意见办，准成。从顾总经理自身的角度，他感到 W 集团公司主要存在 3 个方面的问题。一是集权分权问题。自 W 集团公司发生了两起员工携款外逃事件后，现在公司上下所有报销的财务票据都要由顾总经理签审，导致他常常疲劳过度。顾总经理曾有两次晕倒在办公室。二是风险决策问题。现在公司越做越大，但大小决策都集中在顾总经理一个人身上。三是控制问题。过去给员工发个小红包、拜个年等就会得到员工真诚的回报。但自从有关部门界定顾总经理的个人资产占 90%，镇政府只占 10% 后，员工心理悄悄地发生了变化。过去最亲密的战友与他疏远了，工作表面上努力，但实际上是在应付。虽然工资待遇一加再加，但员工们还是提不起精神。

根据上述案例，对案例中涉及的一些人力资源问题进行思考，时间控制在 10 分钟左右。阅读之后，小组成员通过以下步骤对案例进行分析讨论。

第一步，各小组成员分别列出案例中 W 集团公司所面临的问题及其原因。时间控制在 5 分钟以内。

第二步，各小组就小组成员提出的问题及其原因进行讨论，并分析讨论相应的应对措施。时间控制在 10 分钟以内。

第三步，各小组派出 1 名代表（不担任组长的其他组员）组成评审委员会，同时派出组长进行当众陈述。每人的时间控制在 5 分钟以内。

第四步，评审委员会综合各组提出的问题及其解决方案，经讨论后达成一致，并推选一名代表口头报告给所有的参与者。时间控制在 25 分钟以内。

第五步，所有的参与者自由陈述自己对评审委员会有关案例分析的意见或建议，评审委员会据此形成一个比较完善的书面报告，并呈交给指导者。每位陈述人的时间控制在 2 分钟以内。

通过对这样一个比较典型的中国式企业的比较全面的分析，从中可以真实地反映出参与者在面对人力资源管理与企业战略相结合可能发生的问题时的洞察力、分析能力和解决问题的能力，当然，还可以考察参与者的口头表达能力、文字能力等。需要强调的是，参与者给出的练习答案并不是最重要的。

资料来源：https://www.docin.com/p-1396291940.html，有删改。

# 第 2 章
# 人力资源环境分析

### 学习目标

◆ 掌握人力资源环境分析的概念。
◆ 了解人力资源环境分析的基本方法。
◆ 理解影响人力资源管理的宏观环境、中观环境及微观环境。

### 关键术语

人力资源环境　　　　　人力资源环境分析　　PEST 分析法　　SWOT 分析法
波特五力模型分析法　　宏观环境　　　　　　中观环境　　　　微观环境

### 引导案例

#### JD 公司投资项目

　　JD 公司是一家实力雄厚的集团公司，近几个月来，公司的高层管理人员正在进行一项重大的投资决策：在西部某省经济欠发达地区进行上亿元的巨额投资，建立大型的纸模生产基地。传统的包装材料有许多是由木材和不可降解的塑料生产而成的，这些材料有的造成资源的浪费，如木材等；有的造成污染，如发泡聚苯乙烯、聚乙烯、聚丙烯等。使用由稻草、麦秸和芦苇等待处理的农业废弃物和野生资源生产的纸模材料，是一种新型的包装材料，利用这些废弃和野生的资源，既可以缓解自然资源的过度开采和使用，还可以减少对环境的污染，净化环境，具有较好的发展前景。

JD 公司在西部某省经济欠发达地区考察以后，发现该地区稻草、麦秸和芦苇等纸模产品原料的资源十分丰富，交通运输也非常便利，从原材料和生产的角度来说，是理想的纸模生产基地。于是，JD 公司组织有关人员对在该地区投资建立大型的纸模生产基地进行论证和决策。其中包括人力资源管理方面的分析和论证。

JD 公司的人力资源总监是一名经验十分丰富的资深管理人员。为了对当地的人力资源环境进行深入、详尽的了解，他几次去当地进行实地调查。最后，他将有关人力资源方面的主要问题总结如下。

（1）当地的劳动力资源十分丰富，有大量没有技能的劳动力，而且劳动力的成本很低。

（2）在当地劳动力资源的结构中，具有工业生产技能的熟练工人很少，原有的一些熟练工人大多数在经济发达地区打工，当地熟练工人的数量远远不能满足新建企业的需求。

（3）如果在当地建立大型的纸模生产基地，需要相当数量的中高级专业技术人员和管理人员对企业的生产和经营进行管理，而这些人员在当地严重短缺，企业必须从其他地区招聘和引进。

（4）由于该地区的经济较落后，生活条件较差，要招聘和引进中高级的专业技术人员和管理人员有一定难度，而且要提供优厚的薪酬福利待遇，其标准远远高于公司目前的水平。

（5）由于当地的劳动力缺乏必要的劳动技能，如果在当地建立大型纸模生产基地，必须对大量的当地员工进行必要的入职培训和岗前培训。

人力资源总监将这些问题向公司做了详细的书面和口头汇报，希望在投资分析和论证时对这些问题做进一步的讨论和研究。

资料来源：https://www.doc88.com/p-7803340108300.html，有删改。

## 2.1　人力资源环境分析的概念

本节将围绕人力资源环境，分别从人力资源环境分析的含义、特点、意义、内容、步骤和原则等方面进行系统分析。首先介绍人力资源环境分析的含义、特点，以及人力资源环境分析的意义。随后，通过列举对影响环境变化的各种因素，并对各个因素进行分类和绘制成关系图，来解析人力资源环境分析的内容和基本步骤。最后，介绍进行人力资源环境分析时需要遵循的人力资源环境分析的客观性、全局性和重点突出性、系统性和未来性等分析原则。

### 2.1.1 人力资源环境分析的含义、特点和意义

#### 1. 人力资源环境分析的含义、特点

人力资源环境分析是指对人力资源管理活动产生影响的各种因素的分析。一般而言，人力资源环境具有差异性、复杂性、动态性，以及可预测性等特点。所谓差异性，是指企业面临相似的外部环境时，不同企业对环境影响有着不同的认识和反应，这种差异性影响着企业的人力资源战略与规划；复杂性是指企业面临的人力资源外部环境时常变化，而且变化情况复杂，企业不能通过局部来认识整体；动态性是指人力资源环境中的各项因素会随着时间的变化而变化，环境变化可分为渐变和突变，企业制定相应人力资源战略与规划时必须考虑环境动态因素；可预测性是指大部分环境因素之间相互联系和相互制约，可根据相关因素进行评估。环境变化也有规律性较强和规律性较弱，周期较长和周期之分。那些规律性较强和周期较长的环境变化可预测性程度更高。

#### 2. 人力资源环境分析的意义

随着 21 世纪的到来，人力资源管理的内外部环境正在发生巨大变化，如经济全球化、技术变革、劳动力多样化、顾客需求变化等。许多问题成了企业关注的焦点，如质量、组织再设计、流程再造、核心能力、培训等。归根结底，这些问题都是围绕人力资源问题展开的，即如何制定人力资源战略及如何进行人力资源规划，而制定人力资源战略与规划的前提是要对人力资源的环境进行深入、系统的分析。制定人力资源战略与规划的第一步就是对企业内外部环境的变化做出分析。人力资源环境分析是企业制定人力资源战略、进行人力资源规划的基础。人力资源环境分析可以与企业在制定战略时的环境评价同步进行，也可以只针对人力资源规划单独进行。其中有两点是明确的，如下所述。

（1）人力资源环境分析和企业经营环境分析的内容和方法大体是一致的，只是应用目的不同导致侧重点不同。

（2）人力资源环境分析可以吸纳企业经营环境分析的精华。

从长期来看，人力资源环境分析能帮助企业识别所面临的人力资源方面的机遇与挑战，为企业的发展提供人力资源智力支撑和保障。企业唯有适应环境的变化，才能求得生存与发展。所以，人力资源环境分析作为一项基础性工作，对处于变化迅速的动态环境中的企业是非常重要的。

### 2.1.2 人力资源环境分析的内容和步骤

企业人力资源环境分析一般分为三步。

#### 1. 尽可能详细地列出影响环境变化的各种因素

把从宏观环境、中观环境到微观环境的影响因素都列入清单，90%的信息可能最终没有用，但是只有广泛收集信息才有可能不漏过那 10%的有用信息。比如，政治因素会对企业监管、消费能力及其他与企业有关的活动产生十分重要的影响。政治因素包括国

家或地区的政治制度、体制、方针政策、法律法规等因素，这些因素会制约并影响企业的经营行为和人力资源管理行为，还会影响企业较长期的投资行为和人力资源战略。

### 2．对上述影响因素进行分类

在列出影响环境变化的各种因素后，为了更清楚地了解各种因素对企业不同的影响程度，为决策提供参考，企业必须对所有因素进行分类。分类时可以使用宏观、中观、微观 3 个层次的分类法，但是为了找到导致变化的关键因素，企业在具体分析时可采取阶段分类法（见图 2-1）。

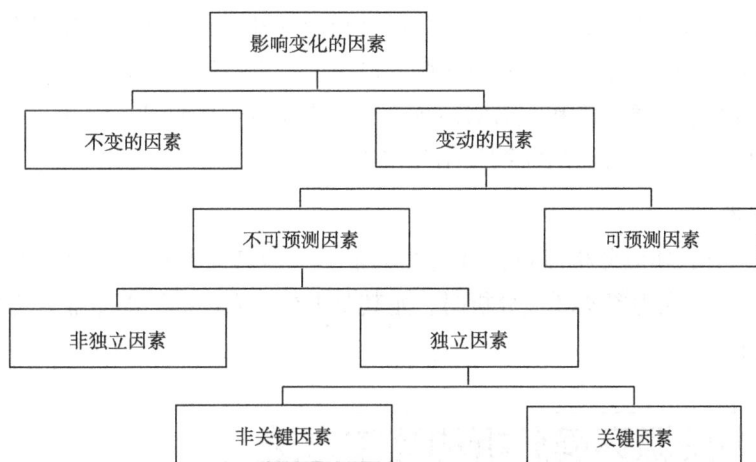

图 2-1　阶段分类法

### 3．把选择出来的各种影响环境变化的因素制成关系图

把选择出来的各种影响环境变化的因素制成关系图，是指对每一种因素做出可能性分析和可行性分析，针对最极端的情况和中间状况进行典型分析，并对这些因素给企业人力资源活动带来的影响做出分析，初步展现人力资源实践面临的机遇和挑战。具体的人力资源环境分析方法将在 2.2 节进行介绍，其中包括 PEST 宏观环境分析法、SWOT 分析法、对环境不确定性的分析和处理、波特五力模型分析法等。

## 2.1.3　人力资源环境分析的原则

在进行人力资源环境分析时，不同的人面对相同的环境，采用相同的方法和步骤也可能会得出相差比较大的结果。因此，我们在进行人力资源环境分析时要把握客观性、全局性和重点突出性、系统性，以及未来性 4 个原则。

### 1．客观性

环境分析的对象是企业赖以生存和发展的客观环境，如果第一步在取得信息的过程中产生了信息失真，企业基于此信息进行分析就很难制定出恰当的人力资源战略与规划。客观性主要是指获取信息的客观性。现在许多统计资料与现实有一定的出入，在使用之前，可以先做一定的调整。同时，从事人力资源环境分析的人要改善自己的心智模式，客观地分析自己心目中的假设是否符合所分析的特定情况。

### 2. 全局性和重点突出性

人力资源战略与规划受多方面的影响，而作为其基础的环境分析就必须从全局的角度考虑多方面的因素，这一点在我们上面所讲的人力资源环境分析的影响因素中已有所反映。同时，由于各个因素之间的影响力大小不同，企业也要重点找出对人力资源管理实践影响较大的因素，并对它们进行仔细分析。

### 3. 系统性

人力资源环境分析一般可以从内、外两个角度展开，其中许多外部因素之间、内部因素之间、内外部因素之间是相互影响的，形成了一个系统。同时，人力资源环境分析服务的对象即人力资源战略和人力资源规划也具有系统性的特征。因此，在进行人力资源环境分析时要注意各方面的联系和相互作用。

### 4. 未来性

虽然人力资源环境分析以过去和现在为依据，但其着眼点是企业明天的生存和发展。因此，在进行人力资源环境分析时，尤其要重视未来可能影响企业人力资源状况的各方面的情况。

## 2.2 人力资源环境分析的基本方法

人力资源环境分析的方法有很多种，这里我们主要介绍常用的几种分析法：PEST 宏观环境分析法、SWOT 分析法、对环境不确定性的分析和处理，以及波特五力模型分析法。

### 2.2.1 PEST 宏观环境分析法

PEST 宏观环境分析法可以用来分析外部宏观环境对企业人力资源管理的影响。PEST 宏观环境分析法主要包括影响企业的四大类外部宏观环境因素，如下所述。

（1）政治/法律因素：主要指法律法规、国家政策等。

（2）经济因素：包括经济周期、消费、投资、失业、通货膨胀、利率、就业等。

（3）社会因素：包括人口数量和人口变化，收入分配，教育和培训，对工作和休闲的偏好，地理分布，社会文化和价值观等。

（4）技术因素：包括新发现和新发展，政府对科研的拨款和促进，技术转化的速度等。

PEST 宏观环境分析法主要有以下 4 个方面的作用：第一，它是一种使我们能系统地认识影响企业的外部宏观环境的分析方法；第二，它有助于我们分辨出那些个别的、与某个特定场合相关的、关键的影响因素；第三，它可以帮助我们确认一个产业或企业之所以存在的长期驱动力；第四，它是一个用来历史性、前瞻性地研究外部宏观环境因素对企业组织产生不同影响的框架。分析那些对企业有影响的外部宏观环境因素有助于我们预测未来的情况，有助于我们判断应对变化时哪些措施是适当的。其中某些因素预测起来有较大的把握，如出生率可以让我们预知 15 年以后劳动力的潜在规模，而某些因素预测起来则比较困难。

## 2.2.2　SWOT 分析法

SWOT 分析是指对企业的优势、劣势、机会和威胁进行分析，S、W 分别指企业内部的优势和劣势，O、T 分别指企业外部的机会和威胁。企业内部的优势是相对于竞争对手而言的，表现在许多方面。衡量企业优势和劣势有两个标准：一是资金、产品市场等单方面的优势和劣势；二是综合的优势和劣势。企业可以选择一些因素评价打分，然后根据其重要程度进行加权，取各因素加权数之和来确定企业在比较中是处于优势还是劣势。

企业的外部环境是企业无法控制的。有利的外部环境可能对所有企业都有利，威胁也不仅是威胁本企业。因此，在这些情况下还要分析同样的外部环境到底对谁更有利或更不利。当然，企业与竞争对手的外部环境是不可能完全相同的，但许多时候会有很多共同点，因此对机会与威胁进行分析时不能忽略与竞争对手的比较。SWOT 分析的具体做法如下：依据企业的目标分析对企业发展有重大影响的内外部环境因素，继而确定标准，对这些因素进行评分，判定是优势还是劣势，是机会还是威胁；也可逐次打分，然后按因素的重要程度加权求和，以进一步推断优势、劣势的大小及外部环境的情况。

根据 SWOT 分析可知，在某些领域中，企业可能面临来自竞争者的威胁，并且企业处于劣势；也有可能企业在某一领域具有优势并且存在外部机会，此时企业就要利用这些机会，发挥企业真正的优势。企业要尽可能采取一些措施将威胁消除掉，并对目前有优势的领域进行监控，以争取做到在潜在的威胁可能出现的时候已经做好了准备。

在进行 SWOT 分析后，企业就可以明确自己的市场地位，有利于企业选择适合自身人力资源战略与规划的目标。在对企业进行 SWOT 分析时，要注意企业的优势、劣势是相对于竞争对手和市场而言的。分析要围绕企业的使命和目标进行，如果分析后发现企业的优势不足，劣势明显，无法抓住外部机会，不足以应对外部环境的威胁，则要对人力资源战略与规划中进行修改。

## 2.2.3　对环境不确定性的分析和处理

有许多环境因素会对企业产生影响，企业必须面对这一现实并处理好环境不确定性的影响，方能保持经营的高效率。不确定性的结果使决策人很难预估外部环境的变化，从而增加了企业的风险。企业试图通过分析不确定性因素，将环境影响减少到可人为操控的程度。下面首先介绍如何对经营环境进行分类，然后探讨如何采取各种可能的对策以减少不确定性因素的负面作用。

显然，企业面临的环境不尽相同，不同环境所呈现出的不确定性的程度也有高低之分。不确定性的程度可以用下面两个特性来划分：环境的简单或复杂程度，环境的稳定或不稳定（动态）程度。

环境的简单或复杂程度是指那些与企业经营有关的外部因素的多少。在一些复杂的环境中，许多种类不同的外部因素会对企业产生牵制和影响。复杂程度可能来自企业面临的环境的多样性（如在不同国家经营的跨国企业），也可能来自处理环境影响所需知识的多寡。

环境的稳定或不稳定程度是指外部环境变化的速度。某些外部环境因素的变化速度明显超过其他因素。一般来说，高科技企业（如硅谷的计算机企业）处于极不稳定或多变的环境中，而政府部门则处于比较稳定的环境中。

环境的简单或复杂程度和稳定或不稳定程度组成了4种环境状况，以及由此形成的不确定性程度。一是在简单与稳定的状况下，不确定性程度很低。企业面临的环境比较容易理解，变化不大，分析过去环境对现状的影响就有一定的实际意义。二是在复杂与稳定的情况下，不确定性有所增加。在外部环境分析过程中需要考虑众多因素，然而这种情况下的外部因素变化不大，且往往在意料之中，在环境分析中是可以预测的。三是在简单与不稳定的情况下，不确定性进一步增加。企业的外部因素很少，然而这些因素很难预测。四是在复杂与不稳定的情况下，不确定性最高。企业面临的外部因素众多，且变化频繁。当几种因素同时变化时，环境会发生剧烈动荡。那么，企业应如何降低环境不确定性的程度呢？从广义上讲，企业可以采用两种一般性战略来降低环境不确定性的程度。例如，企业可以调整或改变自己的行动以适应环境，这种做法称为内部战略；企业也可以通过改变环境来适应企业的需要，这种做法称为外部战略。企业内部战略选择如图2-2所示；企业外部战略选择如图2-3所示。

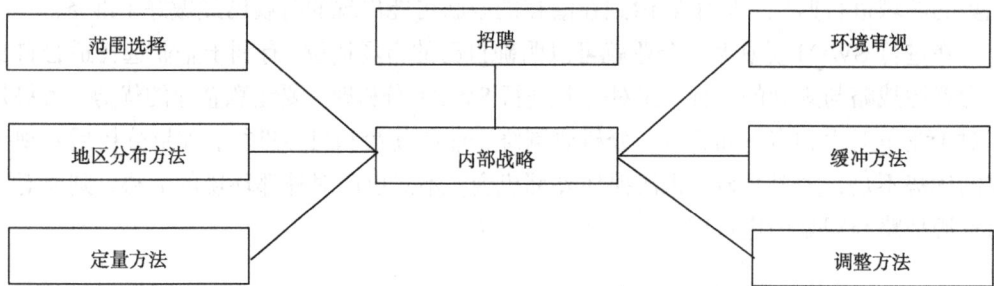

图 2-2　内部战略选择

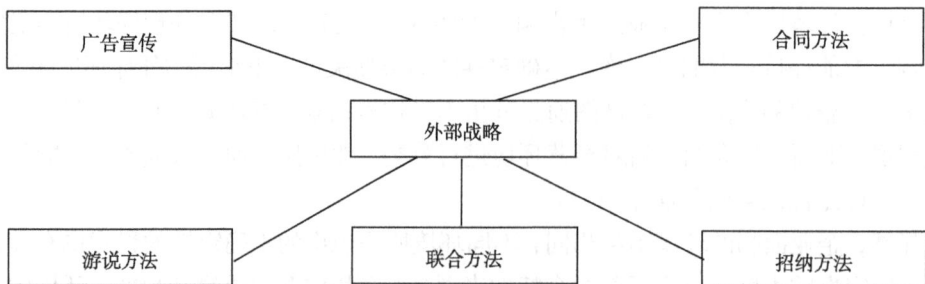

图 2-3　外部战略选择

环境不确定性分析按照环境复杂与否、稳定与否两个维度分为 4 种不同的环境类型。通过这种方法，企业可以判断出外部环境不确定性程度的高低，并决定是采取内部战略、外部战略，还是混合战略。这种分析方法的优点是企业可以根据自己所处的环境类型，选择与之相匹配的战略。企业可以参照同行业内的其他企业，也可以学习成功企业的经验，找出最合适的战略。但是，这种分析方法也存在缺点，因为不同企业对环境复杂与否、稳定与否的感知是相对的。对于不同企业要进行具体分析，不可一概而论。高科技企业面临的技术环境变化迅速，企业对环境变化有预知和准备时，可能不认为其环境是复杂且动态的；但制造业如果出现了一项可能带来行业革命的新技术，则对企业而言环境就是复杂且动态的，可能带来战略变革，相应的人力资源战略与规划也要发生变化。

## 2.2.4　波特五力模型分析法

波特五力模型分析法是由美国的迈克尔·波特教授在 1980 年提出的（见图 2-4）。该方法比较全面地反映了行业的竞争特点。

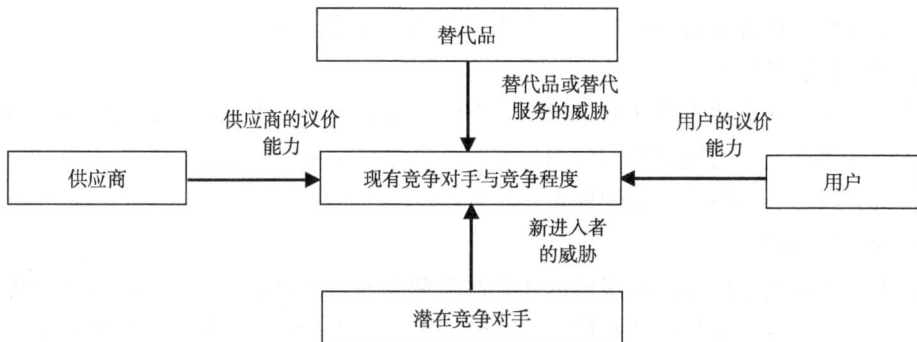

图 2-4　波特五力模型分析法

资料来源：张林格，刘玉斌.《公司战略管理》[M]. 北京：清华大学出版社，2010.

### 1. 现有竞争对手的威胁

现有竞争对手的威胁主要是指竞争者的数量与实力、市场的发展速度、固定成本的高低、产品之间的差异，以及退出壁垒等。在分析竞争对手对企业的威胁之前，企业必须掌握充分的信息。获知这些信息的途径包括竞争对手的内部资料、广告、高管的演讲和发言，以及竞争对手的员工、供应商、客户等。了解这些信息对企业采取相应的战略非常重要。

### 2. 潜在竞争对手的威胁

潜在竞争对手由于当前没有对企业构成直接威胁，容易被企业所忽视。但是，这类企业一旦从事与企业存在竞争的业务，往往会给企业带来较大冲击。分析潜在竞争对手不能漫无目的，一定要关注最可能成为潜在竞争对手的企业的特征，包括有能力进行前后向整合的供应商和客户、有能力进行并购的大型企业，以及所在行业进入壁垒较低的实力强大的企业等。潜在竞争对手的威胁主要取决于以下几个方面。

1）规模经济

规模经济是指随着企业规模的扩大而使单位产品成本降低、收益增加的经济现象。规模经济表现为，在一定时间内产品的单位成本随总产量的增加而降低。规模经济的作用迫使进入者以较大生产规模进入行业，并冒着被现有企业强烈反击的风险；进入者也可以以较小生产规模进入行业，但要长期忍受产品成本高的劣势。

2）原始资本需求壁垒

进入者要进入新的行业，必须垫付一定的资本。有些行业，如制药行业与科技行业要求投入大量的资金来建立企业并进行研究和开发，因而与资本投入相关的投资风险就会阻碍新企业进入该行业。

3）产品差异性壁垒

产品差异表明产业内现有的企业在质量、产品性能、品牌、信誉等方面已经树立了良好的形象。这些产品差异化是由于企业在广告、用户服务、产品研究和开发、专用技术人员与设备等方面的差异，或者由于企业具有悠久历史才形成的。进入者要获得这种殊荣，必须在上述方面大量投资，如果进入失败，这些投资是无法回收的。

4）相对费用壁垒

许多工业企业需要有特殊的原材料、专门人员和熟练工人，以及高级管理人员，因而会产生较多的交易费用和培训费用。因此，在那些技术性较强的行业中，相对费用壁垒能在很大程度上抑制新企业的进入。

5）行政法规壁垒

国家通过行政手段或以法规的形式限制某些企业进入特定产业，从而形成行政法规壁垒。比如，政府可能会通过限制发放许可证（如通信和电视广播行业）和限制外资的方式来限制某些企业进入某行业。

**3. 用户的议价能力**

用户的议价能力是指用户在购买企业产品的过程中要求更低价格、更高质量和更优质服务的能力，是用户和企业交易过程中谈判能力对比的结果。用户的议价能力取决于以下几个方面。

1）用户的集中程度

用户的集中程度是指用户从企业购买的产品占企业销售量的比例。如大多数工业的产品用户少而集中，他们的购买数量较大，对企业施加的压力也较大。而零售业的产品用户多而分散，从单一购买行为和购买数量看，对企业施加的压力较小。

2）用户从本企业购买的产品的标准化程度

一般而言，用户定制的产品带有较强的个性化色彩，通常通过小批量生产完成，成本较高；反之，企业的标准化产品由于大批量生产形成了规模经济效益，成本较低。

3）转变费用

转变费用是指用户从向一个企业购买转向另一个企业购买时需支付的费用。转变费用高，用户对产品挑选的余地就小，施加的压力也会变小。例如，用户所购买的产品或服务很容易被替代，在市场上充满企业的竞争者，则用户的转变费用较低，其议价能力就高。

4）用户掌握的信息

用户对产品的质量、价格、售后服务等方面了解的信息越多，其选择余地就越大，企业的竞争压力也就越大。用户掌握信息的途径包括网络、电视、报纸、其他用户的反馈、广告宣传、上市公司的公开信息、企业高层管理者的发言和演讲、企业内部员工等。

### 4. 供应商的议价能力

供应商是指那些向行业提供产品或服务的企业、群体或个人，也包括劳动力和资本的供应商。供应商的威胁手段有两种：一是提高供应价格；二是降低其所供应产品或服务的质量。这些手段可以使下游行业利润下降。如果供应商集中度高，并且从原来的供应商转向另一个供应商所涉及的成本比较高，那么供应商的议价能力一般较强。

许多因素会提高供应商在行业中的议价能力，从而降低企业在行业中的营利性。这些因素包括如下几种：（1）市场中没有其他替代品；（2）企业提供的产品或服务独一无二；（3）供应商的数量较少，集中度高；（4）供应商的产品对企业而言很重要；（5）企业购买量占供应商总产量的比例较低；（6）供应商能并购企业，实现前向一体化。

### 5. 替代品的威胁

从广义上来讲，一个产业中的所有企业都在与生产替代品的其他企业进行竞争。替代品限制了某产业的潜在收益，使产业中的企业在能获利的价格上限受到了一定的限制。替代品是指和本产业产品起相同作用的那些产品。产品替代有直接产品替代和间接产品替代（能起到相同的作用）两种表现形式。替代品的威胁取决于：（1）替代的程度。（2）价格比。（3）替代品的盈利能力。从一般意义上说，若替代品具有较强的盈利能力，则会对本产业原有产品形成较大压力。（4）生产替代品的企业所采取的经营战略。如果其采取迅速增长、积极发展的战略，则构成对本产业的威胁。（5）用户的转换费用。用户改用替代品的转换费用越低，则替代品对本产业的压力越大。

随着经济全球化的推进，企业之间的关系越来越紧密，信息技术的发展、消费者需求的多样化，以及市场环境的瞬息万变，使企业之间不仅要通过竞争发展，也需要建立一种伙伴关系。阿里巴巴与腾讯的合作等一系列同行业竞争企业合作共赢的案例表明，新时期企业的关系应该是竞合的，且合作往往比竞争更有优势。因此，波特五力模型分析法在不同时代的作用是不同的，我们在运用波特五力模型分析法进行分析时也要考虑它的局限性。关于波特五力模型分析法的实践运用一直存在许多争论，较为一致的看法是该分析法是一种理论思考工具，而非可以实际操作的战略工具。该模型的理论是建立在以下 3 个假定基础之上的。（1）战略制定者需要了解整个行业的信息，显然现实中是难以做到的。（2）同行业之间只有竞争关系，没有合作关系。但现实中企业之间存在多种合作关系，不一定是"你死我活"的竞争关系。（3）行业的规模是固定的，只能通过夺取对手的份额来占有更大的资源和市场。但现实中企业之间往往不是通过"吃掉"对手而是与对手共同做大行业的"蛋糕"来获取更大的资源和市场的。同时，市场可以通过不断的开发和创新来增大容量。

## 2.3 人力资源环境分析的主要内容

### 2.3.1 人力资源宏观环境分析

#### 1. 政治环境

政治环境主要包括一国的政治局面、政府的管理方式和政府方针政策的取向等内容。

政治局面主要是指在各种政治因素的作用下，企业生产经营所在地的政治环境的稳定性。动荡的政治环境必然会破坏企业正常运转的条件，进而危及企业的存在，而企业的发展状况会影响到其自身的人力资源管理。

政府的管理方式是指政府对企业的管理是采用直接管理方式还是间接管理方式。政府管理方式的松紧程度、政策方针的连贯性直接影响企业的人力资源管理。即使市场经济已有相当发展规模，在政府与企业的互动关系中，政府所制定与实施的与企业有关的管理方式和方针政策，也会对企业的人力资源管理活动具有一定的引导和制约作用。

政府方针政策的取向是指政府的方针政策对企业所在产业和企业本身是扶持、抑制，还是让其在市场竞争中自求生存和发展。

政治环境对企业的影响有直接性、难以预测性、不可逆转性等特点。

#### 2. 法律环境

在现代社会中，法律是实现对人们行为约束的主要途径之一。在人力资源战略管理中，法律就是对个人或者组织的行为规范及其相互关系所做的具有强制效力的规定。从我国目前的情况来看，相关法律能起到强制劳动者和企业正确处理劳动关系的作用。除立法机关颁布的法律外，国务院及其各部门所制定的具有法律效力的法规、规定、条例等也会对企业的人力资源管理产生影响。企业在日常的生产经营活动中，必须遵守国家有关的法律法规。因此，法律法规能规范和约束企业的人力资源管理活动，人力资源供求双方任何一方违反了相关法律法规，都会受到相应的惩戒。

在美国，能约束企业人力资源管理活动行为的法律法规有《职业安全与健康法案》《民权法案》《雇佣年龄歧视法案》《雇员测谎保护法案》《公平劳动标准法案》《雇员退休收入保障法案》《平等工资法案》《国家劳动关系法》等。这些法律法规涉及公平就业机会的基本要求、工资和福利的管制，以及劳动关系管理等诸多方面。

在我国，影响企业人力资源管理活动的法律法规体系正在建立健全。2008 年 1 月 1 日，《中华人民共和国劳动合同法》（简称《劳动合同法》）和《中华人民共和国就业促进法》（简称《就业促进法》）正式生效。2018 年 5 月 1 日，《中华人民共和国劳动争议调解仲裁法》（简称《劳动争议调解仲裁法》）正式生效。2008 年 9 月 18 日，国务院总理温家宝签署第 535 号国务院令，公布了《中华人民共和国劳动合同法实施条例》（简称《实施条例》），《实施条例》自公布之日起施行。至此，以《劳动法》为基础，以《劳动合同法》《就业促进法》《劳动争议调解仲裁法》等为主干的我国劳动法律体系真正形成。

### 3. 经济环境

一个国家的经济，是影响人力资源管理的主要外部环境因素。一般来说，经济繁荣时，企业不容易招聘到合适的工人；经济衰退时，适用的求职者却很多。例如，在 2008 年，由美国金融风暴引起的全球性经济危机大大减缓了世界各国的经济发展速度，许多企业深受其害，纷纷减产。为了缩减开支，在人力资源方面，不少企业大幅减少人力资源预算，调整薪酬，减少甚至暂停对外招聘，乃至大幅裁员，致使人力资源市场上存在许多求职者。

经济环境具体是指企业经营过程中所面临的各种外部经济条件，主要包括一个国家或地区的经济特征、消费者收入与支出、物价水平、消费信贷及居民储蓄等宏观因素。目前，经济方面的各种变化改变了就业和职业模式，其中最主要的变化是，大量的就业岗位由制造业和农业部门转向服务业和电信部门。服务部门的就业岗位通常包括金融服务、医疗保健、运输、零售、快餐和饭店、法律和社会服务、教育、计算机领域等各行各业中的岗位。从增长比例来看，就业岗位增长最快的首推医疗保健和计算机领域。就业与职业变化的另一个侧面是不同规模的企业的工作岗位具有不同的增减模式，许多大厂商通过减少其员工数量来削减工作岗位；与此同时，许多小企业却在不断创造着新的就业机会。

在今后的若干年中，许多提供就业岗位的企业和机构将更加迫切地需要受教育程度较高的劳动力。预计需要最新知识的岗位数量的增长速度将大大超过其他类别的岗位。这种趋势意味着，那些低学历的人将处于不利的境地，也就是说，他们的就业机会将仅限于报酬较低的岗位。总之，在许多岗位所要求的知识、技能与员工或求职者所拥有的知识、技能之间，将会形成日益拉大的差距。几项不同的研究和预测数据均表明，许多产业中的企业对那些受到过足够教育和培训的劳动力的需求将很难得到充分满足。教育和培训日趋重要。因此，企业的人力资源管理部门应继续重视员工的补习教育和职业培训。这意味着企业需要采用新的培训方法，如在培训中更广泛地使用交互型录像技术和计算机培训系统。面向未来的工作和技能培训不应仅针对经理和专业人员，也应包括所有员工。企业必须对现有员工及其职业技能情况进行精确评估，以及对求职者的技能进行准确甄别，还须为员工提供更多的培训机会。另外，企业须更加积极地参与学校的各种活动，并帮助学生掌握各种技能。

### 4. 人力资源市场

人力资源市场是企业获取理想的人力资源的一个重要途径，也是企业人力资源的外部存储仓库，企业可以通过这个外部存储仓库获得它所需要的人力资源。企业在自身的发展过程中，需要不断从人力资源市场招聘新的人才来补充队伍。而能否在人力资源市场上招聘到合适的人才，或者说市场上是否有企业需要的人才，是企业必须从战略层面上考虑的事情。对人力资源市场进行分析，一般包括劳动力的存量、需求量和价格3个方面。

对企业而言，劳动力的存量主要是指企业所需劳动力的市场存量，而人才存量又可从人才数量、人才质量与人才结构等方面进行分析。不同的行业、不同的企业对劳动力的需求也不相同。如汽车行业，2000年以前，中国汽车行业发展较缓慢，且研发投入较少，导致我国汽车研发人才存量严重不足，对一些想进行汽车自主开发的企业来说，难以从市场上招聘到合适的人才，这必然会影响这些企业产品研发战略的实施。

从宏观环境上说，劳动力的需求量与价格主要是指市场对某类型劳动力的需求量及其价格。劳动力的需求量与价格和经济环境相关，更与某行业的发展状况有关。当国家经济持续稳定发展、行业快速发展时，各企业不断扩大生产，人才需求量就会随之加大。例如，由于计算机、网络与通信等行业的快速发展，对相关专业人才的需求量大增，人力资源市场供不应求，价格随之上升。另外，当经济主体发生通货膨胀时，劳动力的价格水平往往也会水涨船高。

### 5. 科学技术环境

科学技术是第一生产力，企业人力资源的素质和知识结构直接影响企业的科学技术水平和对科学技术的应用能力。所以人力资源部门必须密切关注科学技术的发展动态，适时提高企业员工的素质，改善企业员工的结构，以适应科学技术进步对企业人力资源的要求。

面对日新月异的科技发展，企业人力资源战略管理常用的对策如下。一是对员工进行培训，使之跟上迅速发展的技术要求。培训的对象不仅是专业人员，还包括管理者。因为随着科学技术的进步，在某些领域中，通过人力资源市场招聘合格的员工会变得十分困难，从而对管理者的招聘和管理能力提出了更高的要求。二是调动员工的主观能动性。知识工作者和个人服务工作者的出现，使人力资源管理面临挑战。人力资源管理的新任务就是为这些员工营造一个更有利于他们发挥主动性、积极性来实现创新的人力资本投资环境，使他们愿意不断追求新知识、新技术，努力应用其所获取的新知识，为企业和社会创造高附加值的产品与财富。

### 6. 社会文化环境

社会文化环境对人力资源管理也具有重要影响，企业对此也应加以重视。社会文化环境是指一个国家或地区的民族特征、文化传统、价值观、宗教信仰、教育水平、社会结构、风俗习惯等情况。社会文化是经过千百年逐渐形成的，它影响和制约着人们的观念与思维，影响着人们的行为。

社会文化环境的影响在企业跨国经营时表现得尤为突出。例如，在集体主义文化国家中，人们在进行集体决策时强调避免冲突，通常会在决议会议之后再进行个体之间一对一的沟通，而个体主义文化偏好于在多元观点中达到平衡和决策。特别是在经济全球化的趋势下，文化差异化和多元化将是未来企业制定人力资源战略与规划时不得不考虑的因素。

## 2.3.2　人力资源中观环境分析

对企业影响最直接、作用最大的中观环境就是企业所处的产业环境。进行产业环境分析，必须弄清企业所在产业的总体情况与发展趋势。其中，与人力资源战略管理相关性较强的产业环境如下所述。

### 1．国家产业结构和产业政策

企业在进行产业分析时，应了解投资产业所在的国家和地区的产业结构及产业政策。从世界范围来看，伴随着一个国家或地区工业化和城市化的进程，第一、二、三产业的结构会发生相应的变化：第一、二产业的比重会逐渐降低，第三产业的比重会不断提高。随着社会经济和科学技术的发展，产业结构演变的基本趋势是由以劳动密集型产业为主向以资金密集型和技术密集型产业为主演变。

### 2．产业生命周期

产业的产生、存在与发展，与社会为其提供的产品和服务的需求有关。它随着社会对某种产品或服务需求的产生而产生，又随着社会对这种需求的消失或被别的产品或服务完全代替而整体消失。产业的生命周期包括起步、成长、成熟和衰退 4 个阶段。企业在进行人力资源管理时，应明确企业所在产业处于该产业生命周期的哪一个发展阶段，并以此为依据确定和实施企业的人力资源战略与规划。

### 3．产业的市场状况

产业面临的市场状况包括以下 3 方面的内容。

（1）产业所提供产品或服务的供求态势。企业人力资源管理部门必须综合考虑产品或服务供求态势的变化，适时对人力资源的投入做出合理安排。

（2）需求分布。一般来说，处于起步、成长阶段的产业，其市场需求呈梯度式推进。首先是从经济发展快和技术水平高的地区开始，然后向经济发展较慢和技术水平不够高的地区缓慢推进。企业应根据需求分布的规律安排投资分布，人力资源管理部门也应当按照企业的投资分布调整人力资源管理战略，尽量在保持企业文化传统的前提下，降低人力资源投资成本。

（3）需求变动。需求变动包括市场所需产品或服务的品种变动和数量变动。按照需求变动的频繁性，大致可以分为平稳型，如家具；渐变型，如服装；速变型，如计算机等 3 种类型。由于企业产品的需求变动类型不同，技术创新的侧重点不一样，企业所需要的开发型人才也不一样，这就需要企业人力资源战略管理者密切关注企业产品的需求变动，及时采取适当措施，保证企业适应需求变化对人力资源的要求。

### 4．进入或退出障碍

某一企业在进入或退出某一产业时，都会在不同程度上遇到一些压力，这些压力称为进入或退出障碍。

进入障碍主要包括5个方面：①规模经济；②顾客依赖心理；③资金需求；④转换费用；⑤销售渠道。

退出障碍一般包括以下几个方面：①资产形态的特殊性；②协议障碍；③关系障碍；④感情障碍；⑤政府与社会障碍。退出障碍对企业经营战略的影响主要有两个方面：一是当企业选择进入某一产业时，必须了解这个产业的退出障碍，即一旦由于某种原因致使企业战略实施失败，能否适时退出该产业；二是当企业通过实施跨产业经营的战略而将战略重点从一个产业移向另一个产业时，是否会受到原产业退出障碍的阻挡。事实上，由于某些产业的退出障碍很高，致使一些企业在这一产业盈利较低，甚至亏损的情况下，也无法退出该产业，实现战略重心的转移。

## 2.3.3　人力资源微观环境分析

### 1．企业人力资源现状

企业人力资源现状分析是人力资源管理的基础，是企业进行人力资源环境分析的一项基本工作。要想实现企业的人力资源管理目标，首先必须对企业现有的人力资源状况有一个全面的了解和充分的认识。具体而言，企业人力资源现状分析是对企业内部人力资源状况的分析，包括数量分析、人员类型分析、年龄构成分析、职位构成分析和工作人员素质分析等内容。

1）数量分析

人力资源数量分析的重点是探讨现有的人力资源数量是否与企业各部门的业务量相吻合，也就是探讨现有的人力资源配置是否最佳。要做到这一点，就必须测量各种业务所包含的工作量，以及处理某些工作的工作时间与人员需求。

目前，各企业采用的计算方法有很多，如工作效率法、业务分析法、预算控制法、行业比例法、标杆对照法等。在企业实践工作中，通常是将各种办法结合起来，参照行业最佳典范来规划本企业的岗位人数。但由于各企业的情况有所差别并且不断变化，人力资源数量分析应从企业的总体目标要求出发，在不断的变化中随时调整，因此这是一个动态的过程。

2）人员类型分析

通过对企业人员类型的分析，可以了解一个机构业务的重心所在。不同的类型分类对应着不同的分析目的。

按工作内容来分，一个企业内的人员大致可以分为4类：业务人员、技术人员、生产人员和管理人员。这 4 类人员的数量和配置代表了企业内部人力资源的结构。有了这些分析资料，就可以研究影响该结构的各项因素。这些因素可能包括以下几个方面：企业处在何种产业或市场中，企业运用何种技能与工作方法，人力资源市场的供应状况如何等。

按工作性质来分，企业内部工作人员又可分为两类：直接人员和间接人员。这两类人员的配置，也随企业性质不同而有所不同。通常直接人员占比较大。

3）年龄构成分析

分析员工的年龄结构，在总的方面可按年龄段进行，统计整个企业人员的年龄分配情况及员工平均年龄等。了解年龄结构，旨在了解以下情况：①企业人员是年轻化，还是日趋老化；②企业人员吸收新知识、新技术的能力；③企业人员工作的体能负荷；④工作职位或职务的性质与年龄大小的匹配要求。

4）职位构成分析

根据管理幅度原理，主管职位与非主管职位应形成适当的比例。分析人力结构中的主管职位与非主管职位，可以显示企业中管理幅度的大小，以及部门与层次的多少。

5）工作人员素质分析

工作人员素质分析就是分析现有工作人员的受教育程度及其接受的培训状况。一般而言，工作人员受教育与培训程度的高低可显示其工作知识和工作能力的高低。任何企业都希望能提高工作人员的素质，使其对组织做出更大的贡献。但事实上，工作人员受教育程度与培训程度的高低，应以满足工作需要为前提。因此，为了达到适才适用的目的，工作人员的素质必须和企业的工作现状相匹配。管理层在提高工作人员素质的同时，也应该积极提高工作人员的工作效率，做到以人员创造工作、以工作发展人员，从而促进企业的发展。

**2. 企业组织结构**

企业组织结构在现代企业管理中是企业治理的重要体现，完善的企业组织结构有利于实现企业绩效的提高。企业的生存和发展在某种程度上来说，取决于企业组织结构的优化或提升。有了明晰的组织结构，企业中的各个管理职能才能有效地发挥其应有的作用。

企业组织结构的实施和运行最终要通过人力资源配置来实现，因此应该进行人力资源配置分析。企业人力资源的配置，就是通过考核、选拔、录用和培训，把符合企业发展需要的各类人才及时、合理地安排在合适的岗位上，使之与其他经济资源相结合，形成现实的经济运动，从而做到人尽其才，最大限度地为企业创造更多的经济效益与社会效益。

**3. 企业文化**

企业文化是指一个企业长期形成的并为全体员工认同的价值观念和行为规范。人力资源环境分析要对企业文化进行研究，以便使人力资源政策与企业文化相符。特伦斯·迪尔在《企业文化——企业生活中的礼仪与仪式》一书中指出，杰出而成功的企业都有强有力的企业文化，即为全体员工共同遵守，但往往是自然约定俗成的而非书面的行为规范，并有各种各样用来宣传、强化这些价值观念的仪式和习俗。正是企业文化这一非技术、非经济的因素的不同，导致了企业决策的产生、企业中的人事任免，以及员工们的行为举止、衣着爱好、生活习惯的差异。

在人力资源管理中，不能仅把通过员工招聘吸引优势人才看作成功的人力资源管理。要做到"招得来，留得住，用得好"，除人力资源的常用技术手段外，还要把人力资源管理活动与企业文化相结合，把企业文化的核心内容灌输到员工的思想之中，体现在具体行为上，这是企业文化形成的关键。

### 4. 工会

西方发达国家的工会在劳资关系中扮演着比较强势、独立的角色。在中国，企业工会的独立性相对较弱，但是这几年有不断增强的趋势，值得企业重视。有些在中国办企业的国外企业管理者凭借先进的管理经验和技术，实现了企业效益的不断提高，但如果忽视了企业职工的利益诉求，往往会导致员工队伍人心涣散，工作效率大打折扣。人力资源管理政策需要得到工会最大限度的支持，方可取得应有的效果。

### 5. 非正式组织

非正式组织是指在企业生产经营中自然形成的一种群体关系。由于非正式组织对企业员工的心理满意度、工作积极性等有较大的影响，因此进行人力资源微观环境分析时也要对非正式组织进行分析，以便在工作中对非正式组织进行引导。

在对非正式组织的调查研究中，不但要注意非正式组织积极的一面，如满足成员的需要、增强组织的凝聚力、有益于组织成员的沟通、有助于组织目标的实现等，也要关注非正式组织消极的一面，如抑制标新立异和创新等。

### 6. 企业其他部门

不同企业有不同的部门设置，各部门的职责分工与合作各不相同，主要的工作流程、部门间的配合方式与配合程度也各不相同。企业在制定人力资源战略时还应该考虑企业与其他部门子战略的配合。同时，人力资源战略与规划工作更需要各部门在实际工作中的鼎力支持。因此，在进行人力资源微观环境分析时，企业其他部门的状况也应该得到充分的考虑。

## 2.4　人力资源环境分析与对策

### 2.4.1　人力资源环境的机会与威胁分析及评价

人力资源环境包括人力资源外部宏观环境、中观环境，以及人力资源内部微观环境，这些环境因素对企业发展的影响是不同的。某一环境因素对一家企业的人力资源来说是机会，能给企业发展带来新的机遇，而对另一家企业来说可能就是威胁。因此，对于人力资源环境要分析其机会和威胁的两面性，并对具体企业进行具体分析，从而使企业更好地了解人力资源内外部环境的影响，并制定相应的措施以适应环境的变化。企业面对人力资源环境的威胁时，应当采取适当行动化解，或者将其对企业的影响降到最低。

宏观环境和中观环境是构成人力资源外部环境的两大部分。企业既要有宏观视野，了解整个市场环境的变化；也要有行业发展环境的分析视野，了解其所处产业的特点及其发生的转变。对宏观环境和中观环境的分析能帮助企业了解外部环境给自身带来的机会和威胁。

### 1. 外部宏观环境的机会与威胁分析及评价

人力资源外部宏观环境主要包括政治及法律环境、经济环境、人力资源市场等。外部宏观环境影响一国的所有企业，对不同产业的影响程度则各不相同。企业必须了解外部宏观环境对企业经营的限制，关注宏观环境的变化，并分析其对自身的影响，如分析其会带来更多的机会还是会对人力资源战略与规划产生威胁。对外部宏观环境的机会与威胁进行分析能帮助企业更好地评价环境的影响，并做出相应的反应。

（1）政治及法律环境。政治和法律因素限定了所有企业经营活动的框架，企业必须分析各项政治和法律因素对自身的影响，并进行评价。例如，自 2008 年《劳动合同法》颁布以来，社会上进行了广泛的讨论，部分人士认为《劳动合同法》既会给企业人力资源战略与规划的发展带来机会，也会对其产生威胁。因此，企业必须对《劳动合同法》仔细解读，以采取相应措施。《劳动合同法》规定用人单位在制定、修改或者决定有关劳动报酬、工作时间、休息休假、劳动安全卫生、保险福利、职工培训、劳动纪律以及劳动定额管理等直接涉及劳动者切身利益的规章制度或者重大事项时，应当经职工代表大会或者全体职工讨论，提出方案和意见，与工会或者职工代表平等协商确定。这表示企业必须保障员工的薪酬和福利，员工待遇水平的保障和明确规定有利于增加员工满意度，使员工感知到组织给他们的安全感，从而提高员工对组织的忠诚度，降低员工离职率。这说明《劳动合同法》会给企业人力资源战略与规划的发展带来机会。但《劳动合同法》也给企业人力资源战略与规划的发展带来了威胁，如《劳动合同法》鼓励企业与员工签订无固定期限劳动合同，企业不能轻易解聘员工，但这样一来，如果企业外部环境发生很大变化或者企业的经营绩效不佳，想要变革就较为困难。目前，国家正在积极推进延迟退休方案的实施，其对企业和员工的影响都很大，我们应该未雨绸缪，提前做好相关准备，积极适应法律法规变化带来的新挑战。

（2）经济环境。经济环境包括一国经济发展水平、通货膨胀程度、货币政策、汇率水平、不同城市的经济结构等因素。这些因素是制约企业生存和发展的重要因素，对企业人力资源战略与规划有直接的影响。例如，我国各个地区经济发展水平的差异，以及不同城市的经济结构决定了当地的就业发展环境。中华人民共和国人力资源和社会保障部（简称人力资源和社会保障部）2018 年公布的数据显示，上海作为大型经济城市，岗位空缺与求职人数的比率为 1.4，第二产业和第三产业需求人数分别为总需求人数的

7.6%和92.4%；岗位空缺最多的3个职业是电信业务人员、其他餐饮服务人员和其他金融业务人员，岗位最不空缺的职业是物业管理人员、财会人员和保管人员。上海的劳动力需求情况反映了其服务业较为发达，技能人员较为稀缺的现状。相关企业制定人力资源战略与规划时，必须考虑自身对服务性技能人员的吸引力。而重庆作为中部城市，岗位空缺与求职人数比率为1.7，第二产业和第三产业需求人数分别为总需求人数的48.8%和48.9%；岗位空缺最多的3个职业是简单体力劳动人员、部门经理和推销展销人员，岗位最不空缺的职业是物业管理人员、架子工和大田作物生产人员。这反映了重庆的第一、二产业用工需求仍然占一定比重。

（3）人力资源市场。人力资源市场包括劳动者的供求状况、劳动者的年龄层次、专业分布、地域分布等因素。从人力资源和社会保障部 2018 年公布的最新数据来看，东、中、西部地区市场中岗位空缺与求职人数的比率分别为 1.22、1.23、1.27。从行业需求来看，与去年同期相比，租赁和商务服务业、科学研究技术服务和地质勘查业、房地产业、信息传输计算机服务和软件业等行业的用人需求的增长幅度较大，居民服务和其他服务业、金融业等行业的用人需求的下降幅度较大。这说明计算机与网络应用的普及、计算机软件的大量使用，带动了相关产业的迅猛发展，急需大量专业的编程人员、项目负责人及相关工程师等。

**2. 外部中观环境的机会与威胁分析及评价**

人力资源外部中观环境主要包括国家的产业结构和产业政策、产业生命周期等。

（1）国家的产业结构和产业政策。国家的产业结构是指一国的劳动力、资金、自然资源等在国民经济各部门中的配置及相互制约。国家的产业政策是指国家为了实现经济和社会目标对产业的形成和发展进行约束的各项政策。自 2001 年加入世界贸易组织以来，随着经济全球化的发展，我国经济市场逐步放开，越来越多的中国企业参与国际分工，在国际范围内进行资源优化配置。一方面，外资企业的进入给本土劳动力带来新的工作机会，本土员工有机会接触到外资企业先进的人力资源管理理念和完善的管理流程，并将一些先进的人力资源管理方法和经验传递给国内企业。另一方面，国内企业人力资源管理起步较晚，一些中小型企业、民营企业的人力资源管理还停留在人事管理阶段。国内企业为了能与外资企业竞争优秀的人才，必须认识到自身在人力资源战略与规划方面存在的缺陷与不足，以应对外资企业带来的威胁。更值得关注的是，我国产业转型升级不断深化，那种依靠高能源、高消耗的发展方式已经不能适应当前的经济发展态势，产业必须走集约化、创新化、高端化的发展之路，这就要求企业适应这种行业变化，集聚和培养一批创新型人才，提高人力资本价值。

（2）产业生命周期。产业生命周期是一个产业从成长到衰退必须经过的周期。它分为4个阶段：起步阶段、成长阶段、成熟阶段、衰退阶段。如果企业处于成长阶段，企业的高速增长可以吸引很多具有创业精神的年轻员工加入，企业有机会招聘到许多优秀人才；但企业实现盈利的压力也较大，可能尚未形成完善的人力资源体系，此时，员工在薪酬福利和职业生涯规划等方面面临较大不确定性，这可能会让企业失去一部分优秀人才。

### 3. 内部微观环境的机会与威胁分析及评价

外部环境会影响企业人力资源战略与规划的方方面面，对外部环境的分析与评价能帮助企业确立自身在市场环境中的优劣势、在所处产业中的竞争地位，以及在外部利益相关者（顾客、供应商、社区、股东）那里的评价。对外部环境的分析能让企业通过与竞争对手的比较发现自身的优劣势，这对企业的未来发展非常重要。同时，企业也要充分重视对人力资源内部微观环境的分析。企业人力资源内部环境主要包括企业战略（企业重组、兼并和监管、全面质量管理等）、企业文化、企业现有的人力资源状况等。对企业内部环境的机会与威胁进行分析及评价能让企业始终保持危机感，不断优化现有的人力资源结构，为企业实现人力资源战略目标做出贡献。

（1）企业战略。企业战略影响企业内各项业务的管理，人力资源管理也不例外。企业进行并购时，除了能获得被并购企业的所有业务，还能获得被并购企业的优秀员工。这些员工业务熟练，对企业的各项运作有充分的了解。直接留用这些员工能减少企业在人力资源市场上招聘新手的数量，也能减少对新员工的一些技能培训。但是，由于并购企业和被并购企业之间在企业文化、价值观上存在很大差异，员工可能一时难以适应；或者由于并购企业和被并购企业的薪酬福利、培训开发等存在较大差异，员工不能感知到新工作带来的安全感，从而萌生离职念头。

（2）企业文化。企业文化是企业在长期实践过程中被企业员工普遍接受的价值观、行为规范和思维方式的总和。有些企业文化强调竞争和创新，鼓励员工发挥想象力，并将新想法应用到工作实践中；有些企业文化则强调遵守规章制度，一切循规蹈矩，听从领导命令。强调竞争和创新的企业文化能吸引追求自我价值实现，看重工作成就感，喜欢不断挑战自我的员工；这种企业文化鼓励员工拼命工作，提倡工作中出强人，有时难免需要员工奉献出自己的休息时间进行加班，但频繁的加班不仅不利于员工的身体健康，而且会降低员工的工作效率。

（3）企业现有的人力资源状况。现有的人力资源状况是企业实现人力资源战略目标的基础。企业在其不断发展的过程中，形成了自身人力资源管理的特点，企业员工对已有的人力资源管理惯例和实践已经熟知并接受，这带来了管理效率的提高。企业制定人力资源战略与规划时，以现有人力资源状况为基础，不仅可以节约重新规划的成本，而且可以实现战略与规划的平稳过渡。但是，如果企业的外部环境发生了较大改变，需要企业的人力资源战略与规划做出相应改变，则现有的人力资源状况可能成为束缚，这就需要企业在现有人力资源状况盘点的基础上对束缚企业发展的短板进行深入解析，并提出变革方向和实施规划。

## 2.4.2　企业对人力资源环境威胁的对策

面对来自人力资源环境的各类挑战，企业一方面需要积极应对外部环境造成的威胁，另一方面也应当紧抓企业内部人力资源环境的管理，塑造与企业战略相匹配的人力资源战略与规划，构造公平、公正、和谐的企业文化，提高人力资源管理绩效和企业整体绩效。

**1. 企业应对人力资源外部环境威胁的对策**

企业在应对不同的人力资源外部环境威胁时，除了要考虑各自差异的针对性，还需要整体谋划，实施系统化的应对策略。

（1）政治及法律环境。企业必须密切关注政治及法律环境的变化，对影响企业的相关法律更要仔细研究。例如，《劳动合同法》的出台促使企业制定更加完善的管理规章制度，如《劳动合同法》规定只有当员工不能胜任现有工作或者发生严重违反规章制度的行为时，企业才能与员工解除合同关系。这就督促企业出台明确的岗位工作描述及规章制度细则，否则将很难定义员工违反企业规章制度的行为。又如，延迟退休方案的实施则需要企业考虑增加员工健康计划管理，实施更有保障的员工安全保障等。

（2）经济环境。企业应该关注经济发展的大趋势，将经济发展趋势作为制定人力资源战略与规划的基础。例如，大型城市服务性技能人员的缺乏使企业人力资源战略与规划的存在十分必要。企业可以分析现有员工在数量和结构上的缺乏状况，并对企业未来需要的员工类型和数量进行预测，据此制定人力资源战略与规划，并分析可以采取的行动方案。这种人力资源战略与规划不仅能帮助企业更好地实现现有员工的优化配置，而且能为企业预测未来的劳动力需求提供参考。

（3）人力资源市场。一些企业面临技术人员缺乏的现象，和企业事先没有制定人力资源战略与规划有很大关系。企业应该预料到技术人员的短缺情况，提前与各大人力资源市场达成合作关系，拓宽自己的招聘平台。另外，企业应该提高技术人员的薪酬和福利待遇，更多地关心员工的未来发展，使员工产生对企业的归属感。同时，企业不能仅招聘员工，还应该定期组织员工培训。企业除与各大高校、技术院校签订人才培养合同外，还应该对内部员工实行"拜师制"和"进修制"等，这样才能在需要相关技术人才时更为主动，而非单纯依赖外部人力资源市场。

（4）国家的产业结构和产业政策。企业可以加入行业协会，和政府保持良好关系，以了解产业政策走向及影响。例如，民营企业在发展过程中面临没有明确的人力资源战略与规划、与同业其他大型国有企业和外资企业相比在招聘人才时处于劣势、人才流失现象严重等问题。民营企业在制定人力资源战略与规划时，应注重将企业人力资源战略实现与员工的自我价值实现及自我成长联系起来，制定多样化的激励方式（包括物质激励和精神层面的激励），还应该加强对员工的培训，促使员工掌握更多的技能，实现个人能力的提升。

（5）产业生命周期。处于成长阶段的企业，由于企业的未来发展存在不确定性，而且企业对人力资源管理的重视程度不高，很容易出现优秀人才流失的状况。实际上，对处于成长阶段的企业来说，人力资源战略与规划非常重要，企业必须对重视个人成就感的员工进行培训和多项激励，鼓励员工之间的团队合作，形成学习型企业文化。这既有利于企业保障战略、经营、人力资源管理工作的连贯性，还能支持企业的高速发展。

**2. 企业应对人力资源内部环境威胁的对策**

分析企业应对人力资源内部环境威胁的对策，必须对企业内部环境的威胁有充分的了解和分析，并在此基础上制定相应的对策。这里主要从企业战略、企业文化和企业人力资源现状 3 个方面进行阐述。

（1）企业战略。在企业并购过程中，并购企业和被并购企业在人力资源战略与规划上存在差异，很容易导致人才流失，员工对未来规划不明确、两个企业的员工之间合作与沟通困难等状况。人力资源战略与规划的主要工作是在并购实施之前与双方的员工进行非正式沟通，了解员工的想法和担忧，对他们的问题进行总结，由高层给出解决方案，缓解因并购给员工带来的压力。并购发生后，企业应通过培训等手段帮助员工适应新的人力资源管理体系，帮助他们尽快融入新环境，完成角色转变。

（2）企业文化。企业文化对企业人力资源战略与规划的影响是潜移默化的，但是企业必须清楚地认识到现有文化可能带来的威胁，才能更好地制定人力资源战略与规划。例如，针对家族企业中企业文化带来的威胁，企业应首先平等地看待企业中每一位员工，不论是家族成员还是外招人员，在物质和精神激励、员工持股、晋升机会、培训发展等方面做到同等对待。这样才能打破封闭的人力体系，吸引更多优秀的人才。

（3）企业人力资源现状。企业在发展过程中，如果意识不到外部环境的变化，不及时更新人力资源战略与规划，则不利于企业的未来发展。例如，国有企业的人力资源管理比较重视招聘挑选、合同管理、考勤、薪酬福利、培训等内部因素，不太重视企业与外部环境的互动；并且人力资源部门与其他部门的互动较少，其他部门很难参与企业人力资源战略与规划的制定；员工的资历、职位、能力、贡献对薪酬福利的贡献程度界定不清，容易造成部分有能力但得不到重用的员工流失。

**【本章小结】**

人力资源环境分析是指对人力资源管理活动产生影响的各种因素的分析。一般而言，人力资源环境具有差异性、复杂性、动态性，以及可预测性等特点。

企业人力资源环境分析一般分为三步：尽可能详细地列出影响环境变化的各种因素；对上述影响因素进行分类；把选择出来的各种影响环境变化的因素制成关系图。

具体的人力资源环境分析方法包括 PEST 宏观环境分析法、SWOT 分析法、对环境不确定性的分析和处理、波特五力模型分析法等。

人力资源宏观环境分析包括对政治环境、法律环境、经济环境、人力资源市场、科学技术环境和社会文化环境进行分析。

人力资源中观环境分析包括对国家产业结构和产业政策、产业生命周期、产业的市场状况，以及进入或退出障碍进行分析。

人力资源微观环境分析包括对人力资源现状、企业组织结构、企业文化、工会、非正式组织，以及企业其他部门进行分析。

【复习思考题】///////////////////////////////////////////////////////////////////

　　1. 用 PEST 宏观环境分析法分析我国房地产市场的人力资源外部环境。

　　2. 分析电子商务行业的人力资源宏观环境的整体现状。

　　3. "十二五"以来，我国经济进入新常态，其为企业人力资源管理带来了哪些机遇与挑战？

　　4. 企业应对人力资源环境威胁的对策有哪些？举例说明应用的情境。

# 案例分析

## 金车公司的人力资源环境与供求状况

　　齐齐哈尔金车工业公司（简称金车公司）自 1958 年创办以来，已发展为拥有多个产业实体的综合性企业集团，形成了以铁路货车配件为主导产业，同时在建筑、化工等领域综合发展的产业格局。金车公司下设 9 个具有法人资格的专业公司和 6 个直属厂，占地面积达 34 万平方米，主要生产设备为 2592 台，资产总额为 16373 万元。金车公司成为全国铁路货车配件制造行业的排头兵，产值多年位居全国同行业首位。

　　据有关部门统计，我国铁路货车配件制造行业所拥有的专业技术人员数量仅为发达国家的 10%。高级管理与技术人才缺乏、人才大量外流等问题，是制约我国铁路货车配件制造行业发展的一个重要因素。同时，制造业技工缺人、断档现象严重。我国铁路货车配件制造行业的发展因为技术工人，尤其是高级技工和高级技师严重短缺而受到影响。

　　截至 2005 年年底，金车公司在册员工 10789 人，其中在岗员工 9908 人、生产及辅助工人占 70%、管理和营销人员占 10%、工程技术人员占 15%。工程技术人员中，高级职称人员占 20%；生产工人中，技师占 7%。从年龄结构来看，50 岁以上的员工占 25%，40～50 岁的员工占 35%，30～40 岁的员工占 20%，30 岁以下的员工占 20%。从知识结构来看，大中专以上学历的员工占 25%，高中及技校学历的员工占 25%，初中以下学历的员工占 50%。从流动趋势来看，"十一五"期间，员工达到退休年龄的平均每年近 30人，正值一个退休高峰期，其他原因的员工离职率预计也将有所增加。

　　金车公司工程技术人员虽然已占企业在册员工的 15%，但对技术含量越来越高的铁路货车配件制造行业来说，工程技术人员数量相对较少，尤其缺乏高水平人才。近几年由于地域较偏等原因，人才流失较严重，对企业的发展产生较大影响。这些现象在技术工人和经营管理者队伍中同样存在。这些问题总结起来便是"整体素质不足，高级人才匮乏，梯队断档，招聘困难"。另外，由于新产品研制开发及生产压力较大，员工队伍中偶有"厌战情绪"，士气不够稳定。吸纳高级技术人才和管理人才，健全和完善激励机制，是金车公司为实现企业战略目标所必须实施的根本大计。

"十一五"期间，金车公司的总体战略：以发展为主题，调整为主线，创新为动力，重点在技术创新和制度创新上下功夫，找准企业在竞争中的位置，占领市场竞争的空间，把铁路货车配件生产作为主业继续做大做强。达到 5 个行业第一，即生产规模最大、产品品种最全、产品水平最高、综合实力最强、经济效益最好，把金车公司建设成国家铁路货车配件产业化基地。为了配合公司的总体战略，金车公司人力资源战略的指导思想是以人为本，加强对人力资源的开发、获取和利用，充分发挥人的潜能；建立人本管理体制，再造激励约束机制，扩展员工自我价值实现的通道，激发员工的积极性和创造性；加大人才培养和引进的力度，不断改善人员结构和整体素质。在人才需求方面，为建立国内领先的技术创新体系，加快产品开发节奏，应使研发人员中的技术专家达到 50% 以上，技术装备数控化率五年内由目前的 4% 提高到 13%。为实现柔性和弹性管理，要求一专多能的技术工人的比例由 5% 逐步提高到 30%，关键、稀有设备工种的比例达到100%。为了强化市场反应机制，建立满足用户需求的营销体系，应使营销队伍中的工程技术人员达到 60%。多元化发展战略及体制改革，需要在较短时间内配备 20～30 名外向型、复合型高级经营管理人才。随着 ERP（企业资源计划）系统等管理信息化手段的广泛应用，要求企业中能文能武多面手型的管理人员比例由 10% 提高到 50% 以上。

资料来源：张春波. 金车公司人力资源战略研究[D]. 哈尔滨工程大学，2006. 有删改。

## 问题

1. 金车公司的总体战略和人力资源战略与公司所处的内外部环境是否相适应？

2. 假如你是金车公司人力资源部门的负责人，为了满足公司未来一段时期内对人才的需求，配合公司的发展战略，你将如何保证人才的供给？

## 本章实训

### 人力资源管理面临的社会文化环境分析

通过对本章主要内容的学习，读者应该对人力资源管理面临的社会文化环境及其对人力资源战略与规划实践带来的影响等有了更清晰的认识。在这个练习中，参与者要根据对我国社会文化环境的了解，详细描述社会文化环境的哪些改变对人力资源战略与规划产生了影响，特别是前者对后者的具体影响效应，帮助组织及时对人力资源战略与规划方面的政策、制度或实际操作进行调整，以适应不断变化的新环境。

参与者可分组进行练习，一般以每组 5～7 人为宜。

第一步，各小组成员分别列出影响人力资源管理的社会文化因素，及其对组织现行人力资源战略与规划方面的政策、制度、实际操作等造成的影响，并按照重要程度（最高分10分，最低分0分）顺序排列。时间控制在5分钟以内。

第二步，各小组就小组成员提出的与人力资源战略与规划有关的重要社会文化因素进行讨论，指出这些因素将会对组织现行人力资源战略与规划产生的影响，包括积极的影响和消极的影响。时间控制在10分钟以内。

第三步，各小组派出组长组成人力资源专家委员会，同时派出1名代表（不担任组长的其他组员之一）向所有参与者报告本小组的讨论结果。每人的时间控制在5分钟以内。

第四步，人力资源专家委员会综合各组提出的与人力资源战略与规划有关的社会文化因素及其影响，经过讨论后达成一致，将大家共同认可的最重要的社会文化因素及其对组织现行人力资源战略与规划方面的可能影响列出，并推选1名代表口头报告给所有的参与者。时间控制在25分钟以内。

第五步，所有的参与者自由陈述自己对人力资源专家委员会有关社会文化因素及其对组织现行人力资源战略与规划的可能影响的报告的意见或建议，人力资源专家委员会据此形成一个比较完善的社会文化因素及其对组织现行人力资源战略与规划的可能影响的书面报告（如果有条件，最好深入企事业单位的人力资源部门开展调研，访谈一些人力资源管理人员，了解他们对社会文化环境改变的看法）并呈交给指导者。每位陈述人的时间控制在2分钟以内。

本练习的结果是比较全面地描述了对组织现行人力资源战略与规划产生影响的社会文化因素及其对前者的影响，从中可以真实地反映参与者对影响组织人力资源战略与规划中的社会文化环境的洞察力、分析能力和解决问题的能力；当然，还可以考查参与者的判断能力、口头表达能力、文字能力等。本练习能比较有效地锻炼参与者的逻辑思维能力、时间控制能力。

# 第 3 章
# 人力资源战略制定与选择

## 学习目标

◆ 掌握人力资源战略的类型和影响因素。
◆ 了解人力资源战略选择的程序与方法。
◆ 认识与企业发展相匹配的人力资源战略。

## 关键术语

| | | | | |
|---|---|---|---|---|
| 人力资源战略 | 外部获取战略 | 内部获取战略 | 混合获取战略 | 低成本战略 |
| 高投入战略 | 混合战略 | 不留人战略 | 培养留人战略 | 诱导留人战略 |
| SWOT 组合法 | IE 组合法 | 稳定型战略 | 收缩型战略 | 扩张型战略 |

## 引导案例

### 洲际酒店集团人才战略：留住最好的人才

2014 年，洲际酒店集团迎来了在华 30 周年庆典。从 30 年前首次进入中国市场，到如今旗下酒店在中国遍地开花，洲际酒店集团大中华区首席执行官柯明思认为，洲际酒店集团取得成功的关键在于"人才"两字。

"酒店行业是以人为本的行业。30 年来，洲际酒店集团积极有效的人才发展计划吸引、培养和保留了大批人才，取得了巨大成功。未来，洲际酒店集团将继续深耕中国市场，大力培养中国本土酒店业人才。"

早在 2006 年，为了满足中国蒸蒸日上的酒店业对人力资源的大量需求，洲际酒店集团在上海成立了首家英才培养学院。发展到目前，已有 34 家英才培训学院在中国生根，每年为整个中国酒店业输送超过 5000 名具有行业技能的优秀毕业生。

"英才培养学院旨在让年轻学员有机会获得系统化专业培训。我们鼓励学员毕业后留在洲际工作，也鼓励他们进入社会、去其他酒店集团学习打拼，无论在哪里，都能用自己的专业知识和技能服务于社会。"柯明思表示，"为行业源源不断提供新鲜血液，回馈社会，正是洲际的社会责任所在。"

"我们深知，留住最好的人才，才能成为最好的企业。"柯明思向记者展示了一册厚厚的洲际酒店集团培训计划，并重点介绍了创新的人才发展计划。

柯明思说："除了完善的学习和培训系统，我们近期还推出了一系列创新的人才发展培养计划，充分展现集团对员工的悉心关怀。例如，我们的'锦鲤还乡计划'，主要是在洲际酒店集团大中华区庞大的酒店网络支持下，为员工提供在家乡或家乡附近就业的机会；我们的'快速通道总经理培训计划'，则为具备高潜力的酒店总经理人选提供更具价值的职业发展机会。此外，'海外交流项目'依托洲际酒店集团在全球广泛布局，为中国员工提供前往海外酒店学习及职业发展的机会。同时，前往海外工作的优秀员工也能更好地帮助当地酒店了解中国礼仪文化及中国客人的需求，为洲际酒店集团旗下的海外酒店更好地接待日益增长的中国出境游旅客提供宝贵的接待经验。"

在企业文化上，洲际酒店集团更是竭力为每一位员工营造开放的工作氛围和成长环境。"我们鼓励员工将热情和个性带到工作环境中，并承诺，员工无论服务于哪家酒店、哪个品牌，都可以拥有一个充分展示自身魅力、实现自我价值的舞台。"柯明思表示，"洲际始终致力于为员工营造'家'的氛围，并通过酒店员工的服务，为客人打造宾至如归的入住体验。"

据悉，洲际酒店集团在中国创造了巨大的就业机会，目前在大中华区拥有 6 万名员工，并计划在未来 3 年内新增约 3 万个就业岗位。

资料来源：http://hr.yjbys.com/rencaizhanlue/538013.html，有删改。

## 3.1 人力资源战略的类型和影响因素

### 3.1.1 人力资源战略的类型

关于人力资源战略的类型，不同学者提出过不同的理论。例如，美国康奈尔大学的研究者通过对企业人力资源管理策略的相关研究，总结企业员工参与公司管理的不同方法，将人力资源战略划分为诱引战略、投资战略和参与战略；斯特雷斯和邓菲按照企业变革程度不同将人力资源战略分为家长式人力资源战略、发展式人力资源战略、任务式人力资源战略和转型式人力资源战略；舒勒根据人力资源在企业产生的不同效用将人力资源战略分为累积型战略、效用型战略和协助型战略。这些理论类型基于不同的视角，对企业实践具有特定的指导和启发作用。结合这些理论，本书将从人力资源获取的渠道、使用与开发和对人员的流动态度 3 种视角，对组织人力资源战略进行分类，同时介绍各组织应如何根据自身的实际情况进行人力资源战略制定与选择。

**1. 人力资源获取战略分类**

根据人力资源获取的渠道，可以把人力资源战略分为外部获取战略、内部获取战略和混合获取战略。

1）外部获取战略

外部获取战略，即组织完全通过外部人力资源市场获取组织需求的人力资源。这种战略的一般策略是，通过提供有吸引力的薪酬福利待遇、工作平台和发展空间等，吸引外部人力资源市场中的优秀人才，特别是组织急需或关键性岗位的人才进入组织，起到带动和整体提升组织人员队伍的水平、改善人员素质结构、构建组织竞争优势的作用。值得提出的是，该战略并不总是以高薪酬吸引优秀人才，也可以通过灵活的薪酬构成体系达到既吸引优秀人才又控制人力成本的目标。这种战略的优点是，人才的选择范围大，人才获取的速度较快，且招聘的多是富有经验的人才，因此他们能够迅速胜任岗位工作并进入工作状态，而且能够给组织带来新观念和新思想，能够很好地激活组织活力和创新能力。但这种战略的缺点在于，这些员工由于已经有丰富的工作经验，并形成了自身特定的价值观，所以有可能对组织缺乏认同感，或需要一段时间适应和认同组织的经营理念与文化价值观等，从而可能造成与组织现有成员之间的不相融，甚至发生冲突等，这些不相融或冲突增加了组织中员工适应的时间和协调成本等。实施这种战略的条件：外部人力资源市场有足够的人力资源供给，特别是组织所急需的人才；而且在实施该战略时，要求组织有一个高效率且有效的人才招聘和选拔系统，以保障所选人才的岗位胜任和与组织文化的匹配等，并具有良好的人才导入机制和培训体系。

2）内部获取战略

内部获取战略，即组织的绝大多数人力资源需求通过内部供给满足，特别是关键性岗位人才和管理团队。这种战略的一般做法是，组织通过内部人才开发与培养，满足组织特定时期内的人力资源需求。其优点是为员工提供完善的开发与培养机制，为员工提供职业发展辅导和通道，增强员工的组织归属感和忠诚度，激发员工的积极性和潜能，以取得人力资源的竞争优势。其缺点是，人才队伍的开发与培养周期有可能较长，需要较高的投入，有时会无法及时满足组织的人才需求，而且存在优秀人才流失的风险；另外，部分优秀人才在竞聘落选后，其积极性可能被挫伤。实施这种战略的组织，需要有一套完善、高效的人才梯队培养和开发体系与机制，并且要建立一套公平、公正的内部人才选拔评价机制和程序。

3）混合获取战略

混合获取战略，即组织通过外部人力资源市场和内部人力资源市场相结合的方式满足组织的人力资源战略性需求。该战略既有通过外部获取人力资源选择面宽、能带来新理念和新思想的优点，也具备通过内部人力资源培养与开发，以激励和保留组织优秀人才的优点。该战略的实施通常需要综合分析外部人力资源市场状况，以确定最优的人力资源。例如，哪类人才供大于求，哪类人才供不应求，人力资源的外部获取成本和某类人才的市场薪酬水平，内部人力资源供给状况，等等；又如，某类人才的内部培养成本、内部人才的成熟度和人才接替的可行性等。这是一种权变性很强的人力资源获取战略，因此需要组织的人力资源管理实践活动非常专业和完善，有一套有效的人力资源信息系统，从而通过组织人力资源获取实践活动的历史经验数据，结合未来发展趋势，进行精确的数据量化分析，达到人力资源低成本、高价值的目标。因此，这种战略通常对处于成熟阶段的具有一定规模且人力资源系统完善的组织较适宜采用。

**2．人力资源使用和开发战略分类**

根据人力资源的使用和开发方式，可以把人力资源战略分为低成本战略、高投入战略和混合战略。

1）低成本战略

选择低成本战略的组织，策略是尽可能降低组织的人力成本，使组织利益最大化。这种战略的主要做法包括员工薪酬福利完全以市场为导向，绩效考核以结果为导向，组织对人力资源培训和开发投入很少，主要从外部获取人力资源。其优点是，通过人力成本控制提升竞争优势和可持续发展性。其缺点在于，人员的流动性非常大，员工对组织缺乏认同感和忠诚度，组织凝聚力较弱。这种战略通常适用于制造加工业，或在组织应对危机如经济萧条期、组织进入衰退阶段等时期采用，以求取组织继续生存。

2）高投入战略

高投入战略，即组织从长远可持续发展着眼，在人力资源的培训和开发上投入大量资金，以期建立完善的人才梯队和接替计划，并打造一支素质高、凝聚力强的人力资源队伍。该战略的基本假设是，组织的成长和可持续发展来源于员工的成长和高素质的人力资源队伍，如员工创新精神和团队合作意识。组织通过持续的技术领先、产品创新和管理改善等，获取竞争优势和长期发展。使用这种战略的组织的特征：组织有成熟完善的人力资源管理系统，根据组织愿景和战略发展目标制订长期的人力资源使用和开发计划；对员工的考核既注重结果，又重视过程和员工成长，实现组织与员工个人利益的共赢。该战略通常被高科技企业或高知识附加值企业等采用，目前流行的平衡计分卡和学习型组织建设等，都是高投入战略的具体形式。

3）混合战略

混合战略是低成本战略和高投入战略的结合，通常的做法是对稀缺性人才和关键性人才采用高投入战略，对外围辅助性人才采用低成本战略。一般来说，中小型企业，或处于早期发展阶段的组织，或实力偏弱的大企业，多采用混合型战略，以获取竞争优势，从而实现组织的增长和发展。这种战略的优点是，既能控制人力成本，又能培养和保持组织的人力资源核心能力。其缺点是，有可能造成内部人力资源分配不公平和外围辅助员工士气低下、外围辅助员工流动率高，甚至是人力资源的内部冲突等问题。当前流行的劳务派遣、业务外包等方式，都是这种战略常见的一些形式。

### 3．人力资源保持战略分类

根据企业对待人员流动的理念和策略，可以把人力资源战略分为不留人战略、培养留人战略和诱导留人战略。

#### 1）不留人战略

不留人战略又称自由流动战略，具体做法是，在保证岗位不出现空缺的情况下，认可人员自由流动。在这种战略中，员工与企业之间只是一种纯粹的劳动雇佣关系，员工薪酬由市场水平确定，企业基本不为员工不提供较多的培训和开发的机会，员工对企业缺乏认同和忠诚度，企业人力资源成本较低。通常，处于劳动力供给充足的地区或时期，对员工依赖度低、机械式的企业结构、生产制度严格、产品技术含量不高的企业会采用这种战略。

#### 2）培养留人战略

培养留人战略是通过对员工能力素质成长进行高投入，并提供潜在发展机会和空间，以建立员工"高企业承诺"的战略。此战略的具体做法是，企业高度重视员工的培训与开发，招聘过程中更加注重员工潜能而不只是知识技能。为平衡人力成本，采用培养留人战略的企业，员工的薪酬福利有可能略低于市场水平。该战略适用于资本实力相对较弱，处于成长阶段的企业。该类企业通常具有创新意识较高、产品更新速度快的特点，但由于该类企业尚未或正处于形成核心技术阶段，所以迫切需要加快员工的知识更新速度，并为员工提供更多的锻炼和成长机会。

#### 3）诱导留人战略

诱导留人战略是以高于市场平均水平的薪酬福利策略来保留企业人力资源，特别是优秀或关键人才的战略。在这种战略中，企业通常给予员工高水平的薪酬福利待遇，但对员工的培训与开发投入极少。当企业内部缺乏高级管理人员或掌握关键技术的员工，且技术的可替代性差，对掌握关键技术的员工的依赖较大，又没有良好的企业文化和团队精神，只能通过高水平薪酬福利留住人才时，组织会采取这种战略。

## 3.1.2　人力资源战略的影响因素

人力资源战略的影响因素包括外部影响因素和内部影响因素。

### 1．外部影响因素

人力资源战略的外部影响因素，主要是与人力资源管理相关的经济环境、行业环境、制度和法律因素、技术因素、人力资源市场状况等。

#### 1）经济环境

经济环境主要涉及社会的当前经济状况和经济政策，包括国家经济环境、经济结构、发展阶段和发展状况，以及宏观经济政策等要素。经济环境是企业运行的大环境，对企业人力资源管理活动有很大的影响。当前我国经济处于转型升级的关键时期。相对于经济发达国家来讲，我国在经济总体环境运行的成熟度上还有所欠缺，但作为世界上最大的新兴经济体，我国经济发展总体向好、稳中有进。在这种大环境下，企业的人力资源战略更多的是一种配合企业提质增效的人才稳步发展战略。

2）行业环境

行业环境包括企业的供应商、潜在竞争者、现有竞争者、替代者和顾客等因素。达塔等人指出，行业增长、资本密集度、环境动态性和技术密集度等是影响人力资源管理的重要因素。考察行业环境，就是要考量行业的成熟度、竞争的性质及程度、竞争压力的强度等。行业环境对人力资源战略的影响主要体现在现有竞争者、顾客和市场模式 3 个因素上。首先，随着社会的快速发展，以及知识经济、信息经济和互联网时代的到来，企业之间的竞争逐渐聚焦到人力资源和人力资本的竞争上，同行业企业之间的人才"跳槽"现象也对企业培训、职业生涯管理提出了新挑战。因此，在制定人力资源战略时，竞争者的人力资源战略是需要考虑的重要因素。其次，顾客需求是企业存在的根本，顾客需求直接决定了企业的产品或服务的生产方式，顾客需求的变化要求企业的生产方式、生产流程发生转变，从而要求企业员工技能发生转变，以及企业员工培训、绩效考核、薪酬福利和人力资源成本发生改变。因此，顾客尤其是顾客需求的变化是影响人力资源战略的重要因素。最后，市场模式的变化对企业人力资源管理产生重要影响。福斯特和惠普曾对来自不同国家的 25 家公司进行了研究，发现市场模式的变化会影响企业的人力资源战略。企业面临的产品市场的全球化竞争程度越高，其采用战略性人力资源管理措施的可能性越大。

3）制度和法律因素

制度和法律因素对人力资源战略的影响主要体现在与人力资源相关的法律法规和企业人力资源管理实践的合法性上。首先，制度理论上关心的是规制、规范和文化认知过程在塑造与解释社会过程、组织行为时所起的作用。制度环境作为企业的主要外部环境，限制了企业的选择和合理决策的实现。根据制度理论，人力资源战略部分是出于组织合法性的需要，即组织及其决策者的判断。体现组织合法性的要求会影响其采取战略性人力资源管理措施的速度。沃尔顿发现，没有遵守法律规定的最低限度的人力资源管理措施的组织将会面临生存危机。鲍斯利等人将控制/承诺人力资源管理理论与新制度主义理论结合，研究人力资源管理在制度因素的调节作用下与组织绩效的关系。他们以迪玛吉奥制度来源的分类为基础，建立了一个模型，认为人力资源管理的战略、政策与目标受到来自强迫性机制、模仿机制、社会规范机制这 3 个制度因素的影响。孟繁强系统地总结了战略人力资源管理的情境观，分析了人力资源管理与组织情境的关系，阐述了如何在组织情境中理解人力资源管理的生成机制和运行机制，指出制度合法性是企业人力资源管理系统良好运行的前提。确保组织的合法性会推动组织模仿那些与自身有着网络关系的组织采取战略性人力资源管理措施。有时即使采取这些措施没有明显的用处，也会被视为维护与投资者的关系的一种方式。当然，组织模仿的大多数是相对容易沟通、易于察觉并可以逐步采纳的战略性人力资源管理措施。

4）技术因素

在组织理论中，技术通常是指从投入到产出的途径或手段，即任务是如何组织和协调的，而不仅是使用何种机器。组织的技术因素会持久地推动组织采纳战略性人力资源管理措施。

杰克逊等人发现，运用柔性化战略的组织与采用大规模制造技术的组织相比，更多地采取了以下措施：①以绩效评估的结果决定报酬；②请代理机构进行绩效评估；③以产量为基础支付报酬。陈同扬在先进制造技术应用与人力资源管理关系的研究综述中指出，先进制造技术整合了企业内部运行与外部需求，其应用必须与组织结构、人力资源管理等环节相匹配，只有如此才能表现为一种"最佳实践"模式。

5）人力资源市场状况

人力资源市场状况是影响人力资源战略的一个重要因素。当前，我国人力资源市场的总体状况是，总体劳动力人口较多、高素质人口比例较低、创新型人才较少、人力资源结构与不断深化的转型升级经济结构不适应、劳动力的地区与行业分布不均衡，这些给企业的人力资源招聘、培训与开发带来了很多难题。随着我国中西部地区经济的崛起和就业政策的改善，以及发达地区房价、物价的不断上升，当前珠江三角洲和长江三角洲地区很多城市出现了"用工荒"，这一现状还将随着转型升级经济的进一步发展而加剧，这为企业人力资源战略的开发和管理带来了一定的挑战。

**2．内部影响因素**

人力资源战略的内部影响因素主要包括企业战略、组织结构、企业发展阶段、企业文化、工会因素等。

1）企业战略

人力资源战略是企业战略的一部分，企业战略是企业人力资源战略的主要决定因素。拉贝尔对 11 家加拿大企业的最高管理层人力资源战略的形成过程进行了调查，发现企业战略被提及的频率最高。此外，大部分被调查者都认为企业战略是企业人力资源战略的决定因素。该项研究同时发现，如果企业追求的战略目标不同，其人力资源战略会有显著的差异。威尔斯对同一企业中 22 个不同战略单位的人力资源战略的调查也同样证实了企业战略是人力资源战略强有力的决定者。首先，人力资源战略必须与企业战略相匹配，即企业必须依据企业战略、企业的业务战略来制定相应的人力资源战略，如吸引式的人力资源战略、参与式的人力资源战略与不同的业务战略相匹配。其次，人力资源战略必须对企业战略起支持作用，人力资源管理各项实践都要与企业战略达到"捆绑式"匹配，通过系统、有效的人力资源管理，协调员工与企业之间的关系，充分调动员工的积极性和创造性。

2）组织结构

组织结构的性质如规模、资源的丰富程度和复杂性都会影响组织采取的战略性人力资源管理措施。许多研究表明，人力资源的丰富程度高会为组织采用和执行战略性人力资源管理措施提供财务支持，从而导致整个人力资源体系的创新。战略性人力资源管理措施的实施与组织规模相关。人力资源管理战略在规模小的组织里似乎更常见，而正规化的绩效评估、重视培训与开发、额外的报酬等人力资源管理措施在大型组织中不太常见。但是也有研究支持另外一种说法，即某一行业中最早采取人力资源战略的往往是规模较大的企业，小一点的企业会随之模仿。劳勒等人对《财富》1000强企业的调查表明，组织规模与采用的员工相关措施之间存在正相关性，这些员工相关措施包括员工持股计划、收益共享、调查反馈等。蒋春燕和赵曙明指出企业规模和行业性质是人力资源管理实践的一个重要决定因素。赵步同、曹家和及彭纪生指出，不同国家、不同行业、不同发展阶段、不同所有制都会导致人力资源战略的不同。战略性人力资源管理起源于大型组织，这可从以下两个方面进行解释：一是组织结构复杂的大型组织比小型组织更需要精细的管理措施；二是大型组织更会迫于法律和政治压力采取某些人力资源管理措施。再者，人力资源管理战略将通过组织效能提高整个企业绩效，人力资源管理实践与员工态度显著相关。

3）企业发展阶段

企业生命周期理论指出，企业是一个生命有机体，包括其诞生、成长、壮大、衰退直到死亡的过程，在生命周期的不同阶段，企业的生产经营和人才使用有着不同的特点。企业生命周期通常被划分为起步阶段、成长阶段、成熟阶段和衰退阶段。各个阶段企业的主要矛盾和特点不同，采取的人力资源战略也不同。例如，处于创业阶段和成长阶段前期的新兴企业，其规范化、正规化、制度化程度较低，人员少，人才少，没有明确的分工，常常是"以一当十"，人才使用的特点是"高低配置"，即高级人才低位使用。这一阶段的企业人力资源战略的核心是充分发挥创始人的人格魅力、创造力和影响力，注意利用"外脑"，向他人学习，向外单位学习；在工作中发现一批技术型和管理型人才，为以后企业朝规范化、制度化方向发展打下坚实的基础；促进人才组织化，帮助员工规划自己的职业生涯。而处于成熟阶段的企业，其规模、销量、利润、员工、市场占有率、竞争能力、研发能力、生产能力、社会认可度等都达到了最佳状态，但企业也容易得"大企业病"，即人力资源方面出现"高高配置"，即高级人才高位使用。这一阶段的企业人力资源战略的核心是提高企业的灵活性，如建立学习型组织，提供企业发展远景规划，建立人力资源储备库，采取比竞争对手更优秀的人才垄断战略；进行职位设计分析，明确人员职责；加强针对性培训，解决老员工知识老化问题；激励手段多样化，吸引、保留企业所需人才。

4）企业文化

企业文化作为一个企业"社会情境"的重要组成部分，对企业经营管理的各个方面产生了重要影响，在很大程度上影响战略性人力资源管理措施的动态实施过程。沙因指出企业的战略决策通常是企业领导者价值观的体现，由于企业文化是企业共享的价值观和行为规范，规定了企业内做事的方式方法，因此这也将影响企业领导者对企业战略目标的取舍。而人力资源战略是基于企业战略目标的一系列有计划的人力资源安排和活动，势必受到企业文化的影响。企业文化所反映的价值观和导向表现为企业的战略目标，通过人力资源战略的实施向员工传达信息，告诉员工什么行为是"重要的""应该的""会得到回报的"，从而提高企业的绩效。文化管理是继经验管理、科学管理之后企业管理理论发展的一个新阶段，是一种以人为中心、以塑造共同价值观为手段的管理思想和模式，这是当前跨文化背景下进行人力资源管理实践的有效手段。其中，团队型企业文化的战略目标（如员工相互关心和帮助）必须由一系列有计划的人力资源安排和活动来落实，如招聘具有团队精神的员工、薪酬设计等要体现员工相互帮助和承诺的回报、培训和开发要注重员工之间的情感交流和团队合作技巧等。类似地，创新型企业文化的一些战略目标如创新和注重新产品开发等，则必须通过一系列内外匹配的战略性人力资源管理活动来实现，如招聘具有创新精神的员工、对员工新产品和服务的培训和开发、鼓励创新的薪酬和激励体系，以及应对外部环境变化的绩效考核设置等。

5）工会因素

很多学者认为，组织的工会化程度与其采用的战略性人力资源管理措施相关。一项针对美国管理协会成员的调查数据显示，在下面两种情况下的战略性人力资源管理措施比较丰富：一种是完全工会化；另一种是完全非工会化。而那种部分工会化的组织反而很少有人力资源管理方面的创新。然而，战略性人力资源管理措施（如以生产率为基础的奖金，重视员工培训与开发）在那些有工会压力的组织中盛行的程度要远高于无工会压力的组织。实际上，要想维持其非工会化的现状或避免人员不稳定，非工会化组织必须尽快采取战略性人力资源管理措施。

## 3.2　人力资源战略的制定

### 3.2.1　不同企业战略下的人力资源战略制定

#### 1．稳定型战略下的人力资源战略制定

1）稳定型战略的特点

企业经过一番激烈的增长或收缩之后，所面临的内外部环境会趋于稳定，此时若企业的领导不愿冒风险，往往会采用稳定型战略来养精蓄锐。这一战略具有如下特征。

（1）企业追求既定的或与过去相似的经营目标。在稳定型战略下，企业的经营目标不会做大的调整。例如，企业过去的经营目标是在行业竞争中处于市场领先者的地位，采用稳定型战略意味着在今后的一段时期里企业依然以这一目标作为自己的经营目标。

（2）企业规模保持现状或略有增长。与增长型战略不同，稳定型战略的增长不具有规模大、发展迅猛的特点。例如，稳定型增长可表现为，在市场占有率保持不变的情况下，随着总市场容量的增长，实现企业销售额的增长，而这种情况则并不能算典型的增长型战略。实行稳定型战略的企业，一般会在市场占有率、产销规模或总体利润水平上保持现状或略有增加，从而稳定和巩固企业现有的竞争地位。

（3）企业创新较少。企业准备以与过去相同的或基本相同的产品或服务面向市场，

这意味着企业在产品的创新上较少。

稳定型战略适用于效益不错、暂时没有进一步的发展机会；而其他企业进入时，其所在行业壁垒又较高的企业。

2）稳定型战略下的人力资源战略

采用此种战略的企业一般不会大规模调整企业战略，人力资源战略也会相对稳定，即人力资源战略的目标就是，企业人力资源活动的稳定运行，不会出现大量的裁员或招聘等行为。企业对于人力资源战略的选择可以根据企业的组织结构、生产特点、资金实力等因素进行。此时人力资源战略的重点如下。

（1）保留核心员工。由于企业处于维持现状的状态，从环境中看到的企业成长的机会有限，企业给予员工的发展机会也很有限，这些因素都有可能导致部分员工离职。因此，在公司采取稳定型战略时，人力资源战略的重点应该放在保留公司的核心员工、维持公司人员的稳定状态方面，因此可以考虑从留人的角度选择人力资源战略。例如，公司的生产活动如果对员工的依赖性低，可以选择不留人战略；如果企业资金实力较强，行业竞争又很激烈，则可以选择诱导留人战略等。

（2）重视员工的职业生涯发展和精神激励。在稳定型战略指导下的企业，很少有新的分支机构建立，从而也就没有新的职位产生，对于处于企业中层职位的年轻人的职业生涯来说会有很大的限制。在这种情况下，人力资源管理部门应注重员工职业生涯的发展规划。此时，激励员工的手段除薪酬和福利之外，还应该包括精神激励。

**2. 收缩型战略下的人力资源战略制定**

1）收缩型战略的特点

企业采用收缩型战略的原因如下：企业以前执行的战略失败，但立刻采取新的扩张型战略又缺乏资金和资源；企业市场占有率下降、利润减少，却缺乏足够的力量扭转形势；环境中存在较大的威胁因素，如存在普遍的经济萧条、市场需求不足等状况，而企业的内部条件又不足以克服这些威胁；本行业所处的环境已无机会，而在其他行业却能发挥自己的优势。因此，企业通过采用收缩型战略，准备进入新的行业。

这种战略适用于外部环境和内部环境都十分不利的情况，企业通过采用收缩型战略才能避免更大的损失。收缩型战略是一种以退为进的战略，其特征主要有以下几点。

（1）企业规模缩小。对企业现有的产品和市场领域实行收缩、调整和撤退战略，如放弃某些市场或某些产品线。因而从企业的规模来看是在缩小的，同时一些效益指标如利润率和市场占有率等，都会有较为明显的下降。

（2）费用措施严格。对企业资源的利用采取较为严格的控制，尽量削减各项费用支出，往往只投入最低限度的经营资源。因而收缩型战略的实施过程往往会伴随大量的裁员，一些奢侈品和大额资产也会暂停购买等。

（3）具有明显的短期性。收缩型战略的根本目的并不在于长期节约开支、停止发展，而是为今后的发展积蓄力量。

采用此战略的企业，需要对自身的组织结构及经营管理程序重新进行思考和构建，以达到降低运营成本的目的。

2）收缩型战略下的人力资源战略

由于组织面临大幅度的调整，那么人力资源战略也要做出相应调整。采取收缩型战略的企业招聘工作很少，培训也较少，即使有也只是简单的内部培训，绩效考核侧重于财务指标，薪酬通常也会较以前调低。此时人力资源战略的重点包括以下几个方面。

（1）解雇冗余员工。在收缩型战略的指导下，企业会适当地退出某些经营领域或地区，因此解雇工作可能成为人力资源战略的重点之一。企业应该根据业务调整，对现有的人力资源进行结构性的调整，消除企业在扩张时期、快速发展时期的不合理配置，对冗余员工进行逐步分流处理，达到人员总量的平衡。冗余员工的解雇工作主要包括制订解雇冗余员工计划、选择解雇方式，以及处理安置问题等。收缩型战略指导下的企业在制订解雇冗余员工计划时，要清楚企业的未来战略是什么，用企业的未来战略来评判企业需要什么样的人才，把那些符合企业未来战略需要的人才保留下来，而淘汰那些不符合企业未来战略需要的人才。

（2）做好剩余员工的管理工作。关于未解雇员工的管理，主要是解决提高员工安全感和工作士气的问题。企业必须制定"幸存者"管理战略。作为企业精简时的"幸存者"，面对以前的同事、朋友被解雇，自己工作内容的改变，以及可能被解雇的忧虑，很可能意志消沉，对企业的忠诚度下降，从而直接影响工作绩效。因此，对"幸存者"的管理也是人力资源管理的重点。对于这些"幸存者"，人力资源部门必须花费大量的时间与其进行沟通，解释公司的现状、裁员的原因等。

（3）提高培训的针对性和有效性。在人才储备和培养上变专门培养为岗位培养，变内部储备为外部储备，减少和停止岗位外的培训和训练，停止学历教育等。压缩培训规模，以内部培训和业务技能培训为主。

（4）控制人工成本总额。通过战略调整优化薪酬结构、提高人均产出、停止例行的加薪和额外的奖励、控制计划外福利开支。总之，严格控制人工成本总额。

**3. 扩张型战略下的人力资源战略制定**

1）扩张型战略的特点

从企业发展的角度来看，任何成功的企业都会经历长短不一的扩张型战略实施期，使企业从竞争力薄弱的小企业发展成为实力雄厚的大企业。扩张型战略的核心就是企业发展。因此，那些能够实现企业规模扩大、经营领域扩张、产品品种增加、经营利润增加、经营网点增加的战略，都属于扩张型战略。

与其他类型的企业战略相比，扩张型战略具有以下特征。

（1）市场占有率增长较快。市场占有率的增长是一个重要指标，扩张型战略不仅体现为绝对市场份额的增加，也体现为在市场总容量增长的基础上相对市场份额的增加。

（2）利润水平超过社会平均利润率。由于发展速度较快，这些企业更容易获得较好的规模经济效益，从而降低生产成本，获得超额的利润率。

（3）倾向于采用非价格的手段同竞争对手抗衡。采用了扩张型战略的企业不仅会在市场开发上下功夫，而且在新产品开发、管理模式上都力求具有竞争优势，因而其秉承的竞争优势并不是损伤自己的"价格战"，而是以相对更为创新的产品和劳务及管理上的高效率作为竞争手段。

（4）鼓励企业创新。采用扩张型战略的企业的发展通常立足于创新。例如，通过开发新产品、新市场、新工艺和旧产品的新用途来把握更多的发展机会，谋求更大的风险回报。

（5）主动引导环境改变。与简单适应外部条件不同，采用扩张型战略的企业倾向于通过创造以前本身并不存在的事物或需求，来改变外部环境并使之适合自身发展。这种主动引导或创造合适环境的做法是由其发展的特性决定的。

2）扩张型战略下的人力资源战略

企业在采用扩张型战略之后，制定人力资源战略的重点如下所述。

（1）人力资源的补充工作。在采用扩张型战略的企业的人力资源管理工作中，招聘是重要的一环，企业需要根据扩张后的企业生产、结构、资金实力等各方面的因素选择人力资源战略。例如，企业扩张后，生产规模扩大，生产自动化程度更高，对员工的依赖性进一步降低，如果企业所需员工的人力资源市场状况良好，则企业可以随时找到合适的员工，这时企业可以考虑选择完全外部获取战略。

（2）并购或接管企业的人力资源整合问题。企业采取扩张型战略可能涉及扩大企业组织、并购或接管一些其他企业的问题，而组织的调整决定了人力资源战略的整合。如果扩张后的企业组织庞大，人力资源战略制定则要考虑多个接管企业的实际情况，整合不同的公司文化，制定规范统一的人力资源管理制度，包括技能培训、薪酬结构调整，以及岗位和组织架构调整等。

（3）提高员工技能。组织规模的扩张要求企业必须不断招聘和调动员工，并且不断提升员工技能，因此为员工提供相应的有效培训尤为重要。

综合以上分析，将不同企业战略下的人力资源战略重点归纳如下（见表3-1）。

表3-1　不同企业战略下的人力资源战略重点

| 企业战略类型 | 企业战略特点 | 人力资源战略重点 |
|---|---|---|
| 稳定型战略 | 企业追求既定的或与过去相似的经营目标；企业规模保持现状或略有增长；企业创新较少 | 保留核心员工；重视员工的职业生涯发展和精神激励 |
| 收缩型战略 | 企业规模缩小；费用措施严格；具有明显的短期性 | 解雇冗余员工；做好"幸存者"的管理工作；提高培训的针对性和有效性；控制人工成本总额 |
| 扩张型战略 | 市场占有率增长较快；利润水平超过社会平均利润率；倾向于采用非价格的手段同竞争对手抗衡；鼓励企业创新；主动引导环境改变 | 人力资源的补充工作；并购或接管企业的人力资源整合问题；提高员工技能 |

值得注意的是，企业战略与人力资源战略的匹配关系是相对的，而不是绝对的，因此探讨企业战略与人力资源战略的匹配关系是一个动态发展的研究过程。企业战略是纲领，人力资源战略是保证，人力资源战略派生并从属于企业战略。在现实的人力资源管理中，人力资源战略往往无法成为塑造企业战略的主导因素。目前人力资源战略所面对的主要挑战是如何保证所有的活动都针对企业的战略需要，所有的人力资源活动共同构成一个系统，并与企业战略保持一致。

## 3.2.2 不同竞争战略下的人力资源战略制定

竞争战略是指企业为了取得竞争优势，进而在激烈的市场竞争中获胜所采取的战略。迈克尔·波特在《竞争战略》一书中提出了 3 种竞争战略，即成本领先战略、产品差异化战略和集中战略。每种竞争战略的具体实施都需要不同的人力资源战略来做支撑。

除采用迈克尔·波特提出的 3 种竞争战略外，在网络技术和信息技术不断进步的时代，企业不得不审视自己所处的环境，制定一些新型竞争战略。常见的新型竞争战略包括创新战略、质量领先战略等。当企业采用不同竞争战略时，人力资源战略也应该进行相应的调整。

### 1. 成本领先战略下的人力资源战略制定

1）成本领先战略的特点

成本领先战略是指企业致力于将其总成本降到本行业最低水平的战略。采用这种战略的核心是争取更大的市场份额，使单位产品成本最低，从而以较低的价格赢得竞争优势。

成本领先战略的特点是以低成本取得行业中的领先地位。企业在采取这种战略时，力求在生产经营活动中降低成本、扩大规模、减少费用，使自己的产品成本比竞争对手的产品成本低，从而以低价格和高市场占有率来保持竞争优势。这种战略适合市场成熟和技术稳定的产业。

2）成本领先战略下的人力资源战略

采用成本领先战略的企业通常对员工的行为要求如下：重复性高，较少需要创造性；关注短期；能独立完成工作；相对于质量来说，更关心数量；承担风险很低；关心工作的结果而不是过程；职位相对固定，很少变化；技术要求单一；工作参与度很低。因此，采用成本领先战略的企业，可以根据具体情况考虑选择低成本战略、吸引战略、不留人战略等作为企业的基本人力资源战略。

追求成本领先在人力资源管理方面的体现，就是追求高的生产率，即提高人均产出，通常可以通过以下途径达到。

（1）减少员工数量。减少员工数量要求企业优化生产程序及设备，也就是说，用更多的机器代替员工，这样不仅可以减少员工的数量，还可以规范生产活动、提高效率，从而降低员工的使用成本。

（2）减少员工管理费用。从人力资源管理的各个环节降低成本。例如，通过制定详细的职位说明简化招聘程序从而减少招聘的费用，减少无效培训以减少培训费用，以及采用低于市场中位线水平的薪酬等，进而降低员工管理的总费用。

（3）追求员工的稳定性。追求员工的稳定性即要求员工在工作范围内有稳定一致的表现。人力资源战略措施方面的配合包括以下几点：明确界定员工所需要的技能，有针对性地进行培训投资；制定以行为和结果为中心的绩效管理系统；提拔管理人员尽量采取内部晋升的方式；薪酬系统更多地关注企业内部公平性等。

**2. 产品差异化战略下的人力资源战略制定**

1）产品差异化战略的特点

产品差异化战略的特点是企业通过向市场提供别具一格、与众不同的产品或服务，来建立自己的竞争优势，并利用产品差异化所带来的高额附加利润来补偿因追求产品差异化而增加的成本，获取高额利润。采用这种战略的企业，由于其产品和服务具有特色，顾客难以直接比较其优劣，从而可以有效地削弱顾客对价格的敏感程度。

2）产品差异化战略下的人力资源战略

在产品差异化战略的指导下，企业人力资源战略应致力于建立一支创新型人才队伍。要建成这样的队伍，首先需要实现人力资源的差异化和多元化。这种差异化和多元化主要表现为年龄多元化、地理来源多元化、学历多元化等。来自不同年龄层次、不同地理区域、具有不同学历的员工，他们的思维、逻辑是不同的，这样才能使员工从各个方面思考问题，保证企业不断创新。

产品差异化战略的重点在于差异，而差异来源于两个方面：产品质量、外观等产品附属属性的差异和产品的创造性革新。

（1）产品附属属性差异化情况下的人力资源战略。此时企业对员工的行为要求如下：有创新性要求；对合作性有一定的要求，但大部分工作仍需独立完成；关心工作的数量也关心质量；关心结果也关心过程；不需要严格遵守工作规范，有一定的调整范围；除主要的技能外，还需要兼备少量其他技能，以能够胜任小范围的工作调整；工作参与度较高。在这种情况下，企业适合以混合型战略作为基本人力资源战略。

（2）产品创造性革新情况下的人力资源战略。企业采取这种产品差异化战略时，创造性是企业竞争优势的源泉。企业的创造性可能来源于企业的领导，也可能来源于企业的每一位员工，因此企业对员工的行为要求如下：创新性要求高；合作性要求较高；独立完成工作的可能性较小，着眼于长远的利益；更关心质量而不是数量；关心过程也关心结果；工作的弹性较大，没有严格的工作规范，自主性高；要求的技能较广；工作参与度很高。因此，此类企业适合以完全外部获取战略、高投入战略、参与战略等人力资源战略作为基本人力资源战略。

总之，人力资源战略在与产品差异化战略配合时，由于实施产品差异化战略的企业主要以独特创新的产品、服务、技术等与对手竞争，其人力资源战略需要培养员工的高度创造性与协作精神。在这种情况下，人力资源战略的重点如下：外部招聘员工、拓宽职业通道、关注薪酬系统外部公平性、绩效管理以结果为导向等。

**3. 创新战略下的人力资源战略制定**

1）创新战略的特点

创新战略是指提供不同于竞争对手的产品或服务的战略。这种战略的主要特点就是创新，包括应用新的技术、采用新材料、制造新产品、提供新服务等。这种战略是一种先于市场需求而创造产品或服务的战略，是以创新引导市场的战略，是自己为自己做"蛋糕"的战略。

2）创新战略下的人力资源战略

创新战略要求员工以创新的方式工作。这意味着员工必须对自己和其他人所掌握的不同技能进行重新组合，从而创造出新的技能组合。这种战略下的人力资源管理意味着企业要挑选具备高技能的员工，给员工更多的自主权，对人力资源进行更大的投资，为创新实验提供更多资源，允许甚至奖励偶然的失败，从长远需要出发对员工绩效进行评估。

由于创新过程依赖于员工个体的专业能力和创造性，而员工的离职可能会给企业造成致命的损失，因此这一战略下的人力资源工作重点在于提高员工技能和保留高技能的员工。提高员工技能主要通过培训来实现，保留高技能的员工则需要多种人力资源管理活动的支持，包括薪酬管理、晋升制度的优化、福利计划的完善、职业培训、适当的工作指导等。

因此，采用创新战略的企业，应更多地关注员工技能的提高和掌握关键技术的员工的稳定性，所以相应的人力资源战略的重点在于以下 3 个方面。

（1）为员工创新提供支持。在工作时间、场所、资源、培训机会等方面为有创新能力的员工提供足够的支持，使他们有发挥自己才能、实现自己价值的机会。

为员工提供提高现有技能的机会，同时也使员工在人力资源市场上具有更强的竞争力，提升员工的个人价值和企业的竞争力。美国的一项研究表明，在那些很少提供培训的公司中，有 41% 的员工计划一年内离职，而在那些能提供良好培训的企业中，只有 21% 的员工有此打算。在那些没有给员工提供适当工作指导的企业中，35% 的员工希望在 12 个月内找到另一份工作，而这一比例在给员工提供适当工作指导的企业中只有 16%。

（2）给员工更大的自主权。由于这类创新型员工的素质一般较高，所以在一定的工作范围内可以给其更大的自主处理权，实行弹性时间工作制，让员工自主管理，以调动员工的积极性，便于他们进行创新性的工作。

（3）提供有竞争力的福利待遇。由于实行这类战略的企业中，常有一些员工是不可替代的，市场价值较高，所以除给予他们充分的精神激励外，还要为他们提供良好的福利待遇，这也是体现企业重视人才的重要措施。

**4. 质量领先战略下的人力资源战略制定**

1）质量领先战略的特点

质量领先战略是指，对产品或服务的质量给予更多的关注，以在现有市场上通过提高和加强现有产品或服务的质量取得竞争优势为目的的战略。其关键在于质量控制，在同类产品市场上提供比竞争对手质量更好的产品或服务。

2）质量领先战略下的人力资源战略

质量领先战略要求员工以更严谨的态度工作。实施此类战略的企业要求员工具有相对稳定的行为方式；能长期集中精力在一项工作上；员工之间有适当的协作和相互依赖的工作关系；在注重产量的同时对质量予以高度的关注；高度关注产品的生产和运输过程，保证各个环节的低风险；更重要的是，促使员工树立视质量为生命的工作价值观。

由于这类战略的目标是以质量获胜，因此需要加强对员工工作行为的控制，减少缺勤和员工流失（这主要是从熟练员工的重置成本和流失的损失来考虑的），强调员工行为的稳定性和重复性。这就要求人力资源战略对以下几方面给予特别的重视。

（1）合格的员工甄选。采取各种有效的措施，如性格测试、情境模拟等，挑选出符合上述要求的员工。

（2）有效的培训计划。这类培训需要注重质量控制和工作监督，促使员工掌握其所需技术，并且能够理解工作中严格控制的意义，从而乐于接受工作控制，防止出现行为的不确定性和随意性。

（3）严格的工作控制。为防止员工出现任何影响质量的行为，人力资源管理必须强调对工作的严格控制，制定相应的制度和措施，减少缺勤，降低人才流失率。

## 3.3 人力资源战略的选择

### 3.3.1 人力资源战略选择的程序

人力资源战略的选择在程序上分为四个步骤（见图 3-1）：一是战略因素分析，二是战略组合，三是战略评估，四是战略决策。

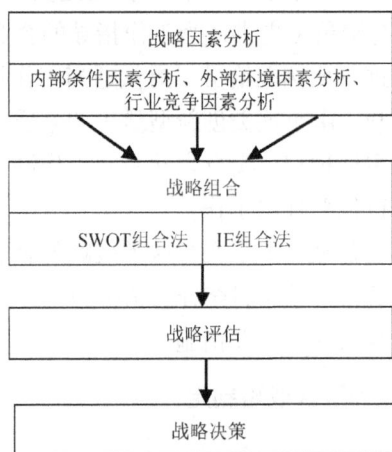

图 3-1 人力资源战略选择的程序

战略因素分析是人力资源战略选择的基础性工作。企业只有通过对能够影响人力资源战略的关键因素进行分析，才能认清自身的优势和劣势，进行下一步的战略选择。通常战略因素分析包括内部条件因素分析、外部环境因素分析和行业竞争因素分析。同时，企业所采取的战略、企业所处生命周期的阶段、企业的类型等也是影响人力资源战略的关键因素。

在战略因素分析的基础上，依照"发挥优势，克服劣势，抓住机会，避免威胁"的指导原则，进行不同战略组合，列出人力资源发展的多种战略。研究战略组合的方法有SWOT 组合法和 IE 组合法等。

面对多种可供选择的人力资源战略备选方案，企业要对各个备选方案进行客观的评估，为最终人力资源战略选择提供切实可行的比较依据。战略方案的评估主要包括可靠性、可匹配性、可接受性和可行性 4 个方面。

人力资源战略选择的最后一个步骤是战略决策，即从众多可供选择的战略方案中选出一种最为恰当的方案，并把它最终确定为人力资源战略。

## 3.3.2　人力资源战略选择的方法

### 1. 战略因素分析方法

战略因素分析是进行战略组合的前提。战略因素分析包括 3 个方面，即内部条件因素分析、外部环境因素分析和行业竞争因素分析。对战略因素进行分析可以采用评价模型表的方法。评价模型表法与人力资源现状分析的方法类似，只是分析和研究的内容侧重点不同。

内部条件因素评价模型表主要用于分析和选择企业内部人力资源的突出优势和明显劣势，外部环境因素评价模型表主要用于分析和选择企业外部的关键机会和显著威胁，而行业竞争因素评价模型表则主要用于分析和比较行业内主要竞争对手的总体情况。这 3 种评价模型表的功能虽有区别，但使用方法却大致相同。表 3-2、表 3-3 和表 3-4 所示分别为内部条件因素评价模型表、外部环境因素评价模型表和行业竞争因素评价模型表。

表 3-2　内部条件因素评价模型表

| 战 略 因 素 | 因 素 状 态 | 权　　数 | 评 价 值 | 加 权 得 分 |
|---|---|---|---|---|
| 1 | | | | |
| 2 | | | | |
| 3 | | | | |
| 4 | | | | |
| 5 | | | | |
| 6 | | | | |
| …… | | | | |
| 总加权得分 | | 1.00 | | |

表 3-3 外部环境因素评价模型表

| 战 略 因 素 | 因 素 状 态 | 权 数 | 评 价 值 | 加 权 得 分 |
|---|---|---|---|---|
| 1 | | | | |
| 2 | | | | |
| 3 | | | | |
| 4 | | | | |
| 5 | | | | |
| 6 | | | | |
| …… | | | | |
| 总加权得分 | | 1.00 | | |

表 3-4 行业竞争因素评价模型表

| 战 略 因 素 | 权 数 | 竞争者（1） | | 竞争者（2） | | 竞争者（3） | |
|---|---|---|---|---|---|---|---|
| | | 评价值 | 加权得分 | 评价值 | 加权得分 | 评价值 | 加权得分 |
| 1 | | | | | | | |
| 2 | | | | | | | |
| 3 | | | | | | | |
| 4 | | | | | | | |
| 5 | | | | | | | |
| 6 | | | | | | | |
| …… | | | | | | | |
| 总加权得分 | 1.00 | | | | | | |

战略因素分析的具体步骤如下所述。

（1）选择和明示各项战略因素。

（2）根据各项战略因素对人力资源战略影响的重要程度确定其权数。各项权数的总和等于1。

（3）评价各项战略因素，确定评价值。

（4）计算各项战略因素的分值。

（5）计算和分析战略因素的总加权得分。

**2. 战略组合分析方法**

企业经常采用的战略组合分析方法为 SWOT 组合法和 IE（Internal-External Matrix）组合法。

前面已经介绍过，SWOT 分析法是人力资源环境分析的一个重要方法。与 SWOT 分析法类似，SWOT 组合法是人力资源战略选择的一个重要方法。SWOT 分析是 SWOT 组合的前提，而 SWOT 组合则是 SWOT 分析的结果。

SWOT 组合法可以提供四种类型的战略，分别是 SO 策略组合、WO 策略组合、ST 策略组合和 WT 策略组合。人力资源战略的 SWOT 分析模型如表 3-5 所示。其中，WT

策略组合表明的是以内部劣势来面对外部威胁，是以己之短来迎接挑战，这有很大的危险性。因此，企业通常的选择是前三种组合中的一种或以其中一种组合。在实践中应用的最大难点通常不是策略组合的选取，而是要找在内部条件和外部环境中起决定性作用的关键因素，这需要较为专业的判断。

表 3-5　人力资源战略的 SWOT 分析模型内部因素

| 外 部 因 素 | 内 部 因 素 | |
|---|---|---|
| | 内部优势（S）：在企业战略、企业特点各方面的优势 | 内部劣势（W）：在企业战略、企业特点各方面的劣势 |
| 外部机会（O）：外部环境出现的对人力资源管理而言是机会的变化 | SO 战略：发挥组织优势，利用机会 | WO 策略：充分利用机会，克服弱点 |
| 外部威胁（T）：外部环境出现的对人力资源管理而言是威胁的变化 | ST 战略：利用公司优势克服或避免威胁因素 | WT 策略：紧缩业务，建立合资企业 |

IE 组合法（Internal-External Matrix）也称内外因素矩阵法。企业在这种方法进行人力资源战略选择时，将经营的内外部因素分别综合加权求出总得分值，然后在 IE 组合矩阵中找出相应的战略组合。IE 组合法如图 3-2 所示。

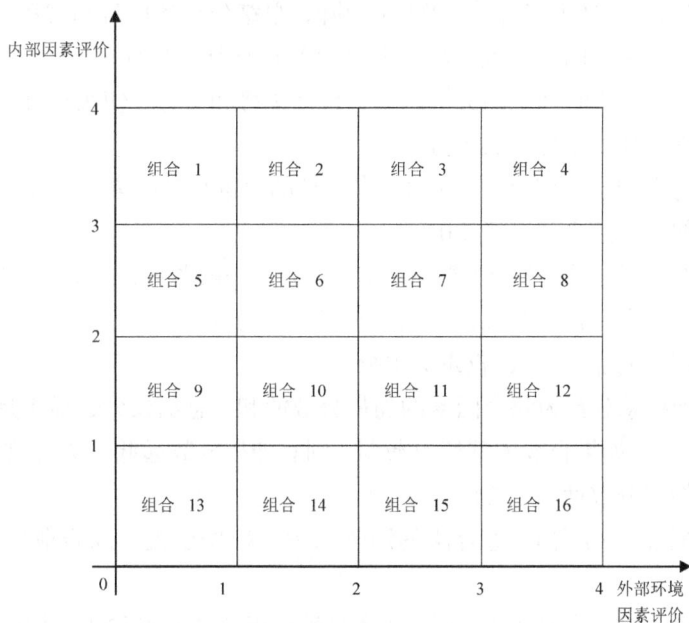

图 3-2　IE 组合法

企业可以通过外部因素评价（EFE）矩阵，从机会和威胁两个方面出发，找到影响企业未来发展的关键外部因素。计算公式为总加权分数=权数（对某一因素影响程度）×分数（对某一因素有效反应程度）。有关政治、经济、社会、文化、人口、环境、政府、法律、技术和竞争力的信息都可以由 EFE 矩阵来归纳总结和评价。

企业建立外部环境因素评价分数（横坐标）的 5 个步骤如下。

（1）列出外部环境因素：公司与行业的机会和威胁。

（2）根据重要程度，每个因素给出一个范围为[0,1.0]的权重，权重表示该因素对企业在生产过程中成功的相对重要性程度。

（3）评价当前战略对每个因素的有效反应。范围是 0～4 分，"4"表示反应良好，"0"表示反应差。

（4）得出加权分数：加权分数=权重×得分。

（5）用每个因素的加权分数之和表示企业的总加权分数。无论 EFE 矩阵中包含的关键机会和威胁的数目如何，该公司的总加权分数最大值为 4.0，最小值为 1.0，平均总加权分数为 2.5。如果该公司的总加权得分恰好为 4.0，则说明该公司已对现有机会和威胁做出了最佳回应，也就是说，企业战略充分抓住了现有机会，并最大限度地减少了外部威胁的可能性。总加权分数为 1.0，则表明公司的现有战略无法规避外部威胁，无法利用外部机会。

在对企业内部条件因素进行分析时，可以从优势和劣势两个对立面就企业经营的主要影响因素进行梳理，以各因素为基础计算不同影响因素的权重。各因素权重分数相加得出加权总分数：各因素加权分数=权重（对各因素影响程度）×得分（对各因素反应程度）。公司可以通过内部因素评价（IFE）矩阵，总结公司的优势和劣势。

企业建立内部条件因素评价分数（纵坐标）的 5 个步骤如下。

（1）选出内部分析时确定的关键因素，包括优势和劣势。使用百分比、比率、比较数等方式尽可能多地列出优势和劣势。

（2）设定每个因素的权重为[0,1.0]，多计算的权重是各因素对企业经营情况的影响力状况。所有权重总数之和等于 1.0。

（3）对所有因素打分。1 分为严重弱势，2 分为一般弱势，3 分为一般优势，4 分为重要优势。分值将企业视作基准，而权重则以产业为基准。

（4）各个因素的加权分数=权重×得分。

（5）企业加权总分数为每个因素的加权分数的和。总加权分数最小是 1.0，最大是 4.0，平均值是 2.5。如果企业内部情况薄弱，则总加权分数远低于 2.5；如果企业内部情况较强，则总加权分数远高于 2.5。

将两个坐标值定位到 IE 组合法的矩阵图中，根据位置判断企业应该采取的战略组合。

在图 3-2 中，组合 4 和组合 13 是两个极端；组合 4 具有得天独厚的发展机会和优势，人力资源主体系统可采取充分发展的扩张型战略；而组合 13 的发展条件最差，人力资源主体系统不但得不到发展，而且趋于解体，这时只能采取重组或遣散的战略。组合 3 和组合 8 的发展条件相对较好，可采取较快发展的战略，即扩张型战略。组合 2、组合 7 和组合 12 的发展条件偏好，可采取缓慢发展的战略，即增长型和稳定型相结合的战略。组合 1、组合 6、组合 11 和组合 16 的发展条件一般，既不好也不坏，只能采取稳定型的战略。组合 5、组合 10 和组合 15 的发展条件偏坏，可采取稳定型和收缩型相结合的战略。组合 9 和组合 14 的发展条件较坏，可采取全线收缩或调整的战略。

### 3. 战略方案的评估方法

综合分析战略方案组合之后，还要对备选方案进行评估，以便最后敲定要规划和执行的战略方案。所谓评估，就是对各种备选战略方案进行价值判定，为最终的战略决策提供依据。战略方案评估的内容通常包括 4 个方面的内容，即可靠性、可匹配性、可接受性和可行性。

（1）人力资源战略方案的可靠性，用以评估战略形成的质量。评估战略形成的质量需要有四个方面的保证，即人员、程序、资料、方法。首先要考察参与战略制定的人员是否具有相应的经验和技能，其次要考察战略方案形成的程序是否科学、严谨，再次要考察分析资料是否准确、完整和及时，最后要考察分析的方法和技术是否有效。

（2）人力资源战略方案的可匹配性，用以评估人力资源战略方案与战略管理宗旨与发展目标的匹配程度。企业战略管理宗旨和发展目标确定以后，人力资源战略必须与之相符，为其服务。或者说，人力资源战略必须满足企业战略管理宗旨和发展目标的总体要求。如果不匹配，就有必要重新选择战略方案。

（3）人力资源战略方案的可接受性和人力资源战略目标的可接受性是一致的，即人力资源战略的方案要得到大多数人员的接受和认可。人力资源战略方案是贯彻人力资源战略管理宗旨的具体程序，是实现人力资源发展目标的具体途径。因此，如果不能被企业大多数人员所认同，那么这个方案也就失去了实行的价值。

（4）人力资源战略方案的可行性是指对战略方案的实际检验，主要是分析该战略方案在目标年度内能否施行，包括实行的条件是否成熟、已经量化的指标是否准确、定性的指标是否有偏差等。如果战略方案不具有可行性，那么要考虑重新选择战略方案。

### 4. 战略决策方法

在对若干备选战略方案进行评估之后，下一步要从其中选出一种较为合适的方案，并把它认定为最终付诸实施的人力资源战略，这就是战略决策。然而，合适的方案不一定就是最优的方案，因为最优的方案往往是施行起来难度最大、限制条件最苛刻的方案，因此要权衡和对比各种因素，选择最适合或最满意的方案。战略决策最流行的制定分析法是定量战略计划矩阵。

定量战略计划矩阵（Quantitative Strategic Planning Matrix，QSPM）是战略决策阶段的重要分析工具。它能够客观地指出哪种战略是最佳的。QSPM 利用以往的分析结果来进行战略评价。QSPM 的分析原理：组织相关的专家和企业高级管理人员将已经制定好的各种战略分别评分，评分的依据是各战略能否使企业更充分地利用外部机会和内部优势，以及尽量避免外部威胁和减少内部弱点四个方面，得分的高低反映战略的优秀程度。

QSPM 的优点：一是可以相继或同时考察一组战略，在 QSPM 中可以同时评价的战略或战略组数量不受限制；二是 QSPM 要求在决策过程中将有关的外部和内部因素结合起来考虑，通过 QSPM 可避免关键因素被不适当地忽视或偏重。QSPM 可以使人们注意到影响战略决策的各种重要关系。

QSPM 的缺点：对直觉性判断和经验性假设要求较高。权重和最优程度分数的确定都要依靠主观判断，尽管这些判断所依据的是客观信息，但不同的分析专家也可能应用相同的方法得出不同的结论。

表 3-6 所示为战略决策的 QSPM 模型表。

表 3-6　战略决策的 QSPM 模型表

| 关键因素 | | 分析评价值 | 战略方案（1） | | 战略方案（2） | | 战略方案（3） | |
|---|---|---|---|---|---|---|---|---|
| | | | 决策评价值 | 评分 | 决策评价值 | 评分 | 决策评价值 | 评分 |
| 内部条件 | 1 | 5 | 2 | 10 | 0 | 0 | 0 | 0 |
| | 2 | 4 | 2 | 8 | -1 | -4 | 1 | 4 |
| | 3 | 4 | -2 | -8 | 2 | 8 | 1 | 4 |
| | 4 | 3 | 1 | 3 | 0 | 0 | 0 | 0 |
| | 5 | 1 | -2 | -2 | 1 | 1 | 1 | 1 |
| 外部环境 | 1 | 5 | -2 | -10 | -2 | -10 | 1 | 5 |
| | 2 | 4 | 2 | 8 | 0 | 0 | 0 | 0 |
| | 3 | 3 | 1 | 3 | 2 | 6 | 0 | 0 |
| | 4 | 3 | 1 | 3 | -1 | -3 | 1 | 3 |
| | 5 | 2 | 1 | 2 | 0 | 0 | 1 | 2 |
| 总得分 | | | | 17 | | -2 | | 19 |

运用 QSPM 模型运行战略决策的步骤如下。

（1）列出内外部的关键战略因素。这些内外部的关键战略因素可以从战略因素分析的相应评价模型表中得到，结合评价模型表中的数据和记录，陈述这些因素的名称和基本状态。通常内外部的关键战略因素要列出 5～10 个，太少，不足以全面地说明问题。

（2）列出各因素的分析评价值。各因素的分析评价值要与战略因素分析的相应评价模型表中的评价值一致。

（3）选择若干备选战略方案进行评价比较。这些战略方案都是通过各种战略组合方法得出的，由于已经在前期工作中把那些明显不适用的方案进行了初步淘汰，现在是在可行的方案中进行进一步选择。评价比较的备选战略方案以 3～5 项为宜。

（4）评价各项因素对各项备选战略方案的影响。实际上就是确定该因素对某项具体方案的影响程度或支持程度，并据此赋予相应的决策评价分值，影响极好为 2 分，影响较好为 1 分，没有影响为 0 分，影响较坏为-1 分，影响极坏为-2 分。

（5）计算各项因素对各项战略方案影响的实际得分值，这个得分值等于分析评价值与决策评价值的乘积。

（6）分别计算各项战略方案的实际总得分值。

（7）对各种战略方案进行比较，确定人力资源规划的战略方案。从表 3-6 来看，战略方案（3）总得分较高，是一种较好的方案，战略决策的结果可以为战略方案（3）。战略方案（2）得分为负首先淘汰。战略方案（1）也是可行方案，且分值也较高，但各个战略因素对其影响相差很大，没有战略方案（3）平稳，即使得分相同，也应选择战略方案（3）。

## 3.4　与企业发展相匹配的人力资源战略

由于每个企业所采用的企业战略、竞争战略、所处的生命周期及其所属产业特点都有所差异，因此在制定企业人力资源战略时，要综合考虑上述条件，力求达到与企业的发展模式相匹配，制定出符合企业自身特点的、个性化的人力资源战略。

### 3.4.1　与企业战略相匹配的人力资源战略选择

企业战略是企业立足于全局的整体策略，是对企业总体的行动路线和发展方向的规划，主要回答组织是继续扩张、维持还是收缩等重大全局性问题。美国管理学家彼德·德鲁克在对战略选择进行深入研究后，按战略态势提出了 3 种战略类型，即稳定型战略、收缩型战略和扩张型战略。企业战略决定了企业的总体发展目标和方向，也决定了企业内部的发展目标和方向，以及人力资源战略的发展目标和方向。

**1. 基于稳定型战略的人力资源战略选择**

稳定型战略是指，企业致力于把各种资源分配和经营状况维持在目前的状态和水平上的战略。采用稳定型战略的企业通常具有的条件如下：企业所处的外部环境较为稳定，而企业本身也是成功的；企业经过一段时间激烈的增长或收缩之后，采取稳定型战略有利于企业休养生息，等待机会。

稳定型战略的特点是，企业的经营基本保持目前水平，不会有大的扩张或收缩行动。因此，采用稳定型战略的企业的组织结构一般不会进行大的调整，人力资源战略也会相对稳定，即人力资源战略的目标就是谋求人力资源活动的稳定运行，不会出现大量裁员或招收新员工等活动。由于企业处于维持现状的状态，企业成长的机会有限，企业给予员工的发展和锻炼的机会也较少，因此有可能会导致部分员工离职。公司采取稳定型战略时，人力资源战略的重点是保留公司的核心员工，维持公司人员的稳定，所以可以考虑从留人的角度选择人力资源战略。如果公司的生产活动对员工依赖性较低，则完全可以选择不留人战略，以节约开支、维持现有生产水平。

**2. 基于收缩型战略的人力资源战略选择**

收缩型战略的特点是，企业经营范围或领域缩小，或完全退出某些经营领域。采用此战略的企业，要对组织的结构及经营管理程序进行重新思考和选择，以降低运营成本。对此，人力资源战略应做相应调整，降薪和裁员是通行的做法。采取收缩型战略的企业的人力资源战略的重点是，规划和实施好去职员工的解雇工作，以及对保留员工的管理工作。

### 3. 基于扩张型战略的人力资源战略选择

扩张型战略是指企业扩大经营领域的规模，或向新的经营领域拓展的战略。扩张型战略的特点是企业规模扩大或企业开辟了新的经营领域。实现扩张的途径有两种，内部途径包括开发新产品、开辟新销售渠道、增加市场份额等，外部途径有收购其他企业、创办合资企业等。企业采取扩张型战略的原因如下：扩张能使企业获得社会效益；扩张能使企业获取规模经济的效益；扩张能增强企业的市场竞争地位；新的机会与企业的内部优势相吻合。

企业采取扩张型战略时，人力资源战略的重点是做好人力资源的补充和并购或接管企业的人力资源整合工作。在采用扩张型战略的企业的人力资源管理工作中，招聘是重要的一环，企业需要根据扩张后的企业规模、结构、资金实力、销售渠道等各方面的因素选择合适的人力资源战略。

## 3.4.2　与竞争战略相匹配的人力资源战略选择

竞争战略的核心问题是如何建立、拥有和长期保持竞争优势。竞争战略的关键是能否制订出可以保持持久竞争优势的行动方案和经营策略。

根据迈克尔·波特提出的一般竞争战略理论可知，一个企业在严酷的市场竞争环境中能否生存和发展的关键在于其产品的"独特性"和"顾客价值"，二者缺一不可，否则企业就很难在竞争中取得优势。为获得竞争优势，企业可采取 3 种基本的战略：成本领先战略、产品差异化战略和市场聚焦战略。但无论是哪种战略，其实质都是企业面对竞争所采取的策略。不同的竞争战略对人力资源管理提出不同的要求，进而影响到人力资源战略的制定。

### 1. 成本领先战略下的人力资源战略选择

成本领先战略的主导思想是以低成本取得行业中的领先地位。企业在采取这种战略时力求在生产经营活动中降低成本、扩大规模、减少费用，使自己的产品成本比竞争对手的产品成本低，从而可以用低价格和高市场占有率来保持竞争优势。这种战略适合市场成熟和技术稳定的产业。追求成本领先的实质是追求高生产率，达到规模收益，通常可以通过加大资本有机构成的方式实现，即用更多的机器代替员工，减少员工的使用量，使用技术含量更少的员工，降低员工的总体使用成本。

采用成本领先战略的企业由于技术的替代而对员工的创造性要求不高，所以员工的素质不高，工作参与度也很低。采用成本领先战略的企业可以考虑选择低成本战略、不留人战略等作为企业的基本人力资源战略。

### 2. 产品差异化战略下的人力资源战略选择

产品差异化战略的主导思想是，通过向市场提供别具一格、与众不同的产品或服务，来建立企业的竞争优势，从而获取高额利润。企业在采用这种战略时，应建立一支创新型人才队伍，使员工具有高度的创造性与协作精神。因此，采用产品差异化战略的企业可以考虑选择外部获取战略、高投入战略等人力资源战略作为基础人力资源战略。

### 3. 市场聚焦战略下的人力资源战略选择

市场聚焦战略的主导思想使企业不是面向整体市场进行全线作战,而是占据某一特定的细分市场,谋求局部的优势。企业将产品聚焦于某一特定的顾客群、某类特殊商品、某个特定地理区域或其他某个方面。在这个细分市场上,企业或运用成本领先战略或运用产品差异化战略,或兼而用之,以期战胜对手。市场聚焦战略由定义可知是成本领先战略和产品差异化战略在特定市场的应用,因此与市场聚焦战略匹配的人力资源战略要根据企业采用的具体战略而定。

与竞争战略相匹配的人力资源战略如表 3-7 所示。

表 3-7 与竞争战略相匹配的人力资源战略

| 竞 争 战 略 | 员工行为要求 | 人力资源战略 |
| --- | --- | --- |
| 成本领先战略 | 重复性高,较少需要创造性;关注短期;能独立完成工作;相对于质量来说,更关心数量;承担风险很低;关心工作的结果而不是过程;职位相对固定,很少变化;技术要求单一;工作参与度低 | 低成本战略、不留人战略 |
| 产品差异化战略 | 工作有创新性的要求;工作立足长远而不是短期;关心的是质量而不是数量;关心过程也关心结果;工作的弹性较大,没有严格的工作规范,自主性强 | 外部获取战略、高投入战略 |
| 市场聚焦战略 | 参考以上两种战略 | 参考以上两种战略 |

## 3.4.3 与企业生命周期相匹配的人力资源战略选择

企业生命周期理论是由美国管理学家伊查克·爱迪思提出的。他在《企业生命周期》一书中,将企业生命周期划分为 3 个阶段:成长阶段、盛年阶段、老化阶段。结合我国企业的实际情况及人力资源管理的需要,我国的研究人员将企业生命周期划分为 4 个阶段:起步阶段、成长阶段、成熟阶段和衰退阶段。

### 1. 起步阶段的人力资源战略选择

起步阶段的企业还没有得到社会认可,实力也较弱,但却极富灵活性和成长性。起步阶段的企业重点在于发展业务、增强自身实力,但企业的内部管理机制很不完善,员工也没有比较明确的职责规范。此时的企业规模小,人员少,没有固定的组织结构,没有成型的企业战略和人力资源战略,人力资源管理工作还处于起步阶段,甚至还没有设立人力资源部门。因此,此阶段企业的人力资源工作的重点在于招聘优秀的员工以促进企业发展,同时注重为企业未来发展辨识和培养核心人才。

### 2. 成长阶段的人力资源战略选择

成长阶段的企业经营规模不断扩大,主营业务不断扩展,各种资源全面紧张;组织形态走向正规化,机构相对完善,企业规章制度日益建立和健全,企业文化逐渐形成。此阶段企业的人力资源状况如下:由于企业规模的不断扩张,企业对人才的需求迅速增加；企业的组织形态向正规化发展，各项规章制度开始建立、健全，人力资源工作开始逐步正规化；人力资源部门开始参与包括人力资源战略在内的企业战略的制定。此时人力资源部门的主要工作就是，为不断成长的企业调配足够的人员，因此招聘工作成为人力资源工作的重点。同时，对老员工的培训和选拔也逐渐成为企业人力资源工作的重要内容。

### 3. 成熟阶段的人力资源战略选择

成熟阶段是企业生命历程中最为理想的阶段。在这一阶段，财务状况大为改观；企业的制度和组织结构已完善并充分发挥作用；企业的创造力和开拓精神得到制度化保证；企业一切以顾客至上为原则，重视顾客的需求，注意顾客满意度。此时，企业人力资源状况如下：个人在企业中的作用开始下降，主要依靠企业的规范化维持企业的管理运作；企业的发展速度减缓，企业人员需求量下降，员工的创新意识下降，企业活力开始衰退；企业的各岗位满员，人员晋升困难，对人才的吸引力降低，企业有人才流失的压力。因此，此阶段企业人力资源战略的重点在于，培养创新型的企业文化和防止企业核心员工的流失。创新型企业文化，能够延长企业的成熟期，不断创新的产品可以使企业重新焕发生机。同时，企业必须完善员工的晋升通道和重视员工的职业生涯发展，以留住核心员工。

### 4. 衰退阶段的人力资源战略选择

衰退阶段企业内部缺乏创新，丧失了初创阶段的冒险精神，而活力的丧失预示着危机的到来。衰退阶段的企业特征如下：企业增长乏力，竞争能力和获利能力全面下降，资金紧张；制度繁多，又缺乏有效执行能力；企业员工自保意识不断增强，做事越来越拘泥于传统、注重形式，只想维持现状。衰退阶段的企业人力资源状况如下：企业人心涣散，核心人才已经严重流失；企业员工大量冗余，同时企业的人力成本压缩，工资较低；企业员工凝聚力下降。因此，此阶段企业的人力资源战略的重点在于留住企业核心人才，为企业东山再起提供条件，同时企业应进行有计划的裁员，降低企业的成本，增加企业灵活性。

综上所述，与企业生命周期相匹配的人力资源战略选择如表 3-8 所示。

表 3-8　与企业生命周期相匹配的人力资源战略选择

| 生命周期阶段 | 人力资源状况 | 人力资源战略重点 |
| --- | --- | --- |
| 起步阶段 | 对个人能力要求高 | 招聘，核心员工的培养 |
| 成长阶段 | 人才需求迅速增加 | 招聘，培训 |
| 成熟阶段 | 员工创新意识下降，对人才的吸引力降低 | 留住核心员工，培养创新型企业文化 |
| 衰退阶段 | 核心人才流失严重，大量员工冗余 | 留住核心员工，裁员 |

### 3.4.4　与企业所属产业特点相匹配的人力资源战略选择

依据不同产业在社会再生产过程中对劳动力、资金、技术等的依赖程度将社会产业分为劳动密集型产业、技术密集型产业和资本密集型产业。因此，我们可以将隶属于不同产业的企业分为劳动密集型企业、资本密集型企业和技术密集型企业。

**1. 劳动密集型企业的人力资源战略选择**

劳动密集型企业是指以劳动力为主要劳动要素，单位资本支配劳动力较多的企业。一般认为，商贸餐饮、运输通信、文教卫生等服务业和纺织、服装、食品加工、电子通信设备等制造业和建筑业中的企业，以及中小型企业和个体私营企业，都属于吸纳劳动力相对较多的劳动密集型企业。劳动密集型企业的特点如下：单位资本推动的员工数量较多，因此企业的员工薪酬是企业的一项重要成本；此类企业的产出一般为标准化产品，因此对人员素质要求不是太高；此类企业通常投资在物质上的资金大于投资在人员上的资金，因此劳动密集型企业可以采用外部获取战略、低成本战略、不留人战略等作为基本人力资源战略。

**2. 资本密集型企业的人力资源战略选择**

资本密集型企业主要是指以资本为主要劳动因素的企业，一般拥有大量的资金。与劳动密集型企业相比，支配同等数量的劳动，资本密集型企业所使用的资本量相对较大。资本密集型企业的特点如下：单位劳动力所占用的资本量较大，因此人力资源的成本对企业来说不是一项相对较大的支出；此类企业一般为大型企业，其组织结构通常是机械型组织；企业产出的不再是单纯的标准化产品。在资本密集型产业中部分企业也需要大量的不同类型的劳动力从事研发、生产、制造和销售等工作，因此资本密集型企业可以选择的人力资源战略范围较广，企业可以适当选择混合战略或根据企业自身特点选择需要的人力资源战略。

**3. 技术密集型企业的人力资源战略选择**

技术密集型企业主要是指以技术为主要劳动因素的企业，如高科技企业，一般拥有少量的资金和少量的人员。技术密集型企业在社会再生产过程中对技术的依赖程度强于对资金和劳动力的依赖程度。一般认为电子工业、航天工业等行业中的企业属于技术密集型企业。技术密集型企业的特点如下：企业对技术依赖程度高，以及对承载技术创新的专业人员的依赖程度高；技术密集型企业的产品生命周期短，更新速度快，对企业技术的创新要求高。因此，技术密集型企业适合采用外部获取战略、高投入战略、诱导留人战略等作为基本人力资源战略。

综上所述，不同类型企业的人力资源战略选择如表 3-9 所示。

表 3-9　不同类型企业的人力资源战略选择

| 企 业 类 型 | 特　点 | 人力资源战略 |
|---|---|---|
| 劳动密集型 | 标准化的产品,技术要求不高,人员素质有待提高,资金大量投资在物上 | 采用外部获取战略、低成本战略、不留人战略等作为基本战略 |
| 资本密集型 | 产品非标准化,人员支出比例小,组织通常为机械型组织 | 选择混合战略或根据企业自身特点选择需要的人力资源战略 |
| 技术密集型 | 产品技术含量高,对技术人员依赖程度高,创新压力大 | 采用外部获取战略、高投入战略、诱导留人战略等作为基本战略 |

## 【本章小结】

根据人力资源获取的渠道,可以把人力资源战略分为外部获取战略、内部获取战略和混合获取战略。

根据人力资源的使用和开发方式,可以把人力资源战略分为低成本战略、高投入战略和混合战略。

根据企业对待人员流动的理念和策略,可以把人力资源战略分为不留人战略、培养留人战略和诱导留人战略。

人力资源战略的选择在程序上分为 4 个步骤:一是战略因素分析,二是战略组合,三是战略评估,四是战略决策。

劳动密集型企业可以采用外部获取战略、低成本战略、不留人战略等作为基本人力资源战略。

资本密集型企业可以选择的人力资源战略范围较广,企业可以适当选择混合战略或根据企业自身特点选择需要的人力资源战略。

技术密集型企业适合采用外部获取战略、高投入战略、诱导留人战略等作为基本人力资源战略。

## 【复习思考题】

1. 人力资源战略制定的主要方法有哪些? 各自的主要观点是什么?
2. 简述人力资源战略选择的程序。
3. 如何进行组织人力资源战略匹配与选择?

## 案例分析

### 戴尔的人力资源战略

21 世纪初，整个电脑行业遭受了很大的打击。为了维护刚刚获得的全球头号个人电脑制造商的地位，戴尔公司在 2001 年第一季度把每台电脑的平均价格降低了约 300 美元，公司的利润也随之从 21% 降至 18%。戴尔公司的毛利率虽然低于其主要竞争对手 IBM 和惠普，但净利润却大大高于这二者，最主要的原因是直接面对客户的戴尔模式为公司节约了大量成本。

与其他公司一样，戴尔公司压缩人力成本的第一个举措就是裁员。2001 年上半年，戴尔公司决定辞退 4000 名员工。但辞退员工是一件非常麻烦的事情，涉及诸多细节，这几乎是每个人力资源部门都感到头疼的事儿。戴尔公司人力资源部门专门制定了一套确定哪些人应该离开公司的制度，并有效地处理了这次辞退过程中层出不穷的细节问题。被辞退的员工较早地拿到了两个月的薪资、年度奖金及离职金，生活得到了保障。并且这些被辞退的员工还得到了重新谋职咨询的机会和相应福利，有助于他们尽早找到新工作。通过妥善安排，戴尔公司顺利地精简了人员，节约了一大笔人力成本。

戴尔公司充分利用内联网（Intranet），用先进的手段管理大多数人力资源工作。在戴尔公司的内联网上有一个管理者工具箱，其中包含 30 种自动网络应用程序。这些工具能够方便而有效地帮助管理者承担部分人力资源管理工作，而这些工作过去必须由人力资源部门承担，并且成本相当高。员工也可以利用内联网查询人力资源信息，过去要到人力资源部门才能办到的事，现在只需轻轻一点即可完成。有效利用公司内联网，用电子技术管理人力资源，简化了人力资源部门大量繁杂的工作，大大降低了管理成本。

戴尔公司摒弃旧的组织结构，将人力资源管理部门划分成人力资源"运营"部门和人力资源"管理"部门。人力资源"运营"部门主要负责福利、薪酬、劳资关系等具体工作，直接与员工接触，很少与其他部门的负责人打交道。这些工作虽然繁多琐碎，但都属于日常事务性工作，可以借助例行程序、制度、方法完成。戴尔公司通过集中的呼叫中心来协调这类人力资源管理工作。人力资源"管理"部门主要负责招聘、培训等工作。从事这些工作的专员要向事业部门的副总裁和人力资源部门的副总裁汇报，并且要以顾问的身份参加事业部门的会议，为事业部门制定专门的人力资源战略，从人力资源角度来帮助事业部门实现战略目标。这种划分方式，可以让人力资源"运营"部门有效地处理大量日常事务，又可以让人力资源"管理"部门为事业部门提供有效的专业支持。重新划分工作，不但提高了效率，而且精简了专门从事人力资源工作的人员。

资料来源：https://www.gaodun.com/shiwu/557140.html，有删改。

## 问题

1. 戴尔公司采取的是什么类型的企业战略和人力资源战略? 人力资源战略与企业战略是否匹配? 为什么?

2. 为了配合企业战略, 人力资源部门还可以采取哪些有效措施压缩成本?

3. 如果人力资源部门单纯地以降低成本为导向, 可能会引起哪些问题? 你是否有解决这些问题的对策?

## 本章实训

### 高露洁公司的人力资源战略

通过对本章主要内容的学习, 读者应该对人力资源战略的制定与选择有了一定的认识。在这个练习中, 通过阅读案例, 参与者要根据对已学的人力资源战略与规划的了解, 从人力资源战略角度分析高露洁公司的人力资源战略是否体现了企业战略的要求, 从哪些方面体现了企业战略要求; 高露洁公司为了实施人力资源战略采取了哪些措施, 这些措施是否能够保证人力资源战略目标的实现。

参与者可分组进行练习, 一般以每组 4~6 人为宜。每组作为一个组织的经营团队并推选一位成员担任团队领导者, 即人力资源战略的总负责人, 代表小组公开发言; 其他小组成员分别代表组织职能的负责人, 充分、真实地模拟组织运营环境, 同时尽可能避免仅从人力资源管理方面考虑问题, 而要将人力资源管理与企业战略相结合。

先阅读下面的案例:

高露洁公司是全球最成功的公司之一。高露洁公司的成功离不开其人力资源战略的有效实施。高露洁公司的人力资源战略以整个公司的总体战略为基础, 通过一系列的人力资源战略措施来调动和激发员工的工作积极性, 从而帮助公司实现战略目标。

高露洁公司的总体战略以 "公司进取精神" 为基础, 主要强调以下几方面的内容: 开发新产品; 降低生产成本; 精简公司业务和组织结构; 下放决策权; 鼓励企业家行为; 提高员工士气和主动精神等。其战略步骤如下: ① 放弃 4 个主要领域, 其中两个是体育用品公司, 两个是娱乐公司; ② 公司进行重大的结构重组, 削减了一个高级管理层; ③ 将在调整过程中富余出来的资源用于新产品开发和其他一些研究开发活动。

为了促进公司战略的实施, 公司的人力资源战略应该实现以下目标: ① 在强调对员工个人及各业务单位的工作绩效加以认可、赞扬和奖励的同时, 鼓励各业务单位在工作过程中, 无论是在单位内部还是在各单位之间, 都应当以公司的共同利益为目标, 积极发扬团队精神和合作精神; ② 在管理者中积极培养企业家精神, 在全体员工中培养创造性的思维方式; ③ 强调员工与股东在利益上的共同之处。

为了实现上述目标，高露洁公司人力资源管理部门制定了一系列人力资源战略措施，对原有的人力资源管理做了调整。例如，他们对薪资体系进行了重新设计，新制度更加强调管理者个人的工作绩效及经营目标的完成情况；新制度对员工的福利也进行了重新设计，以使它们更具有灵活性，并能对员工的需要做出更为迅速的反应；同时，他们还制订了成本控制及员工薪资成本浮动计划，并将二者有效地联系在一起。

资料来源：https://wenku.baidu.com/view/51c667187fd5360cba1adbd4.html，有删改。

根据上述案例，对案例中涉及的一些人力资源问题进行思考，时间约为 10 分钟。阅读之后，小组成员通过以下步骤对案例进行分析讨论。

第一步，各小组成员分析高露洁公司的人力资源战略是否体现了企业战略的要求。时间控制在 5 分钟以内。

第二步，各小组分析高露洁公司为了实施人力资源战略采取了哪些措施，并讨论公司还应采取哪些措施。时间控制在 10 分钟以内。

第三步，各小组派出 1 名代表（不担任组长的其他组员）组成评审委员会，同时派出组长进行当众陈述。每人的时间控制在 5 分钟以内。

第四步，评审委员会综合各组的意见和看法，经讨论后达成一致，并推选一名代表口头报告给所有的参与者。时间控制在 25 分钟以内。

第五步，所有的参与者自由陈述自己对评审委员会有关案例分析的意见或建议，评审委员会据此形成一个比较完善的书面报告，并呈交给指导者。每位陈述人的时间控制在 2 分钟以内。需要强调的是，参与者给出的练习答案并不是最重要的。

# 第 4 章
# 人力资源需求预测

### 学习目标

◆ 了解什么是人力资源需求预测。
◆ 掌握人力资源需求的影响因素。
◆ 掌握人力资源需求定性预测和人力资源需求定量预测。

### 关键术语

| | | |
|---|---|---|
| 人力资源需求 | 工作分析 | 人力资源需求预测 |
| 定性预测法 | 定量预测法 | 回归分析法 |

### 引导案例一

**怎样运用现状预测法预测人力资源需求**

某冰箱厂明年将有2个部门经理退休，5个车间主任退休或调出本企业，52个工人退休或流动到别的企业工作。怎样来确定此冰箱厂的人力资源需求？

假设此冰箱厂比较稳定，生产技术和生产规模都变化不大，那么在制订人力资源规划时，可以采用人力资源现状预测法。首先，企业可以从外面招聘或内部晋升2个人员来担任部门经理。车间主任退休或调出本企业留下的5个空位，如果有车间主任晋升为部门经理，还要加上车间主任晋升后留下的工作空位，这些工作空位由基层班组长来顶替，或者从外面招聘。52个工人退休或流动到别的企业留下的工作空位加上由于基层班组长晋升留下的工作空位，可以从外面招聘来补充。如果晋升或从外部招聘的人员需要培训才能上任新岗位，则要制订出相应的培训计划。

资料来源：https://wenku.baidu.com/view/d76780774693daef5ff73d54.html，有删改。

**引导案例二**

## 松下电器解决人力资源需求的问题——使用现代化的管理系统

松下电器（中国）有限公司（简称 CMC）是支持松下在华企事业活动的合资公司。为了加强中国用户和松下企业集团之间的关系，CMC 在"科学、工业、贸易" 3 个领域开展综合性业务。CMC 总部设在北京，目前在我国共有 11 家分公司、15 个代表处，业务范围遍及全国，员工包括本地及外方派驻等共计 1000 余人。由于 CMC 的机构遍布全国，为实现集中管理，CMC 采用了一套科学化的管理系统——铂金人力资源管理系统，用远程登录技术支持 CMC 异地人事专员对位北京总部 HR 系统的实时操作。所有服务器（远程登录服务器、应用服务器、数据库服务器）集中部署在 CMC 总部，各分公司的数据均存储在中心数据库系统中。这样，总部可以实时、全面地掌握全公司的人力资源数据，异地分公司通过网络协同参与管理，显著提高了 HR 系统工作的时效性和数据质量，从而有力地支持了 CEO 管理团队对全公司的人员进行部署和规划，配合相应业务的开展。

### 一、人力资源/薪资管理需求

系统必须能处理多地区薪资福利政策多样性问题，并且对总部下派员工，还必须能处理"人员归属、工资发放、社会保险"分处三地的情况。铂金人力资源管理系统特设"类别设置"功能，用户可根据公司的实际情况，自定义地将全体员工划分成为若干不同地区的或不同级别、性质的小群体，而后为每一个群体设置不同于其他群体的相关政策。该功能适用于基本薪资、津贴、奖金、社保四金、个人所得税、年假、加班薪资等项目，使 CMC 多地区政策问题迎刃而解。系统能对全公司各种属性的员工进行多角度人员统计、人员预算。CMC 有 11 家分公司、15 个代表处，同时按照业务属性划分为若干事业部，事业部与分公司、代表处遵循两个不同的组织划分原则，人员归属存在交叉情况；在合同类型上，员工分为本地正式雇用等 4 种类型；针对 CMC 多角度组织机构划分、多属性合同类型的现状，铂金人力资源管理系统提出 PowerOLAP 解决方案，实现了任意角度人员数实时统计。铂金人力资源管理 PowerOLAP 具有系统的职位管理功能，包括对每一职位的薪资、工作经验、专业技能、培训需求设定，以及该职位后备人才的规划管理，以协助 CEO 管理层有效地维护、发展骨干业务团队。

**二、系统的外部接口需求**

人力资源管理系统必须可以与 ERP 系统接口并具有数据输出和输入功能。铂金人力资源管理系统能够与大部分 ERP 软件接口。系统的总账及成本中心处理功能和总部的财务系统接口，每个月财务部都可以直接获取所需数据。此外，系统能够接受 Excel、Foxbase、Access 格式的数据输入，并能以 Lotus、Excel 或 ASCII 等格式进行数据输出。作为整个企业 ERP 系统中的一个子系统，铂金人力资源管理系统具有全面的数据导入/导出功能，即将有关的原始数据导入，再根据政策公式准确地计算出薪资数据，进而整理/分类/追踪至成本中心，形成数据流，完成人工成本的全面统计，为 CEO 管理团队提供有力的决策依据。

资料来源：https://www.docin.com/p-1496289015.html，有删改。

# 4.1 人力资源需求预测简述

人力资源预测是企业制定人力资源战略与规划过程中相当重要的一环，通过人力资源预测，企业可以及早发现人力不足或人浮于事的现象。为了保证人力资源战略与规划的正确性，必须对企业人力资源的需求和供给进行准确的预测，而准确的预测建立在科学的预测技术基础上。

企业的内外部环境在变化，如技术条件在变化、经济形势在变化、消费者的消费偏好在变化等。随着环境的动态变化，企业对各类人力资源的需求量也在发生相应的变化。为了确保企业战略目标和任务的实现，企业必须对未来某段时期内的人力资源需求进行预测。

## 4.1.1 人力资源需求预测的含义

预测是指对未来环境的分析。人力资源预测是指在企业的评估和预测的基础上，对未来一定时期内企业人力资源状况的假设。对企业外部环境考察所获得的信息和企业内部优势与弱势的分析资料，可以作为企业的人力资源供求预测的依据。人力资源供求预测可分为人力资源需求预测和人力资源供给预测。

人力资源需求预测是指企业为实现既定目标而对未来所需员工数量和种类的估算。一般来说，人力资源需求预测应该覆盖 3 个规划时期，即短期、中期和长期。短期预测提供的是企业急需的人才；中期预测和长期预测与中期规划和长期规划相对应，中期预测和长期预测要相对复杂一些。

## 4.1.2 影响企业人力资源需求的因素

在前面的企业环境分析中，我们分析了影响企业人力资源战略与规划的普遍因素，它们包括企业外部因素和内部因素。企业外部因素又包括经济、人口、法律、社会文化等因素。这里，我们不再对这些因素做进一步的分析，而重点分析影响企业人力资源需求的更为具体和更为关键的因素，如下所述。

### 1. 宏观层面

宏观层面上影响企业人力资源需求的因素很多。经济方面的因素，社会、政治、法律方面的因素，技术、竞争者和人力资源市场等因素都会影响企业人力资源需求。

1）经济环境

经济环境影响企业未来的发展趋势和社会经济发展状况，对企业人力资源需求也有很大的影响。这里所说的经济环境既包括国家或地区的经济状况、行业的经济状况，也包括世界的经济状况。特别是在经济全球化的今天，企业越来越多地参与到世界范围的竞争中，各国经济状况都可能对一国企业的人力资源需求和配置产生直接或间接的影响，如区域性的经济危机导致世界范围的经济疲软，从而使企业对人力资源的需求普遍下降。再如，经济周期的变化也会影响企业人力资源需求。在经济高速发展时期，企业对人力资源的需求比较旺盛，而在经济低迷时期，企业对人力资源的需求可能普遍不足。目前，我国正处于经济转型过程中，经济转型对企业人力资源需求产生了显著的影响。例如，经济转型带来企业文化的变革，会影响企业人力资源需求及企业绩效，企业在进行人力资源需求预测时就要考虑目标人员与企业文化是否匹配，从而缩小预测范围，提高预测精度，发现最适合企业的人才。另一方面，经济转型给企业提出了新的目标，那就是自主创新，企业在产品、组织结构及人才方面都要有所创新，人力资源需求预测针对这一新的要求，要对企业现有员工组织模式和人才结构进行优化，寻求有助于企业自主创新的员工。经济转型对企业人力资源需求影响最大的是企业的国际化发展趋势，在经济全球化和区域经济一体化背景下，企业需要通过全球性的招聘及"买"或"借"的方式吸引高质量的人才，对人才的定位更高，人才的流动性也更大，人力资源需求预测的范围就大大延伸，预测的环境更加动态和复杂，加大了人力资源需求预测的难度。总之，经济转型对人力资源需求预测提出了更高的要求，企业要在尽可能大的范围寻找自身需要的人才。虽然经济因素对人力资源需求的影响较大，但是可测性较差，只能据此进行一些宏观层面的分析。

2）社会、政治和法律环境

社会、政治和法律环境包括社会习惯、法律法规、国家政策及行政体制等方面的因素。社会、政治环境因素，如政局的动荡会影响企业人力资源需求，进而影响企业的人力资源战略与规划。法律法规的变更也会影响人力资源需求，如户籍管理政策和档案管理办法的变更、大学生毕业就业政策的变更、社会保障法规的变更、环境保护法规的变更等都会引起人员流动及供求的变化，进而影响企业人力资源战略与规划，如《中华人民共和国劳动合同法》、《中华人民共和国就业促进法》、《国务院办公厅转发人力资源社会保障部等部门关于促进以创业带动就业工作指导意见的通知》（国发〔2008〕111号）、《国务院办公厅关于切实做好当前农民工工作的通知》（国办发〔2008〕130号）、《国务院关于进一步做好普通高等学校毕业生就业工作的通知》（国发〔2011〕16号）等的实施。这表明政策法规对我国企业人力资源管理活动的强制作用呈加强的趋势。有关雇佣关系的各种行政法规，规范和界定了雇佣关系的性质及人力资源管理活动的合法范围。从表面上看，雇佣关系建立在一系列人力资源管理政策和实践的基础上，但同时必须遵守有关的法律法规和行政命令。

这些因素虽然容易测量，但是对企业的真正影响却难以确定。比如，国家的一项法规从颁布到执行有一段滞后期，在此期间很难不折不扣地得到执行。然而这些因素对企业人力资源需求的影响有时却很明显，如国家制定了扶持高科技产业的政策，从而导致企业对计算机信息类人才的需求增加。

3）人力资源市场

人力资源市场是企业获取合格人才的潜在场所，而企业员工的能力在很大程度上决定着企业能否顺利地实现自己的目标，因此人力资源市场是企业进行人力资源需求预测时所必须考虑的一个重要的外部环境因素。人力资源市场是随时变化的，这也导致劳动力质量和数量随时发生变化。人力资源市场是影响企业人力资源需求的一个重要因素，企业只有对人力资源市场进行分析，才能够准确地进行人力资源需求预测。

4）技术进步

技术革新与进步对人力资源需求的影响较大。市场竞争推动技术进步，技术需求增加。伴随着技术的创新和升级，企业对技术水平低的工人的需求在逐步减少，对技术水平高的工人的需求逐步增加。技术的创新和升级经常在不同行业中出现，因此需要不同类型、不同专业的人力资源。例如，第二次工业革命大大提高了劳动生产率，使企业对低技能的工人的需求锐减，而相应地对能熟练使用现代机器的工人的需求剧增。现在，信息技术和生物技术革命已经对我们的社会经济生活各方面产生了巨大的影响，它们既会对企业人力资源需求产生直接影响，也会通过人们对企业产品或服务需求的改变对企业人力资源需求产生间接影响。

5）外部竞争者

竞争者一直是影响企业人力资源需求的一个重要因素。一方面，竞争者之间可能相互争夺人才，直接影响企业的人力资源配置和需求；另一方面，竞争对手的易变性，导致社会对企业产品或劳动力的需求发生变化，这种对产品或劳动力的需求变化必然会引起企业人力资源的需求变化。特别是在人才紧缺的地方，竞争对手的人才政策对企业的人力资源状况有很大的影响，因此企业更需要有针对性地进行人力资源需求预测，并开展人员招聘活动。

此外，不同的地区由于经济发展水平不同，人力资源需求也不一样。例如，我国东部沿海地区经济发达，对高级经营管理人才和技术人才有较大的需求，而我国西部地区随着经济发展步伐的加快，对人才的需求也越来越旺盛。地区因素在对人力资源需求产生影响的同时，对人力资源的供给也会产生影响，而且地区因素对人力资源供给的影响有时更显著。

上面分析了影响企业人力资源需求的宏观因素。但是，社会对人力资源的需求（总需求）是以微观经济单位（即企事业单位等）为基础的，人力资源需求的现实形态是微观的，各个微观经济单位对人力资源的需求总和形成一个社会对人力资源的总需求。因此，仅从宏观上研究影响人力资源需求的因素是极为粗糙的，很可能在数量和质量方面存在极大误差。即使在总体上大致准确，也会在需求结构上存在缺陷。所以说，虽然我们进行人力资源需求预测离不开宏观因素的考虑，但是对企业而言，找到影响本企业人力资源需求的微观因素也许更有意义。下面就从微观层面即企业的角度来分析影响人力资源需求的因素。

**2. 微观层面**

从微观层面看，影响企业人力资源需求的因素主要有员工的工资水平、企业的销售量、企业的生产技术、企业的人力资源政策、企业员工的流动率、企业战略等。

1）员工的工资水平

一般情况下，某类员工工资提高，企业对此类员工的需求量就会减少；相反，某类员工工资降低，企业便会增加此类员工的需求量。企业在进行人力资源需求预测时应考虑市场上员工工资水平对人力资源需求的影响。

2）企业的销售量

销售量会直接影响企业的生产规模。销售量增加，企业会扩大生产、增加产品和服务，需要的人力资源就会增加；反之，企业对人力资源的需求就会减少。所以销售量是企业进行人力资源需求预测时需要重点考虑的一个因素。在实际中，销售量在一个年度内是波动的，企业应根据月平均销售量来安排员工人数，因为销售量旺季产品的供不应求可以用销售量淡季产品的供过于求来弥补。

3）企业的生产技术

现代社会发生的最大变化是生产技术的变化。随着企业自动化水平的提高，企业的人力资源需求总量会逐步减少，但对员工的知识、技术与技能的要求会逐步提高，即对技术高的员工的需求会增加。生产技术的变化会对企业人力资源需求产生结构性影响。

4）企业的人力资源政策

企业的人力资源政策对企业人力资源需求有重要影响，如企业采取多用机器设备而少用人员的策略，将减少企业对生产工人的需求。因此，企业人力资源政策是企业进行人力资源需求预测时需要着重考虑的一个因素。

5）企业员工的流动率

企业员工的流动率提高，如员工辞职或终止合同等，企业对人力资源的需求就会增加；相反，企业员工的流动率降低，企业对人力资源的需求就会减少。企业员工的流动率与企业的人力资源政策、员工的满意程度等有关。

6）企业战略

企业战略是影响企业人力资源需求的重要因素，企业战略为企业规划了发展方向和目标，决定了企业的发展速度，决定了企业发展需要什么人才。由于企业战略的实施一般需要较长的时间，因此在制定企业战略时，企业既要考虑现有的人员状况，也要为未来的发展储备人才，对现有人员进行培训开发或从外部招聘。企业战略一旦制定，就会对企业未来的人力资源需求和配置产生决定性影响。如果企业希望自身能够发展壮大，采取扩张型战略，进入新的市场或扩建部门机构或成立分公司，则将来需要的具备一定素质的员工数量就会增加。因此，企业战略规划和组织计划影响企业人力资源战略与规划，并对人力资源需求预测提出了要求。

## 4.1.3　企业人力资源需求的变化

前面介绍了影响企业人力资源需求的一些因素。下面是企业在外界因素变更条件下人力资源需求的变更模型。

图 4-1 所示为企业人力资源需求变更图。企业原有的生产状况决定了企业原来的人力资源需求，但当外界因素发生变化后，企业在变化后的生产经营活动中，必须重新进行职务分析，确定新的活动对人力资源的需求。如企业引进了新的生产技术，对使用旧生产技术的员工的需求就会减少，而对掌握新生产技术的员工的需求便会增加。当然，如果技术的变化不大，企业人力资源需求变化应该也不大；但如果技术的变化显著，企业人力资源需求就会产生很大的变化，主要是结构性变化。

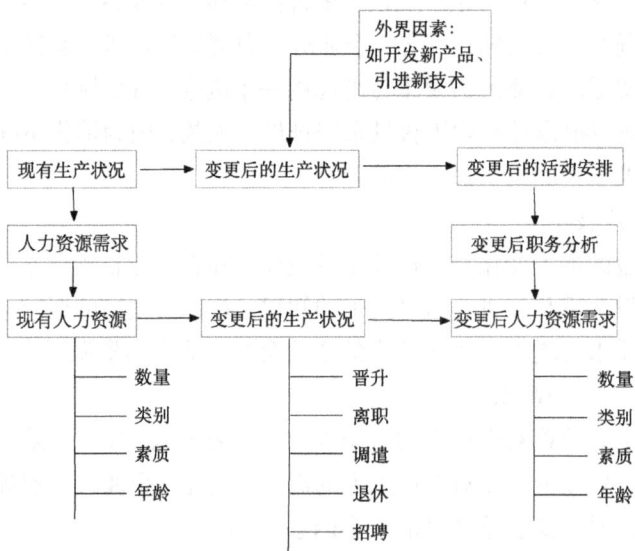

图 4-1　企业人力资源需求变更图

企业人力资源战略与规划的制定依据是对企业人力资源需求的分析，而企业人力资源需求，具体体现为企业对不同职务的任职人员的需求。职务分析就是确定企业经营活动需要设立什么职务、设立多少职务，以及需要什么员工、多少员工，因而职务分析是企业人力资源战略与规划制定的基础。

职务分析包括职务调查和职务描述两方面的内容。职务调查是指对职务进行系统调查，调查的对象一般为工作内容、工作主体、工作时间、工作地点、工作方式、工作原因等。职务描述是指对职务调查的结果进行总结和调整，并加以规范性界定，用以说明工作的范围、任务、责任、权力、工作关系和工作环境等。

职务分析是人力资源管理的一项基础工作，通过职务分析可以明确一项工作的具体内容，以及该工作与其他工作的关系，从而确定从事这项工作的人员的任职资格，如学历、技能、特长等。职务分析为人员招聘、培训开发、绩效评估、薪酬设计等具体人力资源管理奠定了基础。

### 4.1.4　人力资源需求预测的典型步骤

人力资源需求预测分为现实人力资源需求预测、未来人力资源需求预测和未来流失人力资源需求预测 3 部分。人力资源需求预测的典型步骤如下。

步骤 1：根据职务分析的结果，确定职务编制和人员配置。

步骤 2：进行人力资源盘点，统计出人员的缺编、超编情况，以及是否符合职务资格要求。

步骤 3：将上述统计结论与部门管理者进行讨论，修正统计结论。

步骤 4：该统计结论为现实人力资源需求。

步骤 5：对预测期内退休的人员进行统计。

步骤 6：根据历史数据，对未来可能发生的离职情况进行预测。

步骤 7：将步骤 5 和步骤 6 统计和预测的结果进行汇总，得出未来流失人力资源需求。

步骤 8：根据企业发展规划，确定各部门的工作量。

步骤 9：根据工作量的增长情况，确定各部门还需增加的职务及人数，并进行汇总统计。该统计结论为未来人力资源需求。

步骤 10：将现实人力资源需求、未来流失人力资源需求和未来人力资源需求汇总，即可完成企业整体人力资源需求预测。

通过人力资源需求预测的典型步骤，可以预测出企业人力资源需求。在实际的操作中，一定要分别针对短期、中期和长期人力资源需求进行预测。对于预测的准确性，可以用预测结果与实际结果相对照，不断加以调整，使预测结果与实际结果相接近。

## 4.2　人力资源需求定性预测

### 4.2.1　定性预测法的含义

定性预测就是在预测过程中并不严格按照数学模型进行预测，而是由一些有经验的专家根据历史、现状，以及对未来的理解进行的预测活动。显然，定性预测的成败在很大程度上取决于这些专家。

特尔斐预测法是在专家会议预测法基础上发展起来的，但是有别于专家会议预测法。特尔斐预测法采用匿名答卷或书信多次往返征求专家意见，使专家能够充分发表自己的预测意见；然后对专家意见采用各种统计方法进行定量评价和处理，使预测结果更加准确。因此，特尔斐预测方法是一种较为科学、有效的预测方法。

很多企业由于人力资源关系复杂、涉及面广，或历史数据不足，或制约因素错综复杂难以量化，采用一般的数学模型难以进行有效预测，因此便会采用特尔斐预测法。例如，企业人力资源与外部环境的关系、企业所需人力资源的层次结构、人力资源的发展速度与企业效益关系、企业人力资源在企业发展中的贡献率大小、企业人力资源配置的优化程度、企业人力资源发展政策与实施后果等企业人力资源发展规划中的重大问题都可以使用特尔斐预测法来进行预测。企业在应用特尔斐预测法时，需要向有关专家函询某一预测对象的有关问题，请专家各自用书面形式发表自己的意见，然后将这些意见进行综合整理，再反馈给有关专家进一步征求意见。通过这种反复函询征求意见，将意见与看法逐渐集中，得出明确的预测结论。由于整个函询过程匿名进行，使这种预测方法既广泛征求了专家的意见，又节省了预测成本的支出，还避免了专家会议预测法中专家相互影响的弊端，能够收集到各类专家的真知灼见。特尔斐预测法所函询的专家，可以是学者、管理专家或实际管理工作者，也可以是从事人力资源管理研究的专家，还可以是相关专业的专家。在选择这些专家时，一定要注意选择具有实际工作经验的专家、学者，身居要职或事务繁忙的名人未必是合适的人选。函询专家人数一般不得少于 50 人，而且函询返回率不得低于 60%，否则预测结论就缺乏广泛性和代表性。

在企业人力资源需求预测的实际工作中，有很多定性预测法，管理者应该根据企业的实际情况，选择、制定适合本企业的预测方法。下面简要阐述常用的几种方法。

## 4.2.2 管理评价法

管理评价法是预测企业人力资源需求常用的一种主观预测法，由高层管理者、部门经理和人力资源部专员等一起预测和判断企业在某段时间对人力资源的需求。管理评价法可分为自下而上的下级估计法和自上而下的上级估计法两种。下级估计法是指首先由基层管理人员根据其生产能力、员工流动等情况预测企业人力资源需求，然后向上级主管部门汇报。上级估计法是指由高层管理者根据组织发展目标和发展战略，以及经营环境的变化企业人力资源人员需求。利用管理评价法预测企业人力资源需求的主要依据有企业的目标、生产规模、生产需求、销售或者服务规模、人员配置及流动性等。这种方法的主要缺点是具有较强的主观性，受判断依据及判断者经验的影响较大。该方法通常用于中短期预测，并且在预测中将下级估计法和上级估计法结合起来运用。

### 4.2.3  现状预测法

现状预测法是一种适用于短期预测的简便预测方法。这种方法假定企业保持原有的生产规模和生产技术不变，且企业的人力资源处于相对稳定的状态，即企业目前各种人员的配备比例和人员总数是适应规划期内的人力资源需求。因此，人力资源预测人员所要做的工作就是测算出在规划期内哪些岗位上的人员将得到晋升、降职、退休或调出本组织，再准备调动人员去弥补。

### 4.2.4  经验预测法

经验预测法适合较稳定的小型企业。这种方法利用下现有的情报和资料，结合以往的经验，结合本企业的实际特点，来预测企业未来的人力资源需求。预测的结果受经验的影响较大，且不同的管理人员经验不同，因此，通过保持历史档案、查阅历史资料和多人综合预测等方法可以提高预测的准确度、减少误差。这种方法适合一定时期内企业的发展状况没有发生方向性变化的企业，通常用于短期预测。

经验预测法是各级管理人员根据自己过去的工作经验和对未来业务量变动的估计，预测企业未来的人力资源需求的方法。由于经验预测法是以管理者的经验为基础的，所以又称管理估计法。经验预测法分为自下而上法和自上而下法。

自下而上法是一种由基层逐级上报人力资源需求，最后由人力资源部门汇总并经批准后执行的方法。自下而上法包括以下 4 个步骤：①最基层的管理者根据本部门的情况，凭借经验预测出本部门未来对人员的需求；②下级部门向上级部门汇报预测结果，自下而上层层汇总；③最高层的人力资源部门从各级部门收集信息，通过判断、估计，对各部门的人员需求进行横向和纵向的汇总，最后根据企业的发展战略制订出总的预测方案；④预测方案被批准后，正式公布，将预测方案层层分析，作为人员配置计划下达给各级管理者。

自上而下法是一种先由高层拟订总体人力资源需求计划，后由各下级部门逐级下达到各个基层用人部门的方法。自上而下法包括以下 5 个步骤：①高层管理者先拟订总体人力资源需求计划；②将总体人力资源需求计划逐级下达到各部门；③各部门根据本部门的情况，对计划进行修改；④汇总各部门对计划的意见，并将结果反馈给高层管理者；⑤高层管理者根据反馈信息修正总体人力资源需求计划，正式公布后，将总体人力资源需求计划层层分解，作为人员配置计划下达给各级管理者。

### 4.2.5  专家预测法

专家预测法亦称特尔斐预测方法，需要一组相关专家才能实施。

专家预测法是利用专家的知识、经验和综合分析能力，对组织未来的人力资源需求进行预测的方法。根据专家间是否有直接交流，可以将专家预测法分为"面对面"和"背对背"两种方式。

"面对面"专家预测法包括以下 5 个步骤：①事先将有关人力资源需求预测的背景资料分发给各位专家；②举行会议，让专家自由交流观点；③在听取各位专家的观点和理由后，专家们形成比较一致的看法；④如果分歧很大，可考虑举行第二次会议，甚至更多次的会议，最终要使专家的看法趋于一致；⑤根据专家们的观点，制订人力资源需求预测方案。

"背对背"专家预测法方式包括以下 9 个步骤。

### 1. 确定人力资源预测的内容和目标

例如，某电子企业在进入家电信息化产业时所需要的人力资源专业的员工所占比例是本次预测的目标。

### 2. 组成预测工作小组

预测工作小组成员一般由企业负责人力资源管理的总经理与人力资源规划制订者组成。工作小组的任务主要是选择专家组成员，设计调查表，向专家邮寄、收集、处理调查表，得出最终预测结果。

### 3. 设计调查表

根据预测对象和目的，设计调查表。

专家预测法成败的关键在于专家调查表的制作是否适当，故在调查表制作时需要注意以下几点。

1）系统性

调查表所设计的内容要求成为一个系统，内容紧凑、扣住调查目标，问题数量适中，使专家经过思考以后能在两三小时内完成问卷。

2）明确性

调查表中所列问题必须清楚明了，使专家能够很快明白所需要回答问题的含义。每个问题的用字不宜过多。如果问题对专家而言比较陌生，可以详细说明，但尽可能简洁明了。问题的回答形式，最好采用填空和选择形式进行。例如，"主持家电信息化设计、开发的总体负责人专业应该是_____，其专业学历水平应该是博士、硕士、学士、大专毕业（对选中者打√）。"

3）连续性

由于特尔斐预测需要进行连续 3～4 次的调查咨询，各轮调查表必须具有连续性，前后一贯，问题措辞用语要一致，表格的格式相对统一，既便于专家填写，又便于工作人员处理。

4）差异性

在专家预测中，各轮调查表应该具有连续性，但是也应该注意到各轮调查目的的差异性，以及由此带来的调查表格的差异性。第一轮调查表需要说明调查预测的目标、意义、程序和要求，所提供的背景资料应该系统、详细，便于专家对预测方案和预测技术等问题充分发表意见和评论。之后轮次所用表格则应该列出上一轮调查的处理结果，以便专家重新进行预测并提出有关意见。第二轮调查表要让专家能够对首轮所提问题做进一步评论，使预测目标能够更集中、更深化。第三轮调查表要能使专家对预测结果进一步收敛。第四轮调查表则必须使预测产生最终结果。专家调查表如表 4-1 所示。

**表 4-1 专家调查表**

| |
|---|
| 编号：                              专家调查表 |
| 预测项目：某电子企业从事家电信息产业的 X 专业与 Y 专业的合理人才结构比例上一轮调查结论： |
|    1．Y 专业不需要。    2 人回答，占 4.44%。 |
|    主要理由： |
|    2．1：0.5（X：Y）。10 人回答，占 22.22%。 |
|    主要理由： |
|    3．1：1（X：Y）。   15 人回答，占 33.33%。 |
|    主要理由： |
|    4．1：1.5（X：Y）。11 人回答，占 24.44%。 |
|    主要理由： |
|    5．1：2（X：Y）。   7 人回答，占 15.56%。 |
|    主要理由： |
| 中位值：1：1。四分位值区间：[1：0.5,1：1.5]。 |
| 您的新预测：X：Y 为_____。 |
| 您的结论： |

### 4．组织专家组

选择并邀请专家参加专家组，向专家说明调查目的及预测目标，并征求专家意见。

### 5．发调查表

组成专家组后，将调查表和背景资料寄给专家，要求专家在熟悉背景资料以后回答调查表中所列问题。

### 6．处理调查表

专家意见的处理目的在于寻找大多数专家认可的意见，在用专家预测法进行调查预测时，需要对回收的调查表进行统计处理，处理方法有中位数法、比重数据处理法、选择评价法和评分排队法。其中最常采用的方法是中位数法。

中位数是平均值的一种，根据变量数列的中间位置值求得。先将统计数列按其标志数值的大小顺序进行排列，此时处于中间位置上的数值就为中位数。如果统计数列的标志值是单项数列 $A_n$，就需要先求出中位数所在的位次 $(n+1)/2$，此时该位次所对应的数值 $A_{\frac{n+1}{2}}$ 就是中位数。

如果位次不是整数（即参加专家预测的专家人数为偶数时），中位数就应该为相邻两个数字的平均值（可以采用简单算术平均值计算）。

数列 $A_n$ 中的 $(n+1)/4$ 是上四分位值所在位次，$3(n+1)/4$ 是下四分位值所位次。

$A_{\frac{n+1}{4}}$ 中是数列 $A_n$ 的上四分位值，$A_{\frac{3(n+1)}{4}}$ 是数列 $A_n$ 的下四分位值。上、下四分位值之间就构成了四分位值区间 $[A_{\frac{n+1}{4}}, A_{\frac{3(n+1)}{4}}]$。

如果数列不是单项值数列而是组距数列时，需要先求出中位值的位置，然后再求中位值的近似值。其计算公式为

$$M_c = L + \frac{\frac{\sum f}{2} - S_{m+1}}{f_m} \times i$$

$$M_c = U - \frac{\frac{\sum f}{2} - S_{m-2}}{f_m} \times i$$

式中：$M_c$——中位数；

L——中位数所在组下限；

U——中位数所在组上限；

$S_{m+1}$——中位数所在组以下累计次数；

$S_{m-2}$——中位数所在组以上累计次数；

$f_m$——中位数所在组次数；

$\sum f$——各组次数之和；

$i$——组距。

### 7. 第二轮调查

将新的调查表寄给专家，并收回问卷，进行综合处理。专家在之后的回答中可以改变之前的意见，也可以坚持之前的意见，但是都需要给出相应理由，这是和第一次回答的不同之处。

### 8. 再次调查

一般需要进行第三轮调查，程序与第二轮调查相同。如果预测结果分歧较大，可以按第三轮调查的形式再进行一轮调查。

### 9. 预测结果进行整理和分析

预测结果经过整理分析以后，一般用表格、图形和文字说明组成的专家预测报告表达最终预测结果。专家预测一般至多进行四轮就要结束。在第一轮预测中，专家的回答是没有限制的，专家的回答可以是任何形式。第二轮预测则要求专家在综合所有专家回答的基础上重新预测，并说明预测的理由。在第三轮和第四轮的预测中，如果没有超出上、下四分位值范围以外的答案，就不必说明回答的理由。如果第三轮专家回答意见集中在上、下四分位值范围之内就不必再进行第四轮预测。

# 4.3　人力资源需求定量预测

定量预测就是使用数学模型，严格按照数学公式进行计算的预测行为。显然，预测模型的适用性是定量预测能否成功的关键。

在企业人力资源需求预测中还可以采用数学模型进行定量预测。数学模型主要分成静态模型和动态模型两类，一般的企业人力资源预测应用静态模型就可以。在人力资源预测中使用的静态模型有时序模型、回归模型和计量模型。时序模型包含线性模型、指数模型、自回归平滑（ARMA）模型和成长曲线模型等。回归模型包含线性回归模型和非线性回归模型。计量模型主要是生产函数模型，如线性生产函数模型、指数生产函数模型（柯布-道格拉斯生产函数模型）和列昂捷夫动态投入产出模型等。动态数学模型以现代数理统计理论和随机过程理论为基础，特点是具有时变性。主要的动态模型有动态相关分析模型和马尔可夫模型等。

## 4.3.1　人力资源需求预测步骤

在进行企业人力资源需求预测时所采取的步骤如下。

### 1．背景分析

在建立企业人力资源预测模型之前，首先要对所预测的企业人力资源系统的特点和运行规律进行分析，分析目的在于通过对与系统发展息息相关的各种主要因素和预测目的的分析，初步确定应该采用的预测模型的类别，以及预测模型所需要的数据资料种类、范围和时间段等。

### 2．分析企业人力资源的发展规律

对所收集到的背景资料进行分析，目的是了解企业人力资源的发展规律，以选择与其相适应的预测模型。分析方法主要有经验判断、机理分析和相关分析。

### 3．建立预测模型

建立预测模型时，一般优先考虑使用静态模型，在静态模型无法解决问题的情况下才考虑使用动态模型或仿真模型。模型确立后，首先要对模型进行统计检验，以确定模型的可用性。

### 4．预测模型运行和预测结果分析

在确认模型的可用性以后，就可以应用模型进行预测。应用不同的模型可能会得到各种不同的结果，因此需要对预测结果进行分析，以找出真正能够符合企业人力资源发展规律的结果。对预测结果进行分析时，可以邀请有关专家对预测结果进行定性分析，根据专家的意见与预测结果进行对比评价。在定性分析以后还需要对预测结果进行定量分析，以便根据专家的意见对预测结果进行修正。

### 4.3.2 相关分析

相关分析是基于预测对象的背景资料，使用数学方法来确定人力资源预测对象与相关因素相关度的一种数理统计方法。相关分析主要是分析人力资源的发展是否与其周边环境因素存在相互依存的关系，以及这种依存关系度有多大。在进行相关分析时，所采用的方法主要有相关图分析和相关系数分析方法。

#### 1. 相关图分析

相关图分析是一种简单、有效的相关分析方法。该方法将企业人力资源预测对象和一组相关因素的每对数据，标志在平面直角坐标图上。根据这些数据点在图上的集散程度和趋势，来分析人力资源预测对象与某一有关变量之间是否存在相关性，以及相关度的大小。

例如，将某电子企业专业技术人员数和新产品开发数之间的关系（见表 4-2）用相关图表示出来后，如图 4-2 所示。

表 4-2    某电子企业专业技术人员数和新产品开发数统计资料表

| 年份/年 | 1990 | 1991 | 1992 | 1993 | 1994 | 1995 | 1996 | 1997 | 1998 |
|---|---|---|---|---|---|---|---|---|---|
| 人数（$R$） | 50 | 78 | 103 | 137 | 160 | 183 | 225 | 250 | 235 |
| 新产品开发数（$x$） | 24 | 43 | 73 | 91 | 102 | 128 | 142 | 158 | 174 |

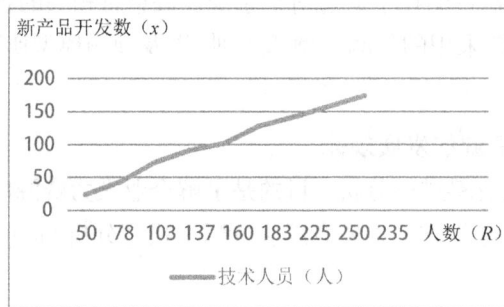

图 4-2    1989—1999 年某电子企业专业技术人员与新产品开发数的关系

从图 4-2 可以发现，企业的专业技术人员数与新产品开发数具有很强的线性相关性。

#### 2. 相关系数分析

相关系数是一种能更清楚地表示出企业人力资源与其周边环境变量相关形式与相关程度的数学分析工具。企业人力资源与有关变量相关系数 $r$ 的计算公式为

$$r = \frac{\dfrac{\sum R_x}{n} - \bar{R}\bar{x}}{\sigma_R \sigma_x}$$

式中：$R$——人力资源变量；

　　　$x$——相关因素变量；

　　　$\overline{R}\,\overline{x}$——人力资源和相关变量的算术平均值；

　　　$\sigma_R \sigma_x$——人力资源和相关变量的均方差。

$$r = \frac{\sum R_x - \dfrac{\sum R \sum x}{n}}{\sqrt{\left[\sum R^2 - \dfrac{(\sum R)^2}{n}\right]\left[\sum x^2 - \dfrac{(\sum x)^2}{n}\right]}}$$

人力资源变量 $R$ 与相关因素变量 $x$ 的相关系数 $r$ 的取值范围为[-1,1]。其绝对值越接近 1，表明两者之间的相关程度越高；越接近 0，表明两者之间的相关程度越低。如果 $r=0$，则说明两者不相关，即人力资源的发展与相关因素变量无关。如果 $r>0$，则说明人力资源变量与相关因素变量具有正相关性，即人力资源变量与相关因素变量存在同时增加或同时减少的关系。如果 $r<0$，则说明两者具有负相关性，即当相关因素变量增加时，人力资源变量却在减少；当相关因素变量减少时，人力资源变量则会增加。应该注意的是，相关性只表示人力资源变量与相关因素变量的相关性质，并不能说明两者的因果关系。

一旦确认了某一变量与企业人力资源之间存在较高的相关性后，就可以在人力资源预测模型中考虑该变量的作用，将其作为预测模型中的一个重要因素加以考虑。例如，在对该电子企业的专业技术开发队伍进行需求预测时，如果该企业的生产经营战略中已经确定了企业今后的新产品开发数量，就可以在企业专业技术开发队伍需求预测模型中，将新产品开发数量作为一个重要因素加以考虑。

## 4.3.3　定量预测法

### 1. 趋势预测法

趋势预测法是利用企业的历史资料，根据某些因素的变化趋势，预测相应的某段时期企业人力资源的需求。它在使用时一般都要假设其他因素保持不变或者变化的幅度保持一致，往往忽略了循环波动、季节波动和随机波动等因素。常用的趋势预测法如下。

（1）散点图分析法。该方法是首先收集企业在过去几年内人员数量的数据，并根据这些数据制作散点图，把企业经济活动中某种变量与人数间的关系和变化趋势表示出来，如果两者之间存在相关关系，则可以根据企业未来业务量的估计值来预测相关的人员需求量。同时，可以用数学的方法对其进行修正，使其成为一条光滑的曲线，从该曲线可以估计出未来的变化趋势。

（2）幂函数预测模型。该模型主要考虑人员变动与时间之间的关系，其具体公式为

$$R（t）=atb$$

式中，$R（t）$ 为 $t$ 年的员工总数，$a$、$b$ 为模型参数。$a$、$b$ 的值由员工人数历史数据确定，用非线性最小二乘法拟合幂函数曲线模型算出。

（3）罗吉斯特预测模型。企业根据员工人数的历史数据制作散点图，若其变化趋势符合罗吉斯特增长曲线的特征，就可以使用该预测模型。其具体公式为

$$1/G（t）=k+abt$$

式中，$G（t）$ 为 $t$ 年的员工总数，$k$、$a$、$b$ 的值用逻辑增长曲线模型算出。

### 2. 统计预测法

统计预测法是指根据过去的情况和资料建立数学模型，并据此对未来的发展趋势做出预测的一种定量预测法。常用的统计预测方法有比例趋势预测法、一元线性回归预测法、多元线性回归预测法、非线性回归预测法、经济计量模型预测法等。

（1）比例趋势预测法。这种方法通过研究历史统计资料中各种比例关系，如部门管理人员与该部门工人之间的比例关系、员工数量与机器设备数量的比率，来考虑未来情况的变动，估计预测期内的比例关系，进而预测未来各类员工的需求量。这种方法简单易行，关键在于历史资料的准确性和对未来情况变动的估计。

（2）一元线性回归分析，又称简单的单变量预测模型。在进行企业人力资源需求预测时，如果只考虑一种因素对企业人力资源需求的影响，如企业的市场规模，而忽略其他因素的影响，就可以采用一元线性回归预测法；如果需要考虑两个或者两个以上因素对企业人力资源需求的影响，则需要运用多元线性回归预测法；如果其中某一个影响因素与企业人力资源需求量之间的关系不是直线相关的线性关系，那么就需要采用非线性回归法。

（3）经济计量模型预测法。这种方法首先用数学模型的形式表示出企业人力资源需求量与影响企业人力资源需求量的主要因素之间的关系，然后依据该模型和主要的影响因素变量来预测企业人力资源需求量。这种方法比较烦琐、复杂，一般只在管理基础比较好的大型企业里运用。

### 3. 工作负荷预测法

工作负荷预测法是按照历史数据、工作分析的结果，先计算出某一特定工作每单位时间（如每一天）每人的工作负荷（如产量），然后再根据未来的生产量目标（或者劳务目标）计算出所需要完成的总工作量，最后依据相关标准折算出所需要的人力资源数量。这种方法的考虑对象是企业工作总量和完成工作所需要的人力资源数量之间的关系，考虑的是每位员工的工作负荷与企业总工作量之间的比率，可用公式表示为

未来每年所需员工数=未来每年的总工作量/每年每位员工所能完成的工作量
=未来每年的总工作时间/每年每位员工的工作时间

因此，工作负荷法的关键部分是正确预测出企业总工作量和员工的工作负荷。当企业所处的环境、劳动生产率增长比较稳定时，这种预测方法就会比较方便，预测效果也

会比较好。

### 4．劳动定额法

劳动定额法又称比率分析法。劳动定额是对劳动者在单位时间内应该完成的工作量的规定。在已知企业的计划任务总量，以及科学合理的劳动定额的基础上，运用劳动定额法能够比较准确地预测企业人力资源需求量。该方法的计算公式如下：

$$N=W/[Q（1+R）]$$

式中，$N$ 为企业人力资源需求量，$W$ 为计划期内任务总量，$Q$ 为企业制定的劳动总额，$R$ 为部门计划期内生产率变动系数。$R=R_1+R_2+R_3$，其中，$R_1$ 为企业技术进步引起的劳动生产率提高系数，$R_2$ 为由经验积累导致的劳动生产率提高系数，$R_3$ 为由与员工年龄增大及某些社会因素导致的劳动生产率下降系数。

### 5．趋势外推法

趋势外推法又称时间序列预测法。它是按已知时间序列，用一定方法向外延伸，以得到企业未来的发展趋势。在企业人力资源需求量在时间上表现出比较明显的均等趋势的情况下可以使用此方法。将企业人力资源需求量作为横轴，以时间为纵轴，在坐标轴上直接绘出人力资源需求曲线，并根据需求曲线来预测企业未来某一时刻的人力资源需求。此方法实用性比较强，但是过于简单，只能预测人力资源需求的大概走势，不能提供有关人力资源质量的数据。趋势外推法具体又可分为直接延伸法、滑动平均法两种。

（1）直线延伸法。直线延伸法是企业人力资源需求量在时间上表现出明显均等延伸趋势的情况下才运用的，可由需求线延伸得出某一时刻的企业人力资源需求量。

（2）滑动平均法。滑动平均法是在企业人力资源需求量的时间序列不规则、发展趋势不明确时，采用滑动平均数进行修匀的一种趋势外推法。它假定企业人力资源需求量与较近一段时期的企业人力资源需求量有关，而与较远时期的企业人力资源需求量无关，以近期内企业人力资源需求量的已知值的平均值作为后一期的预测值，适用于短期预测。

### 6．公式法

（1）人力资源成本分析预测法。人力资源成本分析法主要是从企业的财务预算出发，确保企业有多大的财务能力来配备多少员工，因而比较经济，但可能由于财务预算有限，人力资源不足，从而导致生产计划量难以完成。该方法的计算公式如下：

$$Q=TB/[（S+BN+W+O）×（1+a\%×T）]$$

式中，$Q$ 表示未来一段时间内企业人力资源需求量；$TB$ 表示未来一段时间内企业人力资源预算总额；$S$ 表示目前每位员工的平均工资；$BN$ 表示目前每位员工的平均奖金；$W$ 表示目前每位员工的平均福利；$O$ 表示目前每位员工的平均其他支出；$a\%$表示企业计划每年人力资源成本增加的平均百分比；$T$ 表示未来一段时间的年限。

（2）总体需求结构分析预测法。总体需求结构分析预测法主要考虑生产计划和技术的改正，因而既能确保生产计划的完成，又能充分挖掘技术进步对企业人力资源量的节约。该方法的计算公式如下：

$$Q=P+C-T$$

式中，$Q$ 表示未来一段时间内企业人力资源需求量；$P$ 表示企业现有的人力资源量；$C$ 表示未来一段时间内企业需要增减的人力资源量，如果未来一段时间内业务增加，$C$ 就是正的，反之，$C$ 就是负的；$T$ 表示由于技术提高或设备改进后节省的人力资源量。

（3）人力资源发展趋势分析预测法。该方法的计算公式如下：

$$NHR=a\%[1+(b\%-c\%)\times T]$$

式中，$NHR$ 表示未来一段时间内企业人力资源需求量；$b\%$表示企业计划平均每年发展的百分比；$c\%$表示企业人力资源发展与企业发展的百分比差异，主要体现企业在未来发展中提高人力资源效率的水平；$T$ 表示未来一段时间的年限。

### 7. 预算控制法

预算控制法是西方企业流行使用的方法，它通过人工成本预算控制人员的数量，而不是对某一部门内某一岗位的具体人数做硬性规定。

### 8. 行业比例法

行业比例法是根据企业员工总数和某一类人员总数的比例来确定岗位的人数的方法。在同一行业中，由于专业化的分工和协作的要求，某一类人员和另一类人员之间存在一定的比例关系，某一类人员的人数会随着另一类人员的人数的变化而变化。这一方法比较适用于各种辅助和支持性岗位人员的规划，如人力资源类和财务类管理类人员。

### 9. 标杆对照法

标杆对照法是根据世界最佳典范和标杆值，并结合企业特性、作业流程、效率和业务量的整体考虑来确定岗位的人数。例如，某电视分销企业产业平均值为每年 3000 台销量配置 1 人，公司现况为每年销售 3000 台需要配置 1.4 人，员工技能提高和信息技术使用等带来的生产力每年增长 12%，公司手机全国每年总销量为 1 000 000 台，预估明年销量增长 20%（200 000 台）。可根据标杆对照法计算人力需求。①按照行业标杆值人力预计：1 200 000/3000=400（人）；②公司人力预估调整：400×1.4=560（人）；③因生产力提高 12%而调整公司人力预估：560/1.12=500（人），因此建议公司销售人员配备人数为 500 人。

### 10. 生产函数预测法

典型的生产函数模型是柯布-道格拉斯生产函数：

$$Y=A(t)L^{\alpha}C^{\beta}u$$

式中，$Y$ 为总产出水平；$A(t)$ 为总生产率系数（近似于常数）；$L$ 为劳动力投入量；$C$ 为资本投入量；$\alpha$ 与 $\beta$ 分别为劳动和资金产出系数，且 $|\alpha|+|\beta|\leqslant1$，$u$ 为对数正态分布误差项（当劳动和资金互补时，$\alpha+\beta=1$）。

### 11．计算机模拟预测法

计算机模拟预测法是人力资源需求预测中最为复杂的一种方法。这种方法是在计算机中运用数序模型，并按照情景描述法中假定的几种情况对企业人力资源需求进行模拟测试，综合考虑各种因素对企业人力资源需求的影响，对企业可能面临的外部环境的变化及自身的复杂动态进行分析，并通过这种分析确定企业人力资源需求的预测方案。当然，企业也可以使用这种方法对某一种情况的几种备选方案进行模拟测试，以选择一种最佳方案，也就是说，这种方法可以用于评估人力资源政策和项目。随着计算机技术的飞速发展，人力资源管理信息化趋势日益明显，运用计算机技术来完成企业人力资源需求预测，在很大程度上依靠计算机强大的数据处理能力。一些企业已经在组织内部开发出了完善的人力资源信息系统，使用计算机技术辅助人力资源管理，将人力资源部门和直接部门所需信息集中在一起，建立综合的计算机预测系统。

### 12．回归分析法

回归分析法是一种定量的预测方法，是通过建立人力资源需求量与其影响因素之间的函数关系，根据影响因素的变化来推测企业人力资源需求量的变化的一种数学方法。回归分析既有一元回归、二元回归和多元回归之分，又有线性回归和非线性回归之别。此处主要讨论一元线性回归和多元线性回归预测法。

（1）一元线性回归预测法。一般只有在某一因素与企业人力资源需求量具有高度线性相关关系时，才运用一元线性回归预测法。在应用一元线性回归预测法进行预测时，首先必须预测自变量和因变量之间的相关系数。

（2）多元线性回归预测法。在实际工作中，影响企业人力资源需求的因素往往不止一个，而是多个主要因素共同影响企业人力资源需求量，且多个主要因素与企业人力资源需求量之间呈线性关系，因此需要建立多元线性回归方程。多元线性回归预测法与一元线性回归预测法不同，多元线性回归预测法是一种根据事物变化的因果关系来进行预测的方法。该方法不再把时间、产量或收入单个因素作为自变量，而是将多个影响因素作为自变量。多元回归分析能够确定多个变量之间的关联模式，运用事物之间的各种因果关系，根据多个自变量的变化来推测与之相关的因变量的变化。

## 4.4　人力资源需求预测定性方法与定量方法的比较

### 4.4.1　定性方法相对于定量方法的优缺点

#### 1．定性方法的优点

（1）现状预测法：最简单的预测方法，较易操作，适用于小型企业的人力资源需求的短期预测。

（2）经验预测法：企业管理者根据以往经验和本组织内人力资源可能出现状况，对人力资源进行预测，简便易行。

（3）专家预测法：邀请不同的专家进行预测，充分利用专家的经验和学识；采用匿名方式，使每一位专家独立地做出自己的判断，不会受到其他繁杂因素的影响，保证了最终结论的可靠性和统一性。

（4）管理评价法：收集的信息较难全面，难以涵盖各个部门、单位，比较全面，适用于长期的预测规划。

### 2. 定性方法的缺点

（1）现状预测法：假定企业保持原有的生产规模和生产技术不变，企业的人力资源处于相对稳定的状态，这与企业的实际情况差距较大。

（2）经验预测法：受人的主观思想和偏好的影响很大，要求管理人员必须具有丰富的经验和客观的判断力；另外，企业实施单一的自上而下法会因高层管理者不甚了解下级的具体情况，使最终预测结果不能符合实际要求，而仅使用自下而上法又会出现帕金森定律所指出的现象，即各部门负责人在预测本部门人力资源需求时都会有所扩大，造成人力资源浪费。

（3）专家预测法：过程比较复杂，花费时间较长；另外，此方法使用的难点在于如何提出简单明了的问题，如何使专家对预测中涉及的各种概念和指标理解一致，以及如何将专家意见归纳总结；在预测前要对所选专家进行全面培训，预测后再集中专家讨论，达成一致意见，才能保证效果；最后，专家在预测中有倾向性选择信息和冒险心理效应。

（4）管理评价法：收集信息较难全面，难以涵盖各个部门、单位，适用于长期的预测规划。

## 4.4.2　定量方法相对于定性方法的优缺点

### 1. 定量方法的优点

（1）趋势预测法：数据的可获得性比较强，使预测比较容易。

（2）多元回归预测法：不只考虑时间或产量等单个因素，还考虑了两个或两个以上因素对企业人力资源需求的影响，不是单纯地依靠拟合方程、延长趋势线来进行预测，更重视变量之间的因果关系，有全面反映变量关系、应用条件相对简便等优点。

（3）定量方法：可以使用计算机应用软件如 Excel、SPSS 等统计工具来拟合预测方程，减少手工计算时的误差，提高了计算速度；可以处理更多的历史资料，增加了数据结论的准确性。

（4）比率分析法：适用于企业有核心工作员工的人力资源需求预测，根据核心工作员工的需求得出其他相关人员的需求，重视核心工作员工在企业中的作用。

（5）生产函数预测法：一旦先预测出企业在某段时期内的产出水平和资本总额，即可得到 $t$ 时刻的企业人力资源需求量，数据比较容易获得，具有很强的实用性。

**2．定量方法的缺点**

（1）趋势预测法：要求所选因素与企业的基本特性直接相关，且它们的变化必须与企业人力资源需求量变化成比例，实际运用具有局限性。

（2）多元回归方法：多元回归方法在运用中有很大的局限性。在进行多元分析时往往容易引入一些相互之间相关性比较强的变量，从而与其基本假设前提相违背，准确度会下降；多元回归模型的使用要求各个变量符合正态分布的规律，但在实践中，样本的分布往往并不完全符合正态分布的规律；多元回归计算比较复杂，手工计算耗时多，易出错。

（3）行业比例法：利用行业比例法进行预测时，要求人员之间的比例关系比较确定。如果人员之间的比例关系变动较大，那么预测结果就会不准确。

（4）生产函数预测法：对企业来说，使用生产函数预测法进行预测是一个比较复杂的过程，因为 $A(t)$、$\alpha$、$\beta$ 的确定是一件比较困难的事，小型企业不宜使用此方法。

（5）公式法：公式法中的 3 种公式均建立在统计数据和预测数据基础之上，因此其准确性取决于操作人员的经验和数据的完备程度。

### 4.4.3  定性和定量预测法的选择原则

定性预测方法在中小型企业中应用较多，而定量预测法在大型企业中得到了广泛应用；定性预测法适用于制订短期计划，定量预测法适用于制订中长期计划。企业在进行人力资源需求预测时，应选择适合本企业的需求预测方法。具体来说，定性与定量预测法的选择原则如下。

（1）定性与定量预测法的结合应用。在企业人力资源需求的影响因素较多时，只凭以往的经验和少数人的判断来定性地预测企业人力资源需求是具有局限性的，而刻板地套用定量方法模型而不考虑具体的影响因素不仅有可能使企业人力资源需求预测变得复杂，而且可能出现严重脱离实际的情况。因此，只有灵活地将定性与定量预测法相结合，才能产生科学合理、符合实际的预测结果。

（2）定量预测法的选择和应用要经过严格的检验步骤。由于定量方法的模型往往会涉及众多的变量和参数，其变量的选择和参数的制定必须经过多次的试验，从而保证整个模型科学、可信。

（3）切忌认为预测模型越复杂就越科学。对于一个具体的企业，其人力资源需求预测模型的合适与否，关键在于该模型对于这个企业是否有效。如果复杂模型考虑的众多因素中有些因素对企业人力资源需求状况并不产生影响，其预测结果肯定事倍功半。

## 4.5  人力资源供需平衡

### 4.5.1  人力资源供需平衡的含义

前面的章节中介绍了企业人力资源需求的预测方法，通过这些预测方法，企业可以获得比较正确的人力资源需求信息。在了解这些信息的基础上，企业就要制定相应的人力资源政策、规划和措施，使企业人力资源满足企业战略目标的需要。

人力资源需求与企业内部人力资源供给有可能相等，也有可能不相等。如果人力资源需求与人力资源供给相等，则称为人力资源供需平衡；如果两者不相等，则称为人力资源供需不平衡。

**1．人力资源需求与供给的 4 种关系**

企业的人力资源需求与人力资源供给存在以下 4 种关系。

（1）供需平衡：人力资源需求与人力资源供给相等。

（2）供不应求：人力资源需求小于人力资源供给。

（3）供过于求：人力资源需求小于人力资源供给。

（4）结构失衡：某类人员供不应求，而某类人员又供过于求。

**2．企业发展与人力资源供需状态**

一般说来，在整个企业的发展过程中，企业的人力资源状况不可能始终自然地处于供需平衡状态。实际上，企业始终处于人力资源供需失衡的状态，大体有如下几种情况，如表 4-3 所示。

表 4-3　企业发展过程中的人力资源供需状态

| 企业发展阶段 | 现　　象 | 人力资源状态 |
| --- | --- | --- |
| 扩张时期 | 企业人力资源需求旺盛，供给不足 | 供不应求 |
| 稳定时期 | 企业人力资源在表面上可能会达到稳定，但企业局部仍然同时存在着退休、离职、晋升、降职、补充空缺、不胜任岗位、职务调整等情况 | 结构失衡 |
| 萧条时期 | 人力资源需求降低，供给变化不大 | 供过于求 |

**3．什么是人力资源供需平衡**

人力资源供需平衡就是企业通过增员、减员和人员结构调整等措施，使企业人力资源由供需不相等变为供需相等的状态。

人力资源供需平衡是企业人力资源规划的目的，前面章节人力资源需求预测和人力资源供给预测都是围绕着人力资源供需平衡展开的。通过人力资源的平衡过程，企业才能有效地提高人力资源利用率，降低人力资源成本，从而最终实现企业发展目标。

## 4.5.2　人力资源供需不平衡的调整

前面介绍了人力资源供需不平衡的几种状态。不同的状态有不同的调整方法，下面介绍一些常用的调整方法。

**1．供不应求的调整方法**

当预测企业的人力资源供不应求时，企业通常采用下列措施以保证人力资源供需平衡。

（1）外部招聘。外部招聘是企业常用的人力资源供不应求的调整方法。当企业生产工人或技术人员供不应求时，从外部招聘可以比较快地得到熟练的员工，并及时满足企业生产的需要。当然，如果从外部招聘管理人员，由于管理人员熟悉企业内部情况需要一段时间，见效就会比较慢。一般来说，企业如果有内部调整、内部晋升等计划，则应该优先考虑这些计划，再考虑外部招聘。

（2）内部招聘。内部招聘是指当企业出现职务空缺时，从企业内部招聘员工以弥补空缺的职位。从内部招聘可以节约企业的招聘成本，丰富员工的工作，提高员工的工作兴趣。但对于比较复杂的工作，内部招聘的员工可能需要进行一段时间的培训。

（3）聘用临时工。聘用临时工是企业从外部招聘员工的一种特殊形式。聘用临时工可以减少企业的福利开支，而且临时工的用工形式比较灵活，企业在不需要这些员工的时候，可以随时与之解除劳动关系。企业产品季节性比较强或企业临时进行专项调查时采用招聘临时工的方式比较合适。例如，季节性比较强的企业在产品销售旺季招收临时性生产工人，销售淡季与之解除劳动关系。

（4）延长工作时间。延长工作时间也称加班制，在企业工作量临时增加时，可以考虑延长工人的工作时间。延长工作时间具备聘用临时工的优点，如节约福利开支、减少招聘成本等，而且可以保证总体的工作质量。但长期延长工作时间会降低员工的工作质量，而且工作时间也受到政府政策法规的限制。

（5）内部晋升。当较高层次的职务出现空缺时，可以采用内部晋升和外部招聘两种手段，但企业一般优先考虑提拔企业内部员工。在许多企业里，内部晋升是员工职业生涯规划的重要内容，对员工有较大的激励作用。而且，内部员工由于更加了解企业的情况，会比外部招聘人员更快地适应工作环境，不仅可以提高工作效率，还可以节省外部招聘成本。但如果企业缺乏生气，则可以考虑从外部招聘合适的人员。

（6）管理人员接替计划。管理人员接替计划在国外比较流行。其具体做法是按照管理人员接替模型，由人力资源部门对企业的每位管理人员进行详细调查，并与决策组确定哪些人可以升迁至更高层次的职位，然后制订相应的职业计划，列出可以替换的人选。

（7）技能培训。对公司现有员工进行必要的技能培训，使之不仅能适应当前的工作，还能适应更高层次的工作，这样就为内部晋升政策的有效实施提供了保障。如果企业即将进行经营转型，企业应该及时对员工培训新的工作知识和工作技能，以保证企业在转型后，原有的员工能够符合职务任职资格的要求。这样做的好处是可以防止企业出现冗员现象。

（8）调宽工作范围。当企业某类员工紧缺，在人才市场上又难以招聘到相应的员工时，可以通过修改职务说明书，调宽员工的工作范围或责任范围，从而达到增加企业工作量的目的。需要注意的是，调宽工作范围必须与提高待遇相对应，不然会使员工产生不满情绪，影响企业的生产活动。调宽工作范围可以与企业提高技术含量搭配使用。

（9）提高技术含量。提高技术含量也是解决企业人力资源供不应求的常用方法之一。当市场工资上升，企业可以考虑提高技术含量，以降低对员工的需求。当然，提高技术含量也是企业发展的一个指标，提高技术含量一般要与员工培训相结合。

（10）返聘。在企业急缺人员，或企业需要某些退休员工来支撑时，可以考虑对退休或即将退休的员工进行返聘。

**2．供过于求的调整方法**

在人员过剩的情况下，解决供过于求的调整方法有3种：重新安置、永久性裁员和降低人工成本。

（1）重新安置。重新安置用来解决企业内部局部出现人员剩余的问题。当某些岗位出现人员剩余，而另一些岗位却存在人员短缺现象时，就可以把剩余人员安置到需要人员的岗位上去。不过，重新安置的一个前提是剩余人员必须具有新工作岗位所需的技能和知识。因此，重新安置需要提早计划，培训在先。

（2）永久性裁员。永久性裁员是解决人员过剩的另一种办法。需要注意的是，即使在西方市场经济国家，企业在采取这种方法时也是十分谨慎的，因为它不仅涉及员工本人及其家庭的利益，而且会对整个社会产生影响。只有在企业经营出现严重亏损，生产难以为继，或生产不可能恢复的情况下，才能采取这种办法。在裁员之前，企业应告知员工目前企业的经营状况及困难所在，并尽力为剩余人员寻找新的工作岗位；在企业内部确实无法安置的情况下，方可进行裁员。

（3）降低人工成本。降低人工成本包括暂时解雇、减少工作时间（如增加无薪假期）、工作分担和降低工资等。

以上这些措施是西方市场经济国家的企业通常采用的办法。这些办法的优点在于，当预测到企业出现人员过剩时，不是简单地将其裁掉，而是留有缓冲余地，让企业和员工共同分担困难。如果员工个人不愿维持工作不充分、低工资的现状，可以另谋高就，这就避免了将其立即推向社会的情况，从而保障了员工的利益。

实际上，在制定人力资源平衡措施的过程中，不能只考虑单一的供不应求或供过于求的情况，人力资源往往会出现结构性失衡，如高层次人员供不应求，而低层次人员供过于求。企业应该根据具体情况，采用合适的调整方法，制定出合理的人力资源战略与规划，使各部门的人力资源在数量和结构等方面达到协调平衡。需要注意的是，如果企业不缺乏生气，则应以内部调整为主，把某类富余员工调整到员工短缺的岗位上。如果企业组织比较僵化，则应以外部调整为主，招聘一些外部员工，给企业带来一些新的生产技术和新的管理措施等。

【本章小结】////////////////////////////////////////////////

企业的内外部环境在发生变化，企业对各种各样的人力资源的需求量也在发生相应的变化。为了确保组织战略目标和任务的实现，企业必须对未来某段时期内的人力资源需求进行预测。

　　企业人力资源需求预测是指企业为实现既定目标而对未来所需员工数量和种类进行的估算。

　　影响企业人力资源需求的主要因素分为宏观层面和微观层面。人力资源需求定性预测法主要有管理评价法、现状预测法、经验预测法和专家预测法。人力资源需求定量预测就是使用数学模型，严格按照数学公式进行计算的预测行为，预测模型的适用性是定量预测能否成功的关键。人力资源需求预测定性方法与定量方法各有其优缺点，有时需要将两种方法结合使用。

## 【复习思考题】

　　1. 影响人力资源需求的因素包括哪两大方面？分别包括哪些内容？

　　2. 工作分析作为人力资源管理的一项重要职能，对人力资源需求预测有什么作用？

　　3. 为什么要根据企业战略进行人力资源需求预测？怎样实现人力资源需求预测和企业战略的整合？

　　4. 人力资源需求预测的定性预测方法包括哪些？分别有什么特点？

## 案例分析

### 通用汽车公司用人之道

　　美国通用电气公司在进行企业管理的过程中十分重视人的作用。他们认为企业成功取决于人事经理办公室。人事部门根据公司的生产、工作情况决定各部门的人员编制。在定编、定员时要与各用人单位协商，方案由各集团的总经理认可后执行。当公司缺员时，人事部门首先在公司内部招聘。若内部不能招到合适人员，再向外部招聘。通用电气公司人事部门根据用人单位的要求发出通知，张贴在公司布告栏上或刊登在内部刊物上，说明工作性质、工资待遇及对应聘人员的要求。应聘者需要填写申请表，介绍本人学历、工作经历、能力、健康状况等，还要附上原上司或他人的推荐信。人事部门将申请表整理筛选后，通知应聘者来公司与用人单位共同进行面谈，最后确定是否录用。受聘人如为中级管理人员，要经人事部门经理批准。一般情况下，公司内部人员流动是不受阻碍的，也有的部门规定员工必须在本单位工作两年以上才能调换。如果公司内部无合适人选，则从外部招聘。通用电气公司从外部招聘员工（这里仅指工程技术、业务与管理人员）主要通过以下 3 个途径。

　　（1）从劳务市场上招聘员工。劳务市场相当于专业介绍所，那里掌握着失业人员的情况。通用电气公司与当地劳务市场的关系很密切，这部分人的录用标准主要是有无实际技能。程序是由本人提出申请并附推荐信，经公司面授考核，重点考核他们从事工作的经历和成绩、贡献，学历一般只作参考。有时公司可能会给申请人试用机会，试用合格后再决定是否录用。

（2）从其他公司"挖"人。这部分人主要是关键技术人员或高级管理人员。美国不像欧洲那样，公司与职员之间有合同或协议的束缚，职员因各种原因不愿继续在本公司工作的，可随时离开，只要提前一定时间通知公司即可，不受约束。各公司都会利用这一特点物色合适人物，设法挖过来。但一般通过中间人联络，成功后支付其一定的报酬。对于公司的关键人物，公司总是千方百计挽留，了解其要离开的原因，尽量解决他们的问题，因为公司深知这些人离开本公司不仅会对目前工作造成损失，还很可能会为本公司树立强硬的竞争对手。

（3）招收新大学毕业生。每年大约有3.5万名美国优秀大学毕业生申请到通用电气公司工作，其中约有2000名被通用电气录用（平均成绩B以上的学生可以领到公司的简历表和招录简章，经公司严格面授考核通过后才录取）。每年美国各大公司都会去学校挑选学生，竞争十分激烈；通用电气每年也会派出多人到全国各大学挑选优秀毕业生。

## 📞 本章实训

### 企业人力资源需求预测的步骤

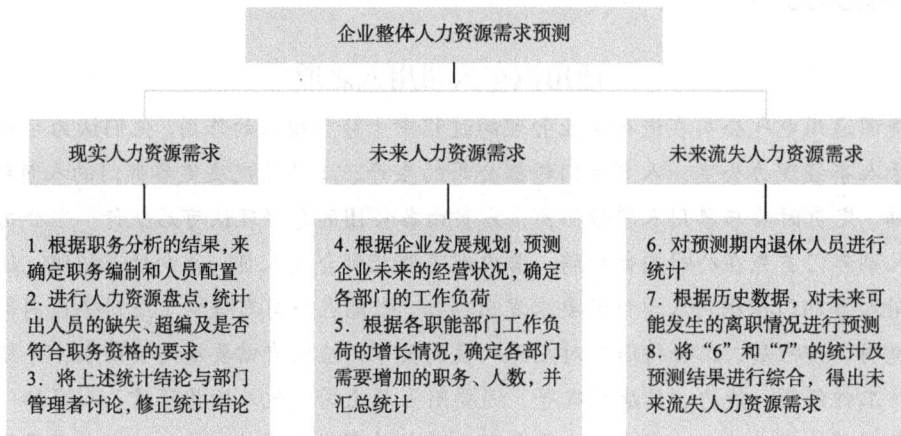

| 企业整体人力资源需求预测 | | |
| --- | --- | --- |
| 现实人力资源需求 | 未来人力资源需求 | 未来流失人力资源需求 |
| 1. 根据职务分析的结果，来确定职务编制和人员配置<br>2. 进行人力资源盘点，统计出人员的缺失、超编及是否符合职务资格的要求<br>3. 将上述统计结论与部门管理者讨论，修正统计结论 | 4. 根据企业发展规划，预测企业未来的经营状况，确定各部门的工作负荷<br>5. 根据各职能部门工作负荷的增长情况，确定各部门需要增加的职务、人数，并汇总统计 | 6. 对预测期内退休人员进行统计<br>7. 根据历史数据，对未来可能发生的离职情况进行预测<br>8. 将"6"和"7"的统计及预测结果进行综合，得出未来流失人力资源需求 |

# 第 5 章
# 人力资源规划的制订

学习目标

- ◆ 了解如何制订有效的人力资源规划。
- ◆ 掌握企业人力资源培训规划的制订过程。
- ◆ 掌握人力资源职业生涯规划的概念。

关键术语

人力资源培训规划 人力资源招聘计划 人力资源甄选规划 人力资源配置规划

引导案例一

## 美国企业如何培训经理人

施乐大学是美国公司大学的典型代表之一。施乐大学建于 20 世纪 70 年代后期，离美国首都华盛顿约有 1.5 小时的汽车路程，坐落于景色宜人的波托马克河河畔，占地约 44.5 万平方米，在浓密的树林中心，还静卧着两幢比邻的建筑物。除了教学管理和行政管理设施，施乐大学还拥有 250 间大小不一的教室、会议室和讨论室。施乐大学设有 800 个客房，接待住宿的人数最多可以达到 1200 人。目前，施乐大学约有全职员工 200 人，他们主要负责教学和行政管理工作。而建筑和校园维护、食宿供应、培训人员俱乐部管理等后勤性质的工作，则由专业公司承包负责。

20 世纪 80 年代，施乐公司规定公司内部每一个担任经理工作的人员都必须到施乐大学参加每年 40 小时的培训。培训时，施乐公司较多地要求经理人员掌握管理范围的技术和业务知识技能。现在，施乐公司不再严格实行这一规定，而强调经理人员应建立学习的意识。经理人员也不再被要求在具体技术和业务上比下属懂得更多或干得更好，而是要求经理人员懂得去发现和使用那些拥有具体特殊知识和技能的人员。

资料来源：清华大学领导力培训项目网，有删改。

### ● 引导案例二

#### 手忙脚乱的人力资源经理

D 集团在短短 5 年之内由一家手工作坊发展为国内著名的食品制造商。D 集团最初从来不制订规划，缺人了，就去人才市场招聘。企业日益正规后，开始每年年初制订规划：收入多少，利润多少，产量多少，员工定编人数多少等。人数少时可以招聘新员工，人数超编时就要求裁员，D 集团一般在年初招聘新员工。可是，由于一年中不时有人升职、平调、降职，年初又有编制限制不能多招聘员工，人力资源部门也不能确定应当招多少人或者招什么样的人，结果人力资源经理一年到头往人才市场跑。

近来由于 3 名高级技术工人退休，2 名高级技术人跳槽，生产线立即瘫痪。集团总经理召开紧急会议，要求人力资源经理在 3 天之内招聘到合适的人员顶替空缺，恢复生产。人力资源经理两个晚上没睡觉，频繁奔走在全国各地的人才市场和面试现场，最后勉强招聘到 2 名已经退休的高级技术工人，使生产线重新开始运转。人力资源经理刚刚喘口气，一个地区经理又打电话说公司已经超编了，不能接受前几天分派过去的 5 名大学生。人力资源经理不由怒气冲冲地说："是你自己说缺人，我才招来的，现在你又不要了！"地区经理说："是啊，我两个月前缺人，你现在才给我，现在早不缺了！"

资料来源：http://www.docin.com/p-924851020.html，有删改。

## 5.1　制订人力资源规划体系

### 5.1.1　如何制订有效的人力资源规划

有些公司的人力资源部门的经理常常会感到很郁闷，为什么辛辛苦苦制订出来的人力资源规划执行起来会那么困难呢？不是销售部门的主管说预期目标难以达成，就是广告部门的主管抱怨与部门情况不符合。那么，到底是这些部门不想执行找借口，还是人力资源部门制订规划时出了问题呢？这是人力资源部门经常会遇到的问题，而有效解决这些问题的方法，就是"用事实说话"，为公司制订出行之有效的人力资源规划。人力资源部门与企业其他部门一样是独立的，但要制订出合理有效的人力资源规划，人力资源部门应明确企业的战略目标，与企业高层、各部门主管做好沟通工作，尽可能地掌握最全面的相关资料等。所以，制订人力资源规划是一个烦琐、复杂而又系统的大工程，任何一个环节出现纰漏，都有可能给企业造成难以估量的损失，甚至会影响到企业战略目标的实现。

在当代，人力资源逐渐成为企业重要的核心竞争力之一，人力资源部门在企业中的地位愈加重要，人力资源的规划工作也越来越受重视。同时，由于人力资源规划与企业战略目标的实现有着紧密的联系，所以越来越多的企业开始在发展过程中的各个阶段制订相应的人力资源规划，以尽快实现本阶段的战略目标，进而取得总体上的胜利。

### 1．制订人力资源规划的前提条件

在制订企业人力资源规划时，人力资源部部门既不能脱离企业的战略目标，也不能脱离企业的现实情况及企业相关制度和条件的支持，否则将无异于"纸上谈兵"，制订出来的人力资源规划并不能切实地为企业的发展提供便捷。

（1）人力资源规划必须以企业战略规划为前提。不同的企业战略目标有不同的人员结构、能力、素质特性及数量等需求。而人力资源规划最终是为企业战略规划服务的，清晰、明确的企业战略规划是人力资源部门制订人力资源规划的指明灯。

（2）人力资源规划工作需要招聘、培训、员工绩效考核等人力资源基础功能的支持。企业招聘功能的完善不仅能够满足企业对员工数量的需求，还能够达到人力资源规划对所聘人员质量的要求；健全的培训工作能够在短时间内提升员工的职业技能，对人力资源规划的实行具有推动作用；员工绩效考核工作不仅能够直观地反映出员工的业绩，而且能够反映出员工在工作中的一些优势和不足。在进行人力资源规划制订时，人力资源部门可以根据员工绩效考核结果判断该员工适合怎样的岗位。

（3）企业需要具备良好的人力资源规划流程和执行文化，同时需要财务部门的支持。人力资源规划制订的过程涉及人力资源盘点等多方面的工作，必须有良好的人力资源规划流程才能有效落实。此外，在人力资源规划制订的过程中，人力资源部门还要与其他相关部门及企业高层进行协调，争取他们的配合。如果没有很好的执行文化、不能取得他人的有效配合，那么人力资源规划工作很可能会功亏一篑。同时，制订和实行人力资源规划需要财务部门的资金支持，不然，人力资源规划工作同样会寸步难行。

### 2．制订人力资源规划要考虑的因素

与企业外部环境和内部环境充分协调，并揉进企业文化特色的人力资源规划才能称为成功的企业人力资源规划。在制订企业人力资源规划时，必须充分考虑以下因素。

（1）国家及地方人力资源政策环境的变化。

（2）企业内部经营环境的变化。

（3）安定原则。安定原则要求企业不断提高工作效率，积累经营成本，企业的人力

资源应该以企业的稳定发展为其管理的前提和基础。

（4）成长原则。经营成长原则是指企业在资本积累增加、销售额增加、企业规模和市场规模扩大的情况下，人员数量必定增加。企业人力资源规划的基本内容和目标是实现企业的发展和壮大。

（5）持续原则。企业人力资源规划应该以企业的生命力和可持续增长，以及保持企业的长远发展潜力为目的。企业领导者和人力资源管理者应具有长远目标和宽阔的胸襟，能够从企业长远发展大局出发，协调好劳资关系，做好企业的人才再造和培养接班人的工作。

（6）人力资源的预测。

（7）企业文化的整合。

### 3. 制订人力资源规划的方法

（1）对企业战略及人力资源需求进行分析。人力资源规划的制订归根结底是为了帮助企业更快地实现其战略目标，是为其战略目标服务的。所以，人力资源部门在为企业制订人力资源规划时，首先要分析企业战略和发展目标，然后根据企业战略和发展目标的要求，分析要达到企业战略和发展目标要求所需要的人力资源要求，其中包含在战略阶段内需要的不同结构员工的素质要求、数量要求，以及需要的时间等。这也是人力资源规划制订的基础。

（2）盘点企业现有人力资源。就像理想一旦脱离了现实就会变得不切实际一样，在制订人力资源规划时，一定要对企业现有人力资源状况进行调查、分析和统计，而与之脱离。这部分工作内容主要包括人员结构分析、素质调查。人员结构分析包含员工年龄结构、学历结构、职务结构、技能结构、业务结构等调查分析；素质调查包含员工价值观、工作态度、工作能力等调查，并分析现有员工是否适合现有岗位，以及轮岗、晋升的可能性等方面。调查手段一般是采用人员基础数据并结合员工素质调查表和业绩分析等。

（3）人力资源供给预测。人力资源供给预测包含企业内部供给预测和外部供给预测。内部供给预测根据战略分析对人力资源的要求的预测和人力资源盘点内容来预测分析将来相应时期内企业内部可以自行供应的人才类型和总量，其中包含稳定供应情况及人员流动带来的结构变化情况，如员工离职、轮岗、晋升与降职等预测。外部供给预测主要是分析在当前经济环境、人事政策、各类人才供需状况等条件下企业从外部可能获得的人才。在这一过程中必须注意企业所能获得人力资源的结构类型、素质、数量等要素，做到真实准确地描述。

（4）根据企业人力资源战略制订人力资源规划。结合人力资源需求分析、盘点和人才资源供给预测结果分析供应和需求之间的差距，制订科学合理的人力资源规划。

## 5.1.2　人力资源规划编制

人力资源规划编制主要是指将可获得的供给与需求的预测值加以比较，以确定未来某一时期内人员的净需求。净需求既可以是某类人员的短缺，也可以是他们的剩余。

一旦确定了短缺或剩余的人员数量，规划人员便可以提出预选方案以确保供给能满足需求。

### 1．编制流程说明

（1）人力资源部门根据企业本年度经营计划制定人力资源规划指导书。

（2）经董事会审批同意后，人力资源部门将人力资源规划指导书正式下发到各业务部门及各分公司，作为部门本年度人员预算的指导说明书，同时将人力资源规划编制表格及相关的人员历史数据下发给各部门及各分公司。

（3）人力资源部门对参加人力资源规划的相关人员进行培训，帮助业务部门掌握预算实操方法。

（4）业务部门根据部门经营目标制订人力资源规划，在本年年底前提交到人力资源部门。

（5）人力资源部门根据公司整体经营计划对业务部门的人力资源规划进行汇总平衡，并同业务部门沟通确认，最后报董事会审批及评审。

（6）人力资源部门根据董事会评审通过后的结果制订整体人员招聘调配离职计划。

### 2．编制人力资源规划需要考虑的因素

（1）成本因素。成本因素包括年度计划完成创收额、部门整体人均创收额等。

（2）项目因素。项目因素包括年度内不同时期（建议以季度为单位进行粗略估计）项目总数量、项目运作进度（新产品、中间产品和老产品数量及各自所占比例）、参考市场部本年项目整体分布分析数据（项目增长比例等）及市场和销售谈判动向、项目正常情况下配置人数等。

（3）功能块搭配因素。功能块搭配因素包括职能部门人员与一线业务人员之间的比例、上下级管理幅度（如一个销售大区经理正常情况下管理的经理的数量）、不同岗位的配置比例（如一个项目正常情况下配置研发人员、市场人员、生产人员等的数量）。

（4）其他因素。包括组织结构的调整、整体误差率建议值（1%～2%）等。

## 5.2　人力资源培训规划

### 5.2.1　人力资源培训的方法

人力资源培训的方法是多种多样的，内容十分丰富。在实践工作中，企业要结合这些方法的不同特点和企业的需要合理地进行选择。

### 1. 在职培训

在职培训是指在工作中，由上级有计划地对员工进行的教育培训，以便使员工具有有效完成工作所需要的知识、技能和态度。在职培训的主要特点是培训对象在学习期间身不离岗，在从事本职工作的同时进行培训，充分利用现有的人力、物力，不需要另外添置场所、设备。但是这种培训往往缺乏良好的组织，如技术培训，机器设备、工作场所只能有限制地供培训使用。在职培训主要包括以下几种方法。

（1）工作轮换。工作轮换是指让员工到企业的各个部门，以工作人员的实际身份介入某项具体工作，了解企业的各个工作环节，丰富自己的工作经验。从企业的角度出发，这是企业全面考察员工的有效办法，可以借此发现员工的优点和弱项，给他们安排相应的工作；从员工的角度出发，这可以拓展员工的知识和技能，激发员工的工作兴趣，找到适合员工兴趣和爱好的岗位，增进员工间的相互交流。这种方法在实践应用时要有周密的计划，企业的各个部门应对来自其他部门的员工进行热情的指导。

（2）学徒培训。学徒培训是指让员工长期连续性地接受主管的督导，经过长期的实际操作和学习，达到一定的技术水平，并且由主管针对员工的受训学习情况给出一定的评价及建议，使员工从中受益。这种方法能够让员工集中注意力，很快适应工作要求，也能使主管及时掌握培训的进展状况。

### 2. 非在职培训

非在职培训是指员工在专门的培训现场接受履行职务所必需的知识、技能、态度和价值观的培训。非在职培训主要有以下几种方法。

（1）角色扮演法。角色扮演法是指由培训者给出情境，让受培训的员工身处模拟的工作环境，按照其实际工作应有的权利和责任，模拟性地处理工作事务。角色扮演法在许多大公司培训中被广泛采用，为员工和企业提供了有效的学习工具。其主要优点：第一，使受训员工较快熟悉自己的工作环境，了解自己的工作业务，掌握必需的工作技能，尽快适应实际工作的要求；第二，能够教会员工如何交换研究心得，同时也在交流中培养人际感情和合作精神，可以训练和检验员工的言谈举止和仪容态度。

企业采用这种方法时应注意排除受训者的心理障碍，让受训者认识到角色扮演的重要意义，减轻其心理压力。角色扮演法主要适用于培训新员工、岗位轮换和职位晋升，主要目的是使员工尽快适应新岗位和新环境。

（2）案例教学法。案例教学法是指由培训者按照培训需求向培训对象展示有关现实事件的真实性背景材料，指导接受培训的员工根据材料来分析问题，提出解决问题的方案，并对各种方案进行比较选优，从而培训员工分析问题和解决问题的能力。

这种方法在人力资源培训中得到越来越多的应用。其原因如下：第一，在案例教学中，培训者不是单纯地教授，他们同时也参与讨论；员工也不仅是听讲和接受，同时也可以讨论、分析和阐述，双方都可以在这种模式中得到充实和提高。第二，案例教学法注重实践，有利于员工素质和能力的培养，有助于培养员工积极创新、独立思考的精神。

运用这种方法进行培训，培训者事先要对案例进行充分的准备，对受训员工要进行深入的了解，确定培养目标，针对培养目标收集相关的案例。该方法主要适用于中层以上的管理人员，目的是训练他们良好的决策能力、分析能力、创造能力和应变能力。

（3）讲授法。讲授法是指由教师在一定的场所讲解某些知识、概念和原理。讲授法可以用于企业内部自设的培训，由主管或专人负责讲授，也可以用于企业利用其他专业机构或高等院校所提供的培训；可以用于短期培训，也可以用于长期培训。

这种方法的优点是较为经济，并可以一次性将知识传授给多人。其缺点是比较单调，员工参与的积极性不高，参与程度不高，相对比较被动。

**3．运用新技术的培训方法**

随着现代社会信息技术的广泛运用，各种新的培训方法不断出现，并且被越来越多的企业接受和运用，取得了很好的效果。

（1）网上培训。网上培训是一种基于网络的培训，以计算机、多媒体和互联网技术为实现手段，凭借单机、局域网、互联网或手机互联网提供的交互式环境，无须面授即可达到培训目的。

国内较早提倡网上培训的专业公司曾公布的数据表明，网上培训较之传统的讲授法有着明显的优势。例如，员工网上学习新知识所需的时间是传统讲授法所需时间的40%，对知识的记忆保持力比传统方法提高了25%～60%，学习接受的新的信息量比传统方法增加了56%，培训时间比传统方法减少了30%。更为重要的是，网上培训可以减少培训者素质对员工培训效果的重要影响，降低了知识传递过程中出现由于面授而难以避免的偏差。

（2）虚拟培训。虚拟培训主要是指利用虚拟现实技术生成实时的、具有三维信息的人工虚拟环境，员工通过运用某些设备接受和响应该环境中各种感官刺激而进入其中，员工可以通过多种交互设备来驾驭该环境及有关可操作的物体，从而达到提高员工知识和技能的目的。

## 5.2.2 企业人力资源培训规划的制订过程

企业人力资源培训规划的制订主要包括全行业员工培训领导机构建立、培训需求调查、培训规划制订、培训计划制订和培训实施。为了制订一个正确和全面的人力资源培训规划，可以参照以下步骤。

**1．建立企业员工培训领导机构**

企业人力资源培训规划不仅涉及人力资源管理部门，还涉及企业各个人力资源使用部门和人力资源培训投资部门。因为企业每年能够用于人力资源培训的投资是有限的，所以必须根据企业对人力资源的整体需求和安排，进行统筹规划、合理安排。因此，企业需要建立一个培训规划制订和执行的领导机构，协调各个部门完成企业的人力资源培训工作。该领导机构的小组长一般由企业最高管理层中负责人力资源工作的总经理担任，副小组长由企业人力资源管理部门领导担任，各个人力资源的使用部门中负责人力资源管理工作的部门经理担任组员。

### 2. 培训需求的调查

调查内容：①企业短期、中期和长期的生产经营及技术发展需要；②企业短期、中期和长期经营战略与规划对人力资源的需求情况；③目前企业人力资源素质中的技术、文化和管理等方面情况；④员工对个人的职业生涯发展要求及个人和部门的培训申请；⑤自我培训和外出培训的条件。

在企业人力资源培训规划制订过程中，企业员工个人的培训申请是必不可少的。但是在接受员工的个人申请之前，人力资源部门必须根据企业人力资源规划中所确定的需要培训的对象、专业和人数向有关部门报告，以动员更多的员工积极参与企业的人力资源培训活动。在员工和部门填写培训申请时，必须注明培训人员以往的工作状况和培训可能给企业、部门、个人带来的效益与影响，以及相关部门的态度，这些信息将在企业人力资源培训规划的总体平衡中发挥作用。

### 3. 编制企业人力资源培训规划

（1）根据企业人力资源发展的战略需要和企业的可能条件，制定企业人力资源培训的总体目标，然后将总体目标分解成若干子目标，并根据各个子目标的要求制订相应的培训项目规划，将培训总目标具体化。

（2）根据企业人力资源发展总体规划要求和员工及部门的申请，按照各个培训项目的轻重缓急进行资源分配，优先满足重点培训项目对人力、物力和财力的需要。

（3）对企业培训规划进行综合平衡，即对企业人力资源的需求与个人生涯发展目标进行平衡。此外，在平衡过程中还需要考虑满足企业急需人力资源的培训和培训费用支出等问题的解决。

### 4. 制订企业人力资源培训实施计划

企业人力资源培训实施计划包括培训总体计划和分项目计划的实施过程、培训投资、培训时间跨度、培训阶段、培训步骤、培训方法、培训措施、培训的具体要求和培训结果的评估等。

## 5.2.3 企业人力资源培训规划的投资收益分析

培训是一种人力资本的投资，既然是投资就需要计算投资的收益。

通常企业员工培训的经济性要比一般学校教育强烈得多，企业需要明确培训成本和收益。因此在企业人力资源培训规划制订过程中，需要对各种培训方案进行评价后，才能从中选择一个最优的或较好的培训方案。在各种方案的评价指标中有一个重要指标就是培训的投资收益率。因为企业人力资源的培训往往需要由企业或个人进行投资，对培训投资的收益进行评价，就是为了合理安排员工的在职培训和选择适当的培训形式，期望收到更好的投资收益。

企业人力资源的培训投资收益分析可以分为在职培训的投资收益分析、一般培训的投资收益分析和特殊培训的投资收益分析。

**1. 在职培训的投资收益分析**

如果企业所需要的劳动力与生产的产品市场处于完全竞争状态，在企业的边际产品等于工资，即边际收益等于边际支出时，企业生产经营就达到了均衡，可以用公式表示如下：

$$W = MP \qquad (5.1)$$

式中：$W$——工资或支出；

　　$MP$——边际收益。

由于式（5.1）中的 $W$ 与 $MP$ 都与时间有关，每个时间的均衡点取决于该时间的流量。因此，可以将式（5.1）改写为

$$W_t = MP_t \qquad (5.2)$$

式中，$W_t$ 和 $MP_t$ 表示在时间 $t$ 时的工资支出和边际收益。在培训的初期会出现高现期支出和低现期收益的情况，但是从以后某个时间段开始，收益会提高而支出会降低，因此，式（5.2）并不是在任何时间段都相等的。故应将式（5.2）改写为

$$\sum_{t=0}^{n-1} \frac{MP}{(1+i)^{t+1}} = \sum_{t=0}^{n-1} \frac{W_t}{(1+i)^{t-1}} \qquad (5.3)$$

式中：$i$——市场贴现率。

如果企业的培训只在初期进行，那么企业初期的支出为工资与培训费用之和。而其他时期无培训时，企业的支出只有工资，而所有时期的企业收益都等于边际产出，那就可以将式（5.3）改写为

$$MP_0 + \sum_{t=1}^{n-1} \frac{MP}{(1+i)^{t+1}} = W_0 + K + \sum_{t=0}^{n-1} \frac{W_t}{(1+i)^{t+1}} \qquad (5.4)$$

式中：$K$——培训费用。

如果用变量 $G$ 定义：

$$G = \sum_{t=1}^{n-1} \frac{MP_t - W_t}{(1+i)^{t+1}} \qquad (5.5)$$

则式（5.4）可以简写为

$$MP + G = W_0 + K \qquad (5.6)$$

由于式（5.6）中的 $K$ 值只表示了用于培训的实际费用，未包含培训中所花费的时间成本及在这些时间中可能创造的收益，因此 $K$ 并不能衡量培训的成本。如果用 $MP'$ 表示在培训时间中不参加培训所可能生产的产品，即所有可能创造的收益，那么培训的机会成本应该表示为

$$机会成本 = MP' - MP_0$$

如果用 $C$ 表示培训的机会成本与实际培训费用 $K$ 之和，则可以将式（5.6）进一步表示为

$$MP_0 + G = W_0 + C \qquad （5.7）$$

式中：$G$——未来收益与未来费用之差，用于衡量企业提供培训所得收益；

$\quad$ $C$——用于培训的机会成本与实际费用之和；

$\quad$ $MP_0$——初期的收益值；

$\quad$ $W_0$——初期的支出值。

由式（5.7）可以发现，当 $MP = W_0$ 时，企业的培训收益与培训成本相等；当 $MP_0 < W_0$ 时，企业的培训收益 $G$ 大于培训成本 $C$；当 $MP_0 > W_0$ 时，企业的培训收益小于培训成本。

**2. 一般培训的投资收益分析**

一般培训是指受训者通过培训所获得的技能在许多企业中都是可用的，而且所有这些企业的边际产品都按同样的幅度增加，因此工资率和边际产品增加量完全相同，但是对这种培训进行投资的企业却得不到任何收益。例如，某电子企业培训的软件设计师在电信部门、汽车制造企业、金融企业都能得到重用。因此，一般培训的受益者只是受训者本人，企业通常在不需要进行任何投资的情况下，才愿意为员工提供这种培训机会。所以一般培训的投资会由受训者本人承担，他们的投资可以在未来的工资收入中收回。

## 5.2.4　培训方案的实施及评估

**1. 培训方案的实施**

在培训方案设计好之后，负责人就应该按照计划组织实施，对培训活动进行动态管理。实施阶段需要完成以下工作。

1）课前准备工作

课前准备工作包括将培训的时间、地点及注意事项通知受训者；保持与培训讲师的联系；准备并印制课程所需的材料；检查培训设施等。

2）课程进行中的工作

课程进行中的工作包括学员的登记注册；保持与培训讲师学院的积极联系，进行动态管理；提供全部后勤支持。

3）课程结束后的工作

课程结束后的工作包括分法评估资料（调查问卷、效果反馈表等），收集有关信息；学员培训信息的入档。

**2．培训方案的评估及完善**

从培训需求分析开始设计培训方案，从制定培训目标到培训方法的选择，最终制订出一个系统的培训方案，但这不意味着培训方案的设计工作已经完成。因为任何一个好的培训方案必是一个由"制订+测评+修改→再测评+再修改……实施"的过程，只有不断测评、修改才能使培训方案趋于完善。

1）从培训方案本身看

从培训方案本身看，将培训方案评估细化为 3 个指标。

（1）内容效度，是指培训方案的各组成部分是否合理、系统化，从培训方案的本身来分析其是否符合培训需求分析，各要素前后是否协调一致，是否为最优选择。

（2）反应效度，是指受训者反应，受训者是否对此培训感兴趣，是否能满足受训者的需要，如果不能，则要找出原因。

（3）学习效度，是指传授的信息是否能被受训者吸收，如果不能，则要考虑到传授的方法，以及受训者学习的特点等各个方面的因素来加以改进。

2）从受训者的角度看

从受训者的角度看受训者培训前后行为的改变是否与期望的一致，如果不一致，则应考虑是培训效果不理想，还是员工缺乏应用培训所学内容的机会，或是受习惯影响，使培训效果还未表现出来，需延长考察时间。

**3．从培训实际效果看**

培训效果的评估是一个运用科学的理论方法和程序，从培训项目中收集数据并将其与整个组织的需求和目标联系起来以确定培训项目的价值和质量的过程。

1）培训效果评估的指标

（1）认知成果。认知成果可以用来衡量受训者对培训项目中强调的原理事实、技术、程序或过程的熟悉程度。认知成果用于衡量受训者从培训中学到了什么，一般用笔试来评估认知成果。

（2）技能成果。技能成果用来评估受训者的技术或运动技能及行为方式的水平，它包括技能的获得与学习，以及技能在工作中的应用两个方面。可通过观察在工作抽样中的绩效来评估受训者掌握技能的水平。

（3）情感成果。情感成果包括态度和动机在内的成果。评估情感成果的重要途径是了解受训者对培训项目的反应。反应是受训者对培训项目的感性认识，包括对设施、培训教室和培训内容的感觉。这类信息通常是在课程结束时收集的，有助于明确受训者的哪些想法是有助于或会阻碍学习的。评估还需要收集其他一些情感因素，包括对多样化的忍耐力、学习动机、安全态度和顾客服务定位。情感成果可通过调查来进行衡量。

（4）绩效成果。绩效成果用来决策企业为培训计划所支付的费用。绩效成果包括员工流动率或事故发生率下降导致的成本降低、产量提高，以及产品质量或顾客服务水平的改善。

（5）投资回报率。投资回报率是指培训的收益和培训成本的比较。培训成本包括直接成本和间接成本。收益是指企业从培训中获得的价值，包括显性收益和隐性收益两部分。显性收益是指常量的提高，废品、次品的减少，原材料的节约，生产事故的减少等可测量的收益；隐性收益是指企业团队精神的生成、企业形象的提高等不可量化测量的收益。只有成本低于收益，才能证明方案具有可行性。若成本高于收益，则证明方案不可行，应找出失败原因所在，设计出更优的方案。

2）培训效果信息的整理与分析

培训评估需要的信息来自不同的渠道，信息的形式多种多样，因此有必要对收集到的信息进行分类，并根据不同的评估内容进行信息归档；同时要制作一些表格对信息进行统计，并绘制直方图、分布曲线图等，将信息趋势和分布状况形象地表达出来，使培训信息的分析报告直观、清楚、简洁。

## 5.3 人力资源招聘任用规划

人力资源是组织中重要的资源之一。在人力资源需求决定之后，就应该根据组织的需要积极网罗人才，即选择合适的途径和方法进行人力资源招聘。其中，如何任用适当的人员从事适当的工作，也是人力资源管理中重要的一环，尤其是在现代企业竞争激烈的情况下，对人才的任用更加重要。唐朝魏征曾对此有如下精辟论断："知人之事，自古为难，故考绩黜陟，察其善恶，今欲求人，必须审访其行。若知其善，然后用之。设定此人不能济事，只是才力不及，不为大害。误用恶人，假令强干，为害极多。"这句话道破了招聘任用的重要性。

招聘任用的程序包括招募、甄选、配置等环节，如图 5-1 所示。

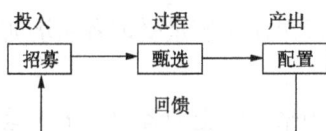

图 5-1 招聘任用的程序

## 5.3.1　人力资源招聘计划

### 1．人力资源招聘计划的内容

1）确定招聘数量和时间

（1）数量：企业需要招聘的具体数量和结构。一般情况下，招聘人数多于企业所需人数，根据拟招聘人数来决定准备吸引的应聘人数。

（2）时间：企业要比较准确地预测哪些岗位在哪个时间段会出现空缺，要在岗位空缺之前招到人。

2）确定招聘小组

（1）根据招聘工作的性质、规模确定小组人员。

（2）对小组人员进行培训，培训内容包括专业技能、行为规范和职业道德。

3）确定招聘政策

（1）企业成长初期、崇尚竞争的企业：外部招聘。

（2）企业成熟期、实行终身雇用制的企业：内部招聘。

4）确定招聘方案

（1）意义：其直接决定招聘的效果。

（2）内容：选择招聘信息发布形式、选择甄选方法、确定招聘范围。

### 2．人力资源招聘计划的制订程序

（1）进行工作分析（基础）。

（2）明确招聘需求。

（3）分析招聘环境。

（4）准备招聘资料。

（5）选择招聘信息的发布渠道。

（6）选择甄选方法。

## 5.3.2　人力资源甄选规划

甄选的目的在于进一步获得应征者的详细资料并加以评估，以便组织能够招募到最合适的人才。因此，主持甄选的人员就必须对组织的具体状况与应征者的个人资料做充分的比较和分析，然后再做出选用的决定。因涉及"人"与"事"的各种复杂因素，组织必须分别从组织、个人与社会角度加以动态分析考虑。

### 1．甄选程序

甄选的程序因组织规模、管理理念、工作类别及管理者风格的不同而有所差异。一般组织常用的甄选程序如下。

（1）决定甄选日期。产业特性、人力资源市场特性和经济环境等因素对人力资源供给均会产生较大的影响，如每年的四、五月份，各学校都有大批的毕业生找工作，这是组织进行甄选活动的较好时机。

（2）报名。应征者在报名时一般需要填写申请表，填写内容包括姓名、住址、婚姻状况、年龄、家庭状况、受教育程度、经历、健康状况、社会关系及个人嗜好等。报名的形式包括直接报名和间接报名两种。

（3）资料审查。资料审查是初步的审查，用来过滤掉明显不符合要求的应征者，以节约招募成本。

（4）考试。考试是一种较客观的甄选方式。有些组织除了要测试知识能力，还要进行智力与心理测试。

（5）面谈。经过考试淘汰大多数不合格者之后，就可以进行招募面谈了，其目的在于弥补客观考试的不足，获得一些在笔试中无法得到的信息。

（6）体检。体检因工作性质而异，可以是全身检查，也可以只是外表的扼要检查。

（7）领导决定。因为部门领导必须对其经营绩效负责，所以有必要赋予其决定人选的权力。

**2. 甄选方法**

现代组织甄选人才，一般常用的方法大致有如下 5 种。

（1）笔试。笔试是通过对应征者进行文字问答而推断其能力的方式。其特点在于容易管理、客观具体、公正而又高效。

（2）口试。口试是由主试者提出问题，而应试者以语言方式来答复的一种测试方式，包括封闭式与开放式两种。其特点在于可测验应试者的反应能力和语言形式，一般可作为笔试的补充。

（3）现场操作测试。现场操作测试以实际操作来测试应试者是否具有该职位所需的技术与能力。

（4）心理测试。心理测试通过标准化的测量工具，客观了解应试者的心理状态，并衡量其个人的行为表现，具有预测与诊断两大作用，可以增加甄选的正确性。

（5）评价中心。评价中心主要是针对甄选管理人员，其方式有公文筐测试、集体讨论、个人测试、面谈评价和业务游戏等。由于所有评价者共同参与评价工作，因此评价的信度与效度均较高。

### 5.3.3　人力资源配置规划

我国企业在人力资源配置上存在的问题，是在多种因素综合作用下形成的。既有宏观因素，如传统计划体制的影响，也有企业自身制度与管理上的微观因素，如企业缺乏系统、科学的人力资源规划、工作分析与人才测评手段等。宏观因素是企业不能控制的，而从企业的微观因素着手，并在一定的原则和模式的指导下，企业人力资源的配置将会更加有效、合理。

### 1. 人力资源配置原则

人力资源管理要做到人尽其才、才尽其用、人事相宜，最大限度地发挥人力资源的作用。但是，对于如何实现科学合理的配置，这是人力资源管理长期以来亟须解决的一个重要问题。怎样才能对企业人力资源进行有效合理的配置呢？必须遵循如下原则。

1）能级对应原则

合理的人力资源配置应使人力资源的整体功能强化，使人的能力与岗位要求相对应。企业岗位有层次和种类之分，它们占据着不同的位置，处于不同的能级水平。每个人也都具有不同水平的能力，在纵向上处于不同的能级位置。岗位人员的配置，应做到能级对应，也就是说每一个人所具有的能级水平应与所处的层次和岗位的能级要求相对应。

2）优势定位原则

人的发展既受先天素质的影响，还受后天实践的制约。后天形成的能力不仅与本人的努力程度有关，也与实践的环境有关，因此人的能力的发展是不平衡的，其个性也是多样化的。每个人都有自己的长处和短处，有其总体的能级水准，同时也有自己的专业特长及工作爱好。优势定位内容包括两个方面：一是指人自身应根据自己的优势和岗位的要求，选择最有利于发挥自己优势的岗位；二是指管理者也应据此将人安置到最有利于发挥其优势的岗位上。

3）动态调节原则

动态原则是指当人员或岗位要求发生变化的时候，要适时地对人员配备进行调整，以保证始终使合适的人工作在合适的岗位上。岗位或岗位要求是在不断变化的，人也是在不断变化的，因此人对岗位的适应需要一个实践与认识的过程，由于种种原因，能级不对应、用非所长等情形时常发生。因此，如果搞一次定位、一职定终身，既会影响工作又不利于人的成长。能级对应、优势定位只有在不断调整的动态过程中才能实现。

4）内部为主原则

一般来说，企业在使用人才，特别是高级人才时，总觉得人才不足。其实，每个企业都有自己的人才，问题是"千里马常有，而伯乐不常有"。因此，关键是要在企业内部建立起人才开发机制，使用人才激励机制。这两个机制都很重要，如果只有人才开发机制，而没有激励机制，那么本企业的人才就有可能外流。从内部培养人才，给有能力的人提供机会与挑战，造成紧张与激励气氛，是促进公司发展的动力。但是，这并不意味着企业要排斥引入必要的外部人才。当确实需要从外部招聘人才时，企业就不能死死地扣住企业内部不放。

### 2. 人力资源配置模型

人力资源配置工作，不仅涉及企业外部因素，更多的、更困难的工作存在于企业内部。从目前的实际表现来看，企业主要有以下 3 种人力资源配置形式。

1）人岗关系型

这种配置类型主要是通过人力资源管理过程中的各个环节来保证企业内各部门各岗位的人力资源质量。它是根据员工与岗位的对应关系进行配置的一种形式。就企业内部来说，目前这种类型中的员工配置方式大体有如下几种：招聘、轮换、试用、竞争上岗、末位淘汰（当企业内的员工数多于岗位数，或者为了保持一定的竞争力时，在试用过程或竞争上岗过程中，对能力最差者实行下岗分流）、双向选择（当企业内的员工数与岗位数相当时，往往先公布岗位要求，然后让员工自由选择，最后以岗选人）。

2）移动配置型

这是一种通过员工相对岗位移动进行配置的类型。它通过员工相对上下左右岗位的移动来保证企业内每个岗位的人力资源的质量。这种配置的具体表现形式大致有 3 种：晋升、降职和调动。

3）流动配置型

这是一种通过员工相对企业内外的流动进行配置的类型。它通过员工相对企业的内外流动来保证企业内每个部门与岗位人力资源的质量。这种配置的具体形式有 3 种：安置、调整和辞退。

结合以上人力资源配置的 3 种形式，企业要合理地进行企业内部人力资源配置，应以个人—岗位关系为基础，对企业人力资源进行动态的优化与配置，可遵循个人—岗位动态匹配模型。个人—岗位动态匹配模型主要包括以下主要步骤与成分。

（1）人力资源规划。企业目标需要通过配置合格的人力资源来实现，人力资源的配置需要周密的人力资源规划作为支持。人力资源规划的制订是企业人力配置的前期性工作，是一个对企业人员流动进行动态预测和决策的过程，它在人力资源管理中具有统领与协调作用。其目的是预测企业的人力资源需求和可能的供给，确保企业在需要的时间和岗位上获得所需的合格人员，实现企业的发展战略和员工个人的利益。任何组织或企业，要想有合格、高效的人员结构，就必须制订人力资源规划。

（2）职位空缺申请与审批。人力资源规划是对企业所需人员数量及企业内部所能提供的人员数量的一种预测，至于具体哪些部门、哪些岗位存在空缺，则需要由各部门主管提出职位空缺与申请，并由人力资源部门进行仔细、严格的审批，如果没有比较严格的审查，或是形式上设立这个审查而实质上根本不起作用，那么就极有可能导致企业整体的人口膨胀。因此，严格的职位申请与审批是有效的人力资源规划及有效的人力资源利用与配置的基础。

（3）工作分析。确定了所需招聘人员的岗位及各岗位空缺人员数量后，应对这些岗位进行岗位分析，以确定职位工作任务、职责及任职资格条件等。事实上，工作分析应作为人力资源管理的一项基础性工作来做，而不能等到有招聘需求时临时进行。如果工作分析做得好，形成了规范的工作说明书，那么在有招聘需求时，就只需看随着企业内外部环境的变化，该岗位的职责及任职资格等是否有了新的变化。

（4）人才测评。有了工作分析后，我们就可以知道岗位对人员在知识、技能、个性等方面的要求，我们可以据此来设计人才测评的指标，并选用相应的测量工具。对求职者所进行的科学的人才测评可让我们了解其是否能胜任某一职位，从而为人才合理配置提供依据。由于企业人力资源配置很多是在企业内部完成的，因此通过人才测评与绩效考评等手段对企业人力资源进行普查，并在此基础上建立企业的人才库，将非常有利于企业的人力资源配置。

（5）招聘与合理配置。进行了工作分析与人才测评后，就要对从企业内部或外部招聘来的人员进行合理配置，将合适的人员安置在合适的岗位上，达到个人与岗位匹配。实际上，个人与岗位匹配包含着两层意思。一是岗位要求与个人素质要匹配；二是工作报酬与个人能力要匹配。可以这样讲，招聘和配备职员的所有活动，都要实现这两个层面的匹配，而且不能偏颇。其中的道理并不复杂，举例来说，有一家企业想招聘一名研究开发部经理，强调应聘者一定要具备什么样的知识、技能、才干和经验。应聘者当中也的确有具备这种素质的人。这是不是意味着可以实现个人—岗位匹配呢？不一定。如果招聘企业给这个职位定的报酬标准与应聘者的期望差距较大，个人—岗位匹配照样无法实现。

（6）动态优化与配置。把人员招聘进来并进行了合理、有效的配置后，还必须通过调配、晋升、降职、轮换、解雇等手段对人力资源进行动态的优化与配置，因为随着企业内外部环境的变化，岗位的任职资格势必会有新的要求。而随着时间的推移，在该岗位上工作的人，也可能变得不再适合这个工作岗位的要求或其能力已远远超出该岗位的要求。因此，有必要重新进行工作分析与人才测评，对岗位责任、岗位要求及现有人员的知识、技能、能力等进行重新定位。该晋升的晋升，该降职的降职，使人力资源的配置趋近合理。这是企业人力资源持续达到优化配置的关键因素。因此，领导者及人力资源部门应跟踪企业内外部环境的变化，及时更新工作分析文件，各级管理者对岗位与下属应有全面、正确的了解，这样才有可能使企业整体的人力资源达到优化配置。

（7）产出。企业采取正确的措施和手段对人力资源进行合理配置后，合适的人工作在合适的岗位上，这将会使员工的工作绩效、工作满意度、出勤率等得到提升，从而提高组织的整体效能。

人力资源配置是否合理，无论是对企业的短期绩效还是长远发展都有重大影响，因此应予以足够的重视。企业在完成人才招聘后，还应遵循人力资源配置的有关理论与方法，使人岗匹配，尽量做到事适其人、人尽其才、才尽其用、人事相配，这样才能减少内耗，最大限度地发挥人力资源的作用，促进企业持续、稳定、快速发展。

## 5.4 人力资源职业生涯规划

员工的职业生涯规划是指员工对自己未来职业生涯的事先策划，设定自己的奋斗目标和计划。

员工的职业生涯规划并不是某一个员工的私事。如果员工的职业生涯规划制订得好，便能够通过员工个人的职业生涯发展推动企业的人力资源发展；如果制订得不恰当，则员工的职业生涯发展会对企业人力资源发展起阻碍作用。因此，企业人力资源管理部门应该明白，如果员工所确定的职业生涯发展没有和企业发展联系在一起，往往会导致一些关键员工流失。所以企业应该通过协助员工制订职业生涯规划，将员工个人的发展需求与企业发展对人力资源的需求紧密地联系在一起，确保二者的同步发展。通过制订员工的个人职业生涯规划，将那些对企业发展有重要作用和潜在影响的员工保留在企业人力资源队伍中。因此，职业生涯规划不仅是员工个人获得事业成功的保证，也是企业开发人力资源的有效措施之一。

## 5.4.1　企业员工职业生涯规划的作用

尽管职业生涯规划是每个员工自己的职业发展规划，但是企业可以在员工的职业生涯规划中发挥重要作用。例如，为员工的职业生涯目标确定提供帮助、为员工提供有关的职业生涯目标信息、协助员工剖析自己、为员工提供职业生涯规划、分析员工职业生涯目标的可行性、帮助员工确定目标等。

企业应就各种岗位的需求结合员工的职业生涯发展目标选用人力资源，确定某一工作岗位所需要的技能、知识及其特殊条件，制定职位标准和要求、对岗位人选进行甄选和协调、对岗位候选人进行考核和面试；进行员工绩效评价，设计绩效评价标准，使评价公开、一致，提供各种绩效反馈渠道，以多种方式进行员工岗位绩效和适应性评价，提供职业生涯发展的参考资料和信息，组织和指导职业生涯发展问题的讨论，向员工提供员工岗位绩效和适应性评价的反馈信息，为员工职业生涯发展提供培训、轮岗的机会，及时通报岗位、职务空缺信息；对员工职业生涯发展进行评估，与各部门主管交流信息、根据员工工作绩效、潜能和兴趣评价员工在当前职业生涯中的发展前景，确认员工所面对的机遇和问题，推动员工职业生涯规划的实施，评估员工的职业发展生涯。企业在其制订的职业生涯规划中，应该明确告诉员工，当前企业整体状况发展到何种程度需要多少个怎样的职位，担任这些职位的员工应该具备怎样的条件、怎样的素质和怎样的能力。企业通过这些信息，可以促进员工职业生涯规划的发展，使员工能够树立明确的目标和理想，运用科学方法、切实可行的措施，发挥自己的特长，挖掘个人的潜能，克服生涯发展中的困难，避开人生道路上的陷阱，获得事业的成功。

企业的职业生涯规划，是在企业人力资源管理部门指导下，依据个人发展和企业发展相结合的原则，对决定企业员工职业生涯的主客观因素进行分析，确定员工个人的事业奋斗目标和实现这一目标应该从事的职业，并编制相应的工作、教育和培训计划，对计划实现的时间顺序和方向进行合理的安排。企业的职业生涯规划制订应该注意遵从目标一致、目标可执行和结果可评价 3 个原则。

（1）目标一致。员工的职业生涯目标应该和企业的发展目标相一致，企业为员工所提供的目标实现措施要清晰明确、可行、具有挑战性，可直接观察到执行效果，员工通过努力可以达到目标。

（2）目标可执行。目标的完成要具有挑战性，但是经过员工的努力可以达到；执行措施具有灵活性，可以根据环境变化和企业发展需要进行及时调整。

（3）结果可评价。职业生涯的执行结果应该可以进行评价，能够随时检查规划的执行情况，以掌握规划的执行情况，为规划的及时修正提供依据。职业生涯规划通常可以划分为长期规划、中期规划和短期规划。长期规划是指 5 年以上的职业目标，主要设定长远目标。中期规划是依据长期目标而设立的 3～5 年的职业发展目标。短期职业规划则是 3 年以内的短期专业目标，其制定依据是中期规划。

## 5.4.2　企业员工职业生涯及其规划的概念

每个员工都要经历自己职业生涯的几个阶段，因此必须了解其所从事职业周期的重要性。职业周期之所以重要，是因为每个员工所处的职业生涯的阶段将会影响其知识水平及其对于职业的偏好程度。

职业生涯规划是一项全员参与式的管理活动，只有充分调动员工本人、管理者、公司等各个方面的积极主动性，才有可能实现有效的职业生涯规划。在一套有效的职业生涯规划体系中，这几个方面承担的责任、扮演的角色各有不同，但又缺一不可。

在制订企业人力资源职业生涯规划时应该注意，企业所制订的职业生涯规划是从企业发展的角度出发，为员工职业生涯规划提供帮助和支持的规划，而不是为每个员工制订其职业生涯发展规划。因此，在企业人力资源职业生涯规划中主要包含员工初期发展帮助规划、员工中期稳定发展规划和员工晚期发挥余热规划。这些规划的内容都需要和员工职业生涯规划相配合才能生效。

企业人力资源职业生涯规划对员工规划的作用过程包含职业选择、员工早期发展与监督、员工中期发展与更新、员工晚期发展与使用。企业为了能够正确地引导员工设计职业生涯规划，应该根据员工的职业发展阶段特点将员工职业生涯发展阶段分为职业探索、立业和发展，以及职业发展成熟 3 个阶段。

### 1. 职业探索阶段

新进入企业的员工的年龄大多数为 25 岁左右，他们正处于试探性地选择自己的职业的时期，通过不断地变动工作及工作单位去选定自己一生将从事的职业，这是年轻人就业初期试探职业生涯的必然发展趋势。在这段时期内，员工经常调换不同工作的愿望十分强烈。这个愿望在本企业不能得到满足时，他们往往就会跳槽。因此，企业需要了解年轻人的就业特点，给予他们职业选择的引导，并尽力为他们提供多种工作机会，特别是具有挑战性又能吸引他们兴趣的工作机会和自我探索的机会。

另外，每个员工在进入一个企业时都或多或少地保有某种个人发展愿望，在这种个人发展愿望的促使下，员工要进行职业选择。此时，企业应该在企业人力资源规划的指导下，通过对企业的工作和岗位分析，得以明确了解企业所需要的员工，利用招聘、选拔、引进等方法和员工的职业要求相匹配，并在人力资源开发计划和工作计划的指导下，确定企业人力资源的配置和培训，以支持员工的职业初期发展。

### 2．立业和发展阶段

经过职业的探索阶段，员工已经逐渐选定了自己的职业。进入 30～45 岁的立业和发展阶段，他们开始关心自身在工作中的成长、发展及晋升。他们具有强烈的成就感和晋升欲望，几乎每个人都有自己的成长和发展计划，并会为实现自己的目标而竭尽全力。因此，企业在职业生涯规划中应该为这一年龄段的员工提供一些在知识、技能上具有挑战性的工作和任务，让他们有更多自我决策、自我管理的权力和独立性，并给予他们在工作咨询等方面的支持，使他们在从事具有挑战性的工作任务的过程中成长发展。

另外，企业人力资源规划中的员工发展与监督需要根据所招聘员工及人力资源配置的需要等因素为员工的早期发展提供支持，其中包含为员工职业发展提供机会的各种活动，以及相应的评估标准。企业根据这些员工初期发展计划对员工的职业发展进行监督指导，监督指导的内容主要有业绩评价、潜力评估，并通过激励、咨询和培训等方法为员工提供纵向和横向的发展机会。员工可以在员工初期发展帮助规划的支持下，确定自己的职业类型从而进入职业发展中期。此时，员工需要在自己的职业生涯发展过程中不断更新自己的知识和技能，以保证自己在职业发展竞争中的优势；或当发现自己无法在当前职业生涯发展竞争中获得优势时，可以通过多方面的努力，寻找新的发展机会。企业将员工初期发展帮助规划与员工的初期职业发展相匹配，从而提出需要稳定的要求并对企业的员工中期稳定发展规划产生影响。

### 3．职业发展成熟阶段

当员工年龄处于 45～60 岁，进入职业发展成熟阶段时，其对成就和发展的期望值开始减弱，希望能够保持已经取得的成就和地位的欲望增加，因此希望能够更新自己职业领域的知识和技能，或者希望学习一些其他新领域中的知识与技能，以便能够在经济停滞不前时保证自己的地位，免遭裁员，或在被裁员时可以很方便地另谋出路。因此在企业的员工职业生涯规划中应该注意引导这些员工对知识的更新，并将这些员工从原有的关键岗位上逐步引向咨询、顾问的岗位，对新员工进行传帮带，为更年轻的员工提供发展机会。企业的员工晚期发挥余热规划的内容还应该在老员工的晚期职业能力能够得到充分发挥的基础上，使企业人力资源顺利完成更新。

当员工经过早期职业发展，获取了一定的职业发展地位后，就希望能够稳定已经获得的职业地位。此时，企业人力资源规划中的员工中期稳定发展规划就可以为员工的职业中期发展起到稳定的作用。员工职业中期发展与更新的内容主要是如何为员工的知识与技能进行更新，为员工提供多样性的工作，以便为员工的职业发展提供机遇。在员工中期稳定发展规划的支持下，员工的职业中期发展才可以获得较大的成功。员工在经历职业中期发展以后，其职业发展已经基本定型，并开始考虑其晚期职业的发展，需要企业能够为其职业的晚期发展提供咨询支持和安排。

### 5.4.3　对员工进行准确的职业定位

管理学家埃德加·施恩认为，职业规划实际上是一个持续不断的探索过程。在此过程中，每个人都会根据自己的天资、能力、动机、需要、态度和价值观，逐渐形成较为明晰的、与职业有关的自我概念，最终成为一个占主导地位的职业定位。

在实际工作中，员工重新审视自我动机、需要、价值观及能力，逐步明确个人需要与价值观，明白自己的优势与发展的重点，并针对符合个人需要和价值观选择适合个人特质的工作，自觉改善、增强自身才干，达到自我满足和补偿。经过这个整合过程，员工可以找到自己长期稳定的职业定位。

埃德加·施恩认为职业定位有五大类型：技术职能能力型、管理能力型、创造型、安全型和自主型。

**1．技术职能能力型职业定位**

此类员工有特有的职业工作追求、需要和价值观，表现出如下特征：强调实际技术或某项职能业务工作。此类员工热爱自己的专业技术或职能工作，注重个人专业技能发展，多从事工程技术、营销、财务分析、系统分析、企业计划等工作。

**2．管理能力型职业定位**

此类员工愿意担负管理责任，且责任越大越好。管理权力是此类员工的追逐目标，他们倾心于全面管理、掌握更大权力、肩负更大责任。具体的技术工作或职能工作仅被他们看作通向更高、更全面管理层的必经之路。他们从事一个或多个技术职能区工作，只是为了更好地展现自己的能力。

**3．创造型职业定位**

在某种程度上，创造型职业定位与其他类型的职业定位有部分重叠。追求创造型定位的员工要求有自主权、管理能力，能施展自己的才干。但是，这不是他们的主要动机与价值观，有创造空间才是他们追求的主要目标。

**4．安全型职业定位**

安全型职业定位又称稳定型职业定位。职业的稳定和安全，是这一类员工的追求、驱动力和价值观。他们的安全取向有两类。一种追求职业安稳，这种稳定和安全感主要源于既定组织中稳定的成员资格，如大企业组织安全性高，其成员的稳定系数也高；另一种注重情感的安全稳定，如使自己融入团队而获得的安全感。

**5．自主型职业定位**

自主型职业定位也称独立型职业定位。这种职业定位的特点是，以最大限度地摆脱组织约束、追求能施展个人职业能力的工作环境为目的。此类员工认为，组织生活是非理性的，过于限制个人，甚至侵犯个人私生活。他们追求自由自在不受约束或少受约束的工作环境。

埃德加·施恩认为，从职业定位可以判断出员工职业成功的标准，从而有针对性地为员工开展职业生涯规划，最大限度地激励员工。在为员工开展职业生涯规划时，企业应根据不同员工的特点采取相应方法。

对新员工的职业生涯规划方法：提供一份富有挑战性的最初工作。例如，在古德曼·萨奇斯公司，管理者们总是期望公司的年轻专业人员能较快地做出贡献，能通过承担富有挑战性的工作迅速地找到自己的位置。

对中期员工的职业生涯规划方法：提拔晋升，使职业通路畅顺。这一规划主要应用于有培养前途、有作为、能独当一面的员工。对于他们，企业要充分信任，大胆地将富有挑战性的工作和新的工作任务交予他们。

对员工的职业生涯规划方法：到职业后期阶段，员工的退休问题必然提到议事日程上来。

此外，在具体的实施上，对员工职业生涯的管理应规范化进行。企业要首先分析员工的理想型职业选择和现实型职业选择。两者的距离越近，双方的冲突就越小。因此，职业的选择往往是个人理想与企业现实的折中。但必须看到，对一位参加工作的成年人来说，职业生涯的开发是贯穿终生的不断调整适应的过程。

最后，作为整个企业人力资源管理的一部分，员工职业生涯规划和其他部门紧密相连，并需要员工、人力资源部门、企业决策层的共同合作和有效配合。制订职业生涯规划的主要责任在于个人，但绝不仅是员工个人的事。企业必须在员工的职业生涯规划中提供大量支持。因此，明确个人、主管人员和企业三方在职业生涯规划中的角色定位非常重要。

### 【本章小结】

制订企业人力资源规划，首先要对企业战略及人力资源需求进行分析，盘点企业现有人力资源，并对企业人力资源供给进行预测，最后根据企业人力资源战略制订人力资源规划。制订企业人力资源培训规划，要重视对培训投资收益的分析与培训效果的评估。制订企业人力资源招聘计划，在进行企业人力资源配置时要遵循能级对应原则、优势定位原则、动态调节原则和内部为主原则。

### 【复习思考题】

1. 人力资源战略与规划的制定有哪些战略？
2. 人力资源培训方法主要有哪几种？
3. 企业人力资源培训规划的制订步骤包含哪几步？
4. 甄选程序是怎样的？

## 📝 案例分析

**一、培训简介**

（一）背景

（1）××××年是深圳麒麟山景大酒店快速发展的一年，也是其以崭新的姿态呈现给世界的一年。酒店预定于××××年4月份开业，需要储备大量合格人才，这些人才要具备一定的专业技能，适应公司的管理模式，接受公司的企业文化。

（2）××××年是深圳麒麟山景大酒店筹备的一年，培训开展较少，困难较多，需要摸索适合其发展的培训方式。

（3）预计明年招聘的员工，无论是中低层管理人员，还是基层员工，大多数缺乏工作经验，加剧了深圳麒麟山景大酒店的培训压力。

（4）深圳麒麟山景大酒店将与高校和职业学院合作，届时将有大量实习生进入酒店。总体看来，培训工作任务十分艰巨。

（二）工作思路

结合当前深圳麒麟山景大酒店人力资源急需的人才情况，加快课程开发，加强督导的专业化培训；加强训导师建设，培养更多的讲师人才和教练型管理者；推动学习型组织建立，提高管理者的专业化管理水平，引导管理者从控制式管理向教练式管理转化；强化各讲师的教导水平和训练效率和规范化，促进人才快速成长。

（三）工作方针

（1）专业：加强专业化学习，加强与同行的交流及对外学习，开阔视野与思路。

（2）务实：根据深圳麒麟山景大酒店的实际情况找到适合其发展的各种培训方式，培训执行脚踏实地。

（3）高效：日常性工作条理化，加强时间管理，提高工作效率。

创新：在企业文化建设、学习氛围营造、课程开发等方面不断创新。

（4）分享：营造互动学习型组织，相互学习，相互分享相互提高。

（四）工作重点

1. 加快培训讲师人才队伍建设

（1）开办训导师培训班一期。

（2）平时进行上门听课与课后指导活动，指导部门培训员开展培训。

（3）利用每期协调会后进行学习，精选管理小文章，共同学习。

（4）对训导师的个人职业规划进行指导，加强与各训导师的单个沟通与职业发展指引，引导大家加强学习，不断提升自我。

（5）训导师考评，对训导师辅导结合考评指引工作开展方向，激励训导师更多地投入培训工作。

2. 不断开发并完善基层管理课程

（1）完善入职岗前培训与转正培训课程。

（2）开发领班与主任的晋升辅导课程。

（3）开发经理人培训课程。适时地与外部培训机构合作，妥善保管培训光盘，设计课程学习方式、案例设置等，开发适合深圳麒麟山景大酒店的经理层课程。

（4）开发专业化销售与客户管理培训课程。为建立专业化销售队伍，深圳麒麟山景大酒店应开发适合销售人员学习的专业化销售训练课程，提高销售人员队伍的专业化程度。

3. 规范培训教材

为方便讲师的授课与学员的学习，编写或完善几本小册子：《酒店案例手册》《员工手册》《酒店产品知识手册》《酒店英语学习手册》。结合培训授课、考核、比赛等形式，综合利用管理培训教材，除购买光碟、书籍外，讲师备课时应一边开发课程，一边整理教材，不断完善深圳麒麟山景大酒店的各类培训教材。要求各部门收集并整理部门的培训资料，各讲师完善自己的主讲课程，以规范格式形成部门培训手册，报人力资源部门备案。

4. 营造学习型氛围

（1）英语角：创办深圳麒麟山景大酒店英语角，提供一个练习说英语的环境，以及看英文电影的场所。

（2）协调会：培训协调会的学习，每期管理故事及案例分析，并分享一些管理理念，引导各部门在会议中互相学习。

（3）店报：利用店报这个学习平台，引导员工进行学习，利用"案例分析""好书推荐""管理小故事""英语学习""管理与服务版面"等，引导全店员工进行学习与思考。

5. 加大对各层级管理人员培训与辅导比重

（1）协助总经理：为经理层推荐有效资讯、文章等，以及合适的管理工具或理念，方便总经理、副总经理对各部门负责人指导。

（2）引导经理层：利用培训卡、移动商学院、外送培训、请讲师进来等形式，对各部门总监、经理、副经理进行培训。课程内容要针对性强，加强培训后跟进，正式培训后进行评估总结；平时加强与各部门负责人沟通，对人力资源部门在工作与服务过程中遇到的问题，及时提出建议与协助。

（3）指导训导师：开展一至两期内部讲师培训，并利用平时会议和单独辅导等形式，对训导师的管理理念进行引导，对训导师的管理技巧进行探讨和分享，指导各部门训导师开展部门的日常管理和培训工作。

（4）训练督导层：开发系列督导培训课程，对所有部长与主任进行专题培训。

（5）培养储备干部：将酒店的优秀大专本实习生、晋升为资深员工的中专实习生作为储备干部进行训练，平时进行工作指导，协助其进行职业生涯规划。

6．完善培训体系

利用培训协调会等形式指导各部门训导师开展培训，对训导师进行培训，对部门培训进行指导，对各部门服务与工作情况进行调查，建立适合深圳麒麟山景大酒店的培训方式，使酒店的培训以务实、灵活的方式纳入培训体系。

（五）工作开展办法、新员工培训

1．入职岗前培训

（1）该项培训与主要课程将由培训老师来负责。

（2）人力资源部门正式发文通知各部门新入职员工进行培训。

（3）所有入职员工必须修完入职课程，并参加考核，如果考核不合格，则参加下一期考核，并利用个人假日参加学习，无法通过入职培训考试的，除人力资源部总监特批外，将不予转正。

（4）对现有培训课程不断修正，分为企业文化、产品知识、管理制度、职业形象、礼仪礼节、消防安全、军事化训练、参观酒店等几部分。

（5）对实习生增加职业生涯规划、茶话会、培训总结等内容。

2．入职在岗培训

推行在岗培训跟踪表，加强培训监督，保证一线部门均按此操作，在提高入职在岗培训的效率、减少新员工导致的服务质量不稳与客人投诉现象的同时，锻炼基层骨干员工的或领班的指导新员工能力，建立新老员工间良好的师徒关系。

3．新员工转正培训

让深圳麒麟山景大酒店的服务理念尽快地复制到新员工身上，使服务理念能更快速地传承，快速培养出优秀员工，并逐渐形成优质服务的氛围。

**二、基层管理培训**

1．晋升辅导培训

（1）课程开发：完善此系列课程，让深圳麒麟山景大酒店能更快地培养出合格的基层管理人员。

（2）培训形式：每季度开展一期晋升辅导培训，每个部门的资深员工或优秀实习生均可参加，部门可安排参加，人力资源部门可指定参加，个人参加须经人力资源部门同意。做好成绩记录，结合人力资源部晋升管理制度，提高管理人员的素质及其主动学习的积极性。

2．管理专题培训

利用酒店现有的多媒体设备，以及申请各种培训光碟，开展针对经理、主任的专题培训。由人力资源部门现场负责，设计考核试卷或学习总结报告，培训结束后由人力资源部门进行考核与跟踪检查，并将考评情况汇总报总办，以此提升专业管理技巧。销售专题的培训要求所有销售部人员都要参加，并参加考核，提升现有营销人员的专业化水平。

### 三、中层经理培训

1. 外派培训

根据当前的工作需要，结合××××年度各机构推出的培训，安排合适的人员参加培训。经理偏向于管理知识类的系统化培训，提升现有管理者的综合素质。如广东省旅游局组织的部门经理上岗资格培训等。训导师应参加一些开阔思路的培训，了解先进管理技术与训练技巧，更好地为全店培训服务。

2. 外请培训

安排一次外请培训，在培训安排上减少成本，提高针对性，训前做好师资考评及和讲师之间的沟通工作。

3. 户外拓展训练提升部门经理的综合能力，进行强化训练，送出部分中层管理人员参加强化培训式训练。根据明年干部训练需要，必要时安排一期户外拓展训练，培训团队凝聚力，创新意识，战斗意志力等，由人力资源部门设计主题与培训目标。

### 四、专题培训

1. 产品知识竞赛与培训

由人力资源部门组织开展产品知识赛，动员全店员工学习产品知识，进行竞赛选拔活动，对优秀部门及优秀个人进行奖励。

2. 宴会服务培训

根据工作需要安排一些宴会服务培训，主要为非餐饮部门的宴会服务，为大型宴会时加班提前培训备用宴会服务人员。由中餐厅负责培训。

3. 消防培训

安排一期消防轮训或消防演习，培养全员消防安全意识，提高消防技能水平。由保安部与人力资源部门一起实施。

4. 医疗急救培训

请专业急救讲师，对前厅部、管家部两部门的主任、经理及健身房教练领班进行专业急救训练，其他部门如餐饮、保安、培训等可由经理参加。

5. 化妆技巧培训

根据需要组织一线部门员工参加分妆技巧培训，针对女员工化妆，请外部讲师讲授职业淡妆的化法；由人力资源部门寻找合适的外部讲师，培训内部化妆技术较好的人员。

### 五、培训讲师队伍建设

1. 对部门培训讲师人才的培训和辅导

（1）开办训导师培训班一期，如有必要则开办一期针对普通员工的演讲训练班，如条件成熟则组织演讲比赛活动，提高员工自我展示技巧，并通过此过程发掘适合的后备主持人与讲师人才。

（2）平时的上门听课与课后指导。由培训主管去各部门听课，并开展关于部门培训与讲师授课技巧的辅导，在听课结束后对培训员进行指导，以提高部门培训效率，以及提升讲师开展培训工作的水平。

（3）利用每期协调会后进行学习。选取管理小故事形式结合典型的当前本店发生案例，组织训导师进行学习与分析。从网络寻找优秀小文章放在人力资源部咨讯中，实现资源共享，搭建学习的小平台。

（4）对训导师的个人职业规划进行指导，推荐书目。加强与各训导师的单个沟通与职业发展指引，引导大家加强学习，不断提升自我。

2. 训导师考评季度津贴

考评奖励优秀训导师，引导部门培训工作开展。年度考评，激励并挽留讲师人才。

3. 内部授课津贴

对消防、军训、日语等跨部门的培训支持，讲师利用业余时间进行培训的发放津贴，由人力资源部门进行考评。

4. 训导师外出旅游活动

安排一期训导师外出旅游活动，加强训导师之间沟通协作，提高大家工作积极性。

**六、英语及其他语言类培训**

1. 岗位英语培训

提高岗位英语应对水平，培训结束后形成培训总结报告，交给人力资源部门与受训部门。

2. 英语角

营造学习英语的氛围，组织英语爱好者建好英语角，利用各种形式，游戏、歌曲、演讲、对话，看英文电影等灵活多样的形式，强化员工的听说水平，激发员工学习英语的兴趣。

3. 英语等级考试

结合晋升考核，引入英语等级考评，晋升管理人员必须通过相应等级的英语考试。英语等级分为初级、中级、高级，不同岗位、不同职位对员工英语水平的要求不同。将英语等级考试作为晋升考核的一部分，对达到规定级别的员工发放外语津贴。

4. 其他语言类培训

例如，请懂日语的员工对相关部门进行岗位日语培训，实施授课津贴，或有条件的部门自行开展培训等。其他小语种如韩语、意大利语等语言，有条件的部门可自行培训，只培训简单几句问候语即可。

年末将至，酒店的人力资源管理在本年度取得了较为迅速的发展。为制订合理的人员配置计划、人员招聘计划、绩效考核计划、职业发展计划，人力资源部门特制订了精密的年度培训计划。此外，酒店应促使员工不断更新知识、开拓技能，并改进员工的动机、态度和行为，使其适应酒店新的要求，从而更好地胜任现职工作或担负更高级别的职务，进而促进组织效率的提高和组织目标的实现。

### 七、培训资源与工具

1. 拟合作培训机构

（1）时代光华（东莞）产品："移动商学院"、光碟、管理书籍等；合作形式：购买。

（2）大兴励进（东莞）产品：培训卡、拓展训练；合作形式：购买培训卡。选择合适的课程，每月选派主任或经理参加一日的现场培训；选取小团队参加一日拓展训练（体验式培训）。

（3）盟亚企管（台湾）产品：企业内训；合作形式：请讲师来店开展专题内训。

（4）广东省旅游局（广州）产品：经理人上岗资格培训；合作形式：参加脱产培训班。

（5）聚才公司（东莞）产品："魔鬼训练营"；合作形式：选派相关部门主管参加训练，对方跟进辅导。

（6）中国人众人公司（广州）产品：拓展训练；合作形式：选派经理参加户外拓展训练。

2. 设施设备

人力资源部门的培训器材有笔记本电脑一台，投影机一台。

3. 培训室

加紧培训室的装修；布置培训室，张贴字画，使培训室更有学习氛围。

### 八、完善培训体系

1. 入职培训体系

当前酒店正处于筹备期间，各项设施还不够完善，人员入职也相对零散，故采取的是一种单个听录音资料的形式；酒店配套设施完善后，将由人力资源部门统一组织，开设大课堂培训。

2. 日常部门常规培训

日常部门常规培训由各训导师负责，结合部门实际情况开展，每月人力资源部门前去主持一期培训协调会解决培训难题，共同商讨培训方式，主持训导师学习。

3. 训导师培训

开办一期训导师讲师培训班，提高训导师的培训授课技巧。

4. 主任经理中层管理者培训

根据实际需要，选派相关人员参加相应培训课题，由人力资源部门提出建议，由人资总监审核，呈总办批准后实施管理层培训。

5. 晋升或其他管理类专题培训

晋升或其他管理类专题培训由人力资源部门主持。

资料来源：https://wenku.baidu.com/view/e3ef4e5885868762caaedd3383c4bb4cf6ecb736.html，有删改。

📞 **本章实训**

## Tiffany 的职业生涯规划

Tiffany 是经济专业的本科毕业生，她的工作背景并不复杂。Tiffany 毕业后便留校当了两年经济学教师，但她对那种论资排辈、"媳妇熬成婆"的形式十分反感，而且 Tiffany 觉得自己并不适合在教育领域发展。之后她跳槽到一家国有风险投资公司，担任客户投资顾问，负责产品销售等业务，她的业务能力十分亮眼。4 年后，因为家庭原因，她来到北京，通过朋友介绍进入一家国有证券公司任职，除了负责部分以前的业务，她还负责部门内部的管理工作。

工作的稳定性使她基本丧失了晋升的欲望和念头，近两年甚至逐渐失去了对工作的兴趣和激情，而且薪资根本就没有什么大的提升。许多同事早已跳槽，薪资也是她的两三倍。她认为以她的能力和资历绝不应该只获得这么少的薪资。周围也有一些公司在向她示意，但除了薪资稍稍提高，工作内容并无大的改变。由于这些公司规模比现在的公司小，工作性质也没有什么质变，Tiffany 拒绝了。她曾趁着年关试探性地投出 20 多份简历，但近两个月都杳无音信。

Tiffany 也想过跳槽，但是已经 35 岁的她对于自己还能否经受得起职场的大风大浪的考验，显得毫无信心。发展的困惑和寻求发展的理想，以及害怕风险的本能使 Tiffany 感到恐慌，职业前景一片渺茫，这极大地磨灭了她寻求发展的信心。带着种种困惑，Tiffany 找到了职业顾问，希望能够让自己跳槽的风险降到最低，获得最大的利益和职业生涯的发展。

经过对 Tiffany 的深入分析研究，结合她所处的职业发展状况，职业顾问找到了目前最适合她的切入点：（证券、银行、基金、股票等金融行业）业务经理（总监）、客户服务中心经理。如果仅从 Tiffany 现在所处的职位上看，很难取得这样的切入点。而事实上，职业顾问对她进行了全面的职业含金量分析后发现，其实她已经具备了向这个层面发展的职业能力。当然，要想顺利拿到 Offer，她还存在一些差距。如何更好地结合职业发展的规律及企业和市场的行情顺利拿到适合的 Offer，她还有许多准备工作要做，还有许多路要走。

优势分析：

目标职业的任职要求是本科以上学历；3 年以上证券咨询服务、管理经验，有较深厚的专业分析背景，良好的沟通能力；具有团队合作精神，勇于创新；有证券投资分析执业证书；研究生以上学历条件可适当放宽等。而 Tiffany 具备的资历有财务、经济专业的本科学历，8 年的证券行业业务管理经验；具有财务分析和市场营销的经验和能力，熟知客户服务、客户的开发和维护、证券交易、证券分析、资金运作、财务分析、市场信息管理等；具有证券经纪的从业资格和职业资格证书；参加过证券投资咨询及经纪人业务的培训。为了能让 Tiffany 快速进入发展跑道，职业顾问通过专业的分析系统，结合丰富的企业信息和行业信息资源，全程支持 Tiffany 去拿到这份具有挑战性的 Offer。经过岗位搜索、企业筛选、信息过滤、技术支持等专业环节，Tiffany 投出了 10 份简历，共获得 6 个面试机会。在职业顾问极具针对性的面试辅导帮助及其自身的积极努力下，Tiffany 一共得到了 3 个具有竞争力的 Offer。在和职业顾问深入沟通和讨论后，Tiffany 选择了各方面都更令人满意的那个 Offer。

在决定跳槽以谋求加薪、晋升的时候，人们首先要考虑的不是目标工作的薪水是否高、是否有晋升机会、公司规模是否比现在的公司大等因素，而是应该明确自己适合做什么、自己能够做什么，以及自己想要做什么。如果不明确这三点的话，即使拿到高薪、高职务，以及大公司的 Offer，也如昙花一现，稍纵即逝。一旦行业回调或公司变动，他们必然失去方向，竞争力的不足必将增加他们的风险。

事实上，一个人如果能够尽早地规划自己的职业生涯，则其不仅不用担心行业回调的可能性，甚至无论行业发展是高潮还是低谷，他们都能够处乱不惊、从容应对。确保每一步的事业发展都少走弯路，在最短的时间内充分调动、挖掘自己的职业竞争力，以最快的速度完成职业目标。

# 第6章
# 人力资源规划的实施

学习目标

◆ 了解企业人力资源规划的实施概念。
◆ 清楚企业人力资源规划的具体实施保障措施。
◆ 掌握影响企业人力资源规划有效实施的因素。
◆ 学会对企业人力资源规划进行评价的先进技术——平衡计分卡。

关键术语

人力资源规划　　评估机制　　实施保障措施　　资源优化配置　　平衡计分卡

引导案例一

## 李宁公司人力资源战略的实施

李宁（中国）体育用品有限公司（简称李宁公司）成立于 1990 年。多年来，李宁公司由最初单一的运动服装公司发展为拥有运动服装、运动鞋、运动器材等多个产品系列的专业化体育用品公司。目前，李宁公司在中国体育用品行业中已处于领先地位。

2002 年年底，李宁公司确立了公司走体育专业化的战略发展道路。要实现体育专业化的发展战略，企业首先需要的资源便是人力资源。而体育用品行业是一个快速发展的新兴行业，缺少大量的专业管理人才，行业的人才大环境，成为制约李宁公司人才引进的"瓶颈"。公司从长远出发，决定在企业内部快速培养人才，通过从根本上解决问题来保障企业战略的实现。

2004 年 1 月，李宁公司成立了"学习与发展中心"（Learning Development Center, LDC），为企业战略的实现提供组织上的后勤保障。李宁公司采用以下 5 个步骤进行领导力和内部人才的培养：人才评估、制订培养计划、实施培养计划，在培养过程中有跟进、有分享、有领导地支持等、评估整体培养项目的结果。然后，基于对培训结果的评估制订下一个年度的人才培养计划，从而形成一个循环往复的过程。每一个步骤都有详细的实施措施跟进。比如，在对经理层的培养方面，首先通过建立领导力资质模型对经理素质提出明确的要求；然后，LDC 采用 360 度问卷、PDP 人才测评工具，全方位地评估目前经理的能力特质与行为风格；接着，根据测评得出的数据与分析结果，制订人才培养计划。

资料来源：https://www.globrand.com/2009/197867.shtml，有删改。

**引导案例二**

## 通用电气（中国）公司的考核秘籍

把简单的事情做好才是又"红"又"专"。

通用电气公司（GE）是全球五百强企业之一，完善的管理、辉煌的业绩，使其得到了全球范围的尊敬，被评为世界超级 100 家公司之首（《福布斯》1998，1999，2000）；通用电气公司前总裁韦尔奇也被誉为"世纪经理人"。

GE 这艘企业界"航空母舰"的管理之道，一直被人们奉为管理学的经典之作，而 GE 的考核制度则是其管理秘籍中的重要篇章，从通用电气（中国）公司的考核制度可以发现 GE 考核秘籍的重点所在。

通用电气（中国）公司的考核内容包括"红"和"专"两部分："专"是指其硬性考核部分，主要考核；"红"是指其软性考核部分，主要考核员工的价值观；这两个方面综合的结果就是考核的最终结果，可以用二维坐标来表示，如下所示。

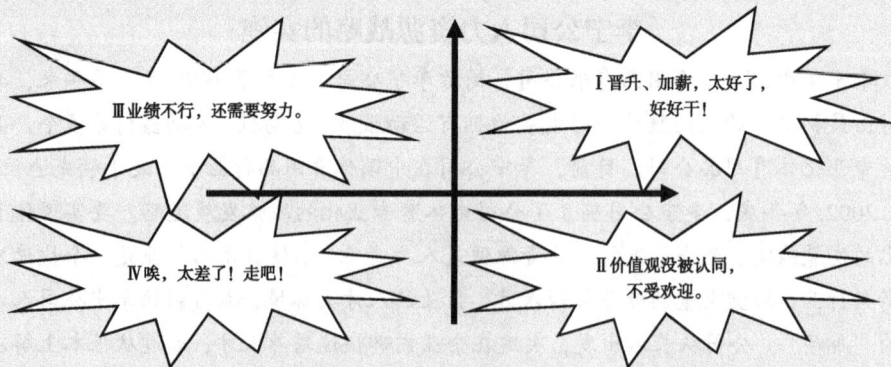

员工的综合考核结果在二维坐标中不同区域时的处理如下。

（1）当员工的综合考核结果在第四区域时，即价值观考核和工作业绩考核都不好，处理非常简单，这种员工只能离开。

（2）当员工的综合考核结果在第三区域时，即工作业绩考核一般但价值观考核良好，公司会保护员工，给员工第二次机会，包括换岗、提供培训等，并根据考核结果为员工制订一个提高、完善的计划，在 3 个月后再根据该计划对员工进行一次考核。在这 3 个月内员工必须提高、完善自己，达到计划的要求。如果 3 个月后的考核不合格，则员工必须离开公司。当然这种情况比较少，因为人力资源部门在招聘时已经对员工做过测评，对员工有相当的把握与了解，能够加入通用公司的员工都是比较优秀的人才。

（3）当员工的综合考核结果在第二区域时，即工作业绩考核良好但价值观考核一般，员工将不再受到公司的保护，公司会请其离开。

（4）当员工的综合考核结果在第一区域时，即业绩考核与价值观考核都优秀，则表明其为公司的优秀员工，其将会有晋升、加薪等发展的机会。

考核采用过程考核与年终考核结合的方法，对员工的表现给予及时的反馈，在员工表现好时及时给予表扬、肯定，当员工表现不好时及时与其沟通。

这就是通用电气（中国/公司）的考核秘籍！

资料来源：https://wenku.baidu.com/view/211e8689d0d233d4b14e698e.html，有删改。

## 6.1　人力资源规划的实施简述

企业人力资源规划必须能够实施才具有实际意义，因为只有能够具体实施、能够对企业人力资源战略发展起促进作用的企业人力资源规划才是有意义的企业人力资源规划。在企业人力资源规划的实施过程中，如果发现规划与现实存在偏差，则需要对规划重新加以修订，才能继续实施。

企业人力资源规划的实施是检验其能否发挥作用的关键。企业人力资源规划应该包含制订和实施两大部分。企业人力资源规划的成功实施将指导企业人力资源顺利、健康的发展，而企业人力资源规划在实施过程中一旦和现实发生偏差，如不及时加以纠正就有可能对企业的人力资源发展造成危害，不能对企业经营战略给予有效的支持。因此，企业需要对企业人力资源规划的实施过程实行强有力的监控，以便及时发现规划实施过程中发生的问题，并对规划进行及时修订。这样才能使企业人力资源规划更有效地支持企业人力资源的发展，达到支持企业经营战略的目的。

人力资源规划的实施过程如图 6-1 所示，从中可以看到人力资源规划的实施与控制是人力资源规划实施过程中必不可少的两个环节。人力资源规划的实施需要利用各种有关技术、方法和措施，从而使人力资源规划的目标、战略和对策在规划期内得以实现。

人力资源规划的实现需要企业在实施控制、组织结构设置、资源配置等方面给予保障。人力资源规划控制是人力资源规划实施的保证环节，企业需要根据人力资源规划的目标要求、企业发展现状及企业经营战略目标对人力资源规划的实施加以控制，在人力资源规划的实施过程中不断将目标与现状进行对比判断，并采取相应措施，保证人力资源规划的实施方向正确、采取措施得力、实施结果有效。人力资源规划的修订环节并不是人力资源规划实施过程中必不可少的环节，只有在控制环节中发现人力资源规划目标难以实现，或企业环境的变化使人力资源规划目标的实现成为无意义的行动时，修订环节才会出现在人力资源规划的实施过程中。此时，只有对人力资源规划进行修正或增加人力资源规划实施的投入才能使人力资源规划得以实现，或使人力资源规划的实现具有实际意义。

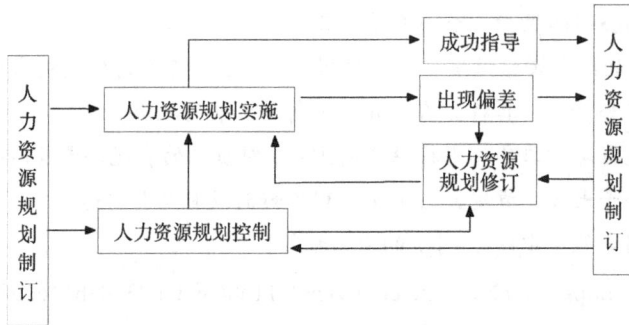

图 6-1　人力资源规划的实施过程

美国管理学家托马斯·波奈玛曾提出一个反映战略制定和战略实施关系的模型，对其进行简单的改造，可以得出一个反映人力资源规划制订和人力资源规划实施的关系模型，如图 6-2 所示。

图 6-2　人力资源规划制订和人力资源规划实施的关系模型

## 6.2　人力资源规划的实施原则与路径

### 6.2.1　实施原则

实施人力资源规划时，应该注意人力资源规划的实施原则。在实施原则的基础上，落实人力资源规划，不偏离人力资源规划的初衷。人力资源规划的实施原则包括战略导向原则、系统实施原则、环境适应原则、动态发展原则和多方协作原则。

**1．战略导向原则**

在人力资源规划的实施过程中，最大的难点就是如何将人力资源规划与企业经营战略规划有机地结合在一起。人力资源战略不可以孤立于企业战略之外，需要与企业经营过程中的各项战略相互支撑、相互作用、相互促进。人力资源规划的实施，要求以企业战略为导向，从企业战略的高度对人力资源进行动态统筹与规划，通过战略规划平衡人力资源的需求与供给，促进企业战略目标的实现。

**2．系统实施原则**

人力资源管理中的人力资源招聘与甄选、培训与开发、绩效管理、薪酬管理和职业发展等相互结合才能吸引人才、留住人才。作为人力资源管理工作的指导性工作，人力资源规划的实施也应该遵循系统实施原则，在其人力资源总体规划的指导下，保证各项人力资源业务规划能够系统性地实施。对实施环节进行有效的监控是对人力资源规划不偏离初衷的有效保障。因此，系统地实施人力资源规划需要通过有效的监控来加强对实施过程的控制。

**3．环境适应原则**

人力资源规划的实施会受到内外部环境的制约与影响，因此人力资源规划的实施只有充分考虑到内外部环境的变化，才能适应环境的需要，真正做到为企业战略目标服务。外部环境的分析内容主要包括政治背景、经济环境、人力资源市场、科学技术和社会文化等因素；内部环境的分析内容主要包括企业总体的发展战略、组织结构、资本实力、经营状况和企业文化等。环境适应原则要求人力资源规划应该对可能出现的情况进行预测和风险分析，并做好应对风险的策略储备。

**4．动态发展原则**

可持续发展企业对人才的需求也是可持续的，这意味着人力资源规划也应该是可持续的。那么，可持续的人力资源规划需要遵守动态发展原则。如果把人力资源规划理解为静态的信息收集和相关人事制度的制定，无论是在观念上还是时间上都有赖于以往的规划，那么这种静态的规划将与市场需求及人才自身发展的需求不相适应，造成人力资源得不到合理的利用，甚至影响企业人力资源的稳定性，导致企业人才流失。

### 5. 多方协作原则

人力资源规划的实施涉及企业内部各部门员工的利益，具有多方的利益相关者，要想有效地实施人力资源规划，不能仅依靠人力资源部门，而是需要企业内部所有员工相互配合与协助。需要注意的是，人力资源规划一定是能够使企业和员工得到长期利益的规划，如此才能充分调动各部门及高层管理者的参与积极性，将人力资源规划落实。

## 6.2.2 实施路径

企业作为一个有机体，在不同的发展阶段对企业人力资源规划的要求和策略是不同的。由于企业所处的内外部环境不可能一成不变，所以企业战略进行调整或变革时，人力资源规划需要在实施过程中及时做出调整，以支持企业战略的变化。在企业生命周期的各个阶段，人力资源规划处于不同的运行状态，因而形成了一条贯穿企业生命周期的人力资源规划实施路径。

### 1. 起步阶段

起步阶段的企业通常需要投入大量的资金进行产品和服务的生产与销售。这一阶段的企业生存能力较弱、管理工作不规范、管理水平较低，企业生产经营上的任何差错都可能直接威胁企业的生存，直接使企业进入衰退阶段。同时，企业的人力资源管理也处于起步状态，人力资源规划的实施侧重于有魄力的管理人员和专业性业务人才的选拔、培养、任用和激励等方面。起步阶段的企业一般并未独立设置人力资源管理部门，与人力资源管理相关的工作由企业的领导者负责，此时的企业人力资源规划基本是凭借企业领导者的经验来完成的，而且并未形成系统性的文件，企业主要的人力资源工作是吸引并留住与企业相关的优秀人才。

### 2. 成长阶段

随着企业的主营业务不断扩展并逐渐走向成熟，企业的人力资源不断丰富，企业的管理变得更加复杂。在这一时期，企业开始重视人力资源管理相关制度的建设和完善，且组织机构越来越明晰，人力资源管理工作也逐渐独立出来，由之前的领导者独立承担变为专业的人力资源管理专员来完成。处在成长阶段的企业的员工队伍开始出现分化的迹象，主要体现在技术人员与营销人员开始各成体系、员工队伍出现新老差别、员工内部逐渐形成非正式组织等。在这种情况下，人力资源规划的实施重点逐渐转变到制度化、职业化的管理上来。此时，企业的发展使实干的领导型人才和管理规范化的"职业经理人"成为人力资源规划的重点发展对象。

### 3. 成熟阶段

成熟阶段是企业生命周期中的黄金阶段。在这一时期，企业积累了丰富的管理经验，形成了健全的规章制度和完善的组织结构。随着业务的拓展，企业极易患上"大企业病"，开始出现事事按规章、循规蹈矩等局面，造成企业创新精神、改革精神减退。针对这种情况，培养能够帮助企业进一步提高人力资源管理水平的专业型人才和能够审时度势、引领企业战略革新的人才就成为企业人力资源战略与规划的主要目标。企业的价值观影响员工的价值观，使其与团队、企业的战略方向一致，共同的愿景能够鼓励员工不断学习、超越自我。企业应提倡知识共享，相互帮助，打破固有思维模式，推动团队不断学习，培养员工动态、系统的思考能力，以适应因内外部环境变化而调整的企业战略的需要，使员工与企业同步发展。

### 4．衰退阶段

在企业的衰退阶段，企业规模和体量过大、间接生产人员增多、管理机构日益庞大臃肿，使企业的决策过程变得复杂，从而减慢了企业对内外部环境变化做出反应的速度。处于衰退阶段的企业，如果没有抓住机会进行技术革新，会导致自身竞争力减弱、适应能力变差。此时企业会出现员工开始不稳定、离职率增加，员工士气低落，组织承诺度下降，员工不公平感增强，员工对自己的职业发展期望值降低等状况。这时，企业应摆脱历史包袱，注入新鲜活力，实现组织"蜕变"，因此战略调整革新是企业在这一阶段发展的重点。在这种情况下，企业人力资源规划的核心应为人才转型。为了配合企业新战略的推广，企业人力资源规划的实施需要进行系统的调整。企业的人力资源部门要根据企业新战略的目标，重新安排人力资源管理的各项工作，以适应和支撑企业新战略的发展需要。

## 6.3　人力资源规划实施的保障措施

### 6.3.1　建立人力资源评估机制

#### 1．构建人力资源信息系统

对人力资源规划进行评估，首先需要构建人力资源信息系统。人力资源信息系统包括员工基本信息模块，绩效评估模块，教育培训模块，劳动合同管理模块，薪酬与保险、福利管理模块，招聘管理模块，职位管理模块等模块。企业应组织有关人员对相关信息进行收集、保存、分析和报告，提高信息的积累、维持和传递效率。人力资源规划的评估主要包括员工的流动率、员工的总量、组织结构的变化、绩效表现、薪酬管理等方面，在对这些方面进行这些评估时，使用已构建的人力资源信息系统，通过统计分析工具就可以方便、快捷地进行比较、分析，并且一目了然。另外，通过人力资源信息系统还可以对关键因素进行排序，这样对人力资源规划的评估将更加全面、客观。

#### 2．评估控制工作

（1）观察企业近期人力资源规划工作的进展情况。

（2）确认企业人力资源方面存在的问题并针对这些问题提出具体解决方案。

（3）预测各种发展趋势及其对企业人力资源管理的影响。

（4）考核企业人力资源规划工作的成本与收益。

### 6.3.2　提高人才招聘效度

通过加强关键岗位的人才选拔、招聘和储备工作，拓宽外部招聘渠道，与多家猎头公司建立合作关系从而提高人才招聘效度，可以解决公司内部存在障碍、人才市场存量有限、人才搜寻能力不足等问题。具体的举措如下。

（1）鼓励人才推荐，采用"伯乐奖"的形式，加大奖励力度。

（2）采用软广告和硬广告相结合的方式，打造公司"关注员工"的形象。

（3）在招聘时也需要传播、维护公司形象，所以要规范招聘工作。

（4）对跨区域的高级人才，采用灵活的、富有弹性的引进方式。

（5）将人才进行聚集，跟踪国内外顶尖人才的动向；利用猎头效应，邀请融资租赁行业的人才来公司担任顾问。

（6）采用主动猎头的方式收集人才信息，如利用参加行业技术交流会等形式收集人才名片，并进行跟踪。

（7）与融资租赁行业协会建立密切的联系，以便获取更多的人才信息。

（8）消除内部人员对招聘工作的误解，招聘工作是各个用人部门的各级经理都应承担的责任，而不仅是人力资源部门招聘人员的责任。

（9）建立能力模型，梳理各岗位能力素质要求，建立符合公司战略目标的能力模型，明确对各层级、各岗位的核心能力、专业知识要求，为人岗匹配、培训、招聘等人力资源管理工作提供依据。

（10）丰富人才评价技术，优化人才招聘流程，澄清人才选拔职责。对招聘人员、各级经理的人才选拔技能进行多次培训。

（11）对高级人才进行长期跟踪，对关键人才建立数据库。

### 6.3.3　为员工贴标签，分类别地实施培训规划

#### 1．培训规划的制订

企业人力资源部门每年年初进行培训需求调研，发放培训需求调研问卷，各职能部门的员工都要填写培训需求调研问卷，并且依据部门业务内容及企业中长期发展规划综合商讨，最后交回人力资源部门；人力资源部进行培训信息征集、汇总，依据企业战略、企业发展规划、企业文化及人力资源管理战略目标，编制企业培训规划，并报请企业经理办公会审议，然后由各相关部门会签、下发执行。

#### 2．人力资源培训目标

人力资源培训可以分为对新员工的入职培训，对中高层管理人员的培训，对营销队伍的培训，以及对普通员工的培训。对新员工进行入职培训的目的是使新员工快速了解企业的运作流程和岗位责任，树立良好的工作态度，快速融入企业大环境。针对中高层管理人员的培训，采用"专题化、职业化"培训模式。"专题化、职业化"即根据不同管理职群的不同短板素质，开展具有针对性的专题培训，摒弃以往"一锅端"的培训模式，

有效提升各位管理人员自身的短板，拓宽他们的视野和思路，提高他们的系统化思维能力；还要开展关键岗位管理人员职业任职资格培训，以保证管理人员的队伍的专业化。对营销人员进行培训的目的是提高营销人员业务素质，培养营销人员乐观、积极的心态，提高营销人员的观察能力、沟通能力和解决问题的能力，使营销人员能够更快速地完成营销任务和进一步拓展市场。

### 3. 培训方式的选择

（1）工商管理硕士学位班：有计划地安排高层管理人员参加工商管理硕士学位班，既可以全脱产学习，也可以半脱产学习。

（2）脱产培训班：有计划地安排企业高层管理人员参加高等院校举办的脱产培训班，如总裁高级研修班等。

（3）出国考察：有计划、有选择地组织高层管理人员出国考察。

## 6.4　人力资源规划的实施要点

### 6.4.1　规划方案的分解

在企业人力资源规划的实施过程中，首先，需要对企业的组织结构进行调整，以保证人力资源规划目标的实现。要将人力资源规划的目标分解到部门和个人，使每一个部门和员工都有实施的目标、方向和责任。其次，人力资源规划最终能否实现还取决于企业资源的支持，因此需要对企业的人、财、物等各种资源进行优化配置，以保证人力资源规划的顺利实施。最后，企业人力资源规划实施的成功与否往往取决于企业全体部门和员工参与的积极性。在企业人力资源规划的实施过程中，通过对人力资源规划方案的具体分解，可以使每一个部门和员工清楚自己在人力资源规划实施过程中的位置、任务和责任，使人力资源规划取得全体员工的积极支持而顺利实施。人力资源规划方案的分解方法包括以下几种。

### 1. 空间分解

把人力资源规划的方案层层分解，一直落实到具体的部门和员工身上。例如，一个大型企业集团的人力资源规划可以分解到各个事业部、分公司、分厂，再分解到具体的车间、班组、岗位和个人。通过空间分解，可以使人力资源规划在实施过程中形成两个体系：一是层次明确的目标体系，二是职责清楚的责任体系。这两个体系互为依存，互相结合，缺一不可。进行空间分解要注意两个问题：一是要全面覆盖，不能有遗漏；二是要有重点，不能简单地一视同仁。

人力资源规划的目标常常是依据企业整体发展对人力资源的需求而制定的。如果要调动企业全体员工和所有部门实施人力资源规划的积极性，就必须将人力资源规划的整体目标分解到每一个部门、每一个员工，使每一个部门都能够了解本部门在人力资源规划中所处的位置、所承担的角色，以及所需要培养的人力资源数量和质量。这样才能使每一个部门主动、积极地采取各种有效措施配合人力资源管理部门培养人力资源。当员工对本部门今后人力资源发展的目标有了了解后，就可以确定自己的发展方向，并通过对自己职业生涯规划的制订、调整，在实现本部门人力资源规划目标的同时完成自己的职业生涯目标。

### 2. 时间分解

所谓时间分解，就是把人力资源规划的方案按目标年限分解成一个、一个的阶段，形成具体的短期目标和任务。

人力资源规划的制订往往从企业长期的战略发展需要出发，确定企业人力资源的 10 年，甚至 15 年的发展目标。但是这些目标必须一个阶段、一个阶段地完成，即将这些长期目标分解成 3 年一期或者 5 年一期的中期目标，而后再将这些中期目标分解成以年为单位的短期目标。这样通过对目标的分解就可以使人力资源规划有十分清楚的、具体到每一个阶段、每一年度应该完成的任务目标，使人力资源规划容易实现，并且有利于人力资源规划在实施过程中的监督、控制和检查。在对人力资源规划进行时间分解时，应该注意使每一个时间段相互连接，不要留有间隔；并使每一个阶段的目标充实，各个阶段的目标之和应该超过人力资源规划的总体目标。

### 3. 过程分解

所谓过程分解，就是把人力资源规划的方案按企业在规划期内的发展过程分解为若干个环节，并规定每个环节的目标、任务和完成时间。进行过程分解的前提是人力资源规划的实施过程完全封闭，否则就会产生遗漏。和空间分解、时间分解的不同之处是，过程分解特别强调目标和任务的完成时间。过程分解的环节虽然有先后，但不一定按时间的顺序运行。如果有必要，人力资源规划的方案还可以按人力资源的类别进行分解。

人力资源规划的实施过程包括培养、配置和使用 3 个环节。应该注意这 3 个环节在其具体实施过程中是有先后顺序的，通常需要先对企业所需人力资源进行培养，当然这种培养有的是由企业外部的社会教育部门或其他企业完成的，有的则是由企业自身完成的。雇用企业外部培养的人员，可以使企业节省一笔培养费用，但是这些人员进入企业后，往往需要熟悉企业环境和企业文化后才能真正投入使用、发挥效能。而且企业对这些外来人员的实际工作技能往往需要通过一段时间以后才能有所了解，如果不能满足需要，企业就要再次从外部招聘人员，可能会延误企业的战略发展。企业内部培养，虽然需要花费培养资金和时间，但是一旦培养结束，相关人员就可以立即投入使用，风险较小。因此，企业在对人力资源培养方式的选择中必须从培养费用、培养时间和使用风险等方面进行统筹考虑。人力资源在使用之前还应该进行合理的配置，使各种人力资源能够按照资源最佳配置原则进行组合使用。人力资源规划最后的实施过程就是人力资源的使用过程。人力资源的使用效果是评价人力资源规划是否成功的关键。如果人力资源的使用效果没有达到预定的目标，未能满足企业经营战略的需要，就需要及时对人力资源进行重新配置，甚至对人力资源进行再培养。因此，人力资源的培养、配置和使用 3 个过程并不是严格地按照时间顺序分开进行的。在人力资源规划实施中，这 3 个过程实际上是相互交织、相互影响、相互作用的。

以上各种分解方法不是唯一的和绝对的，很多情况下人力资源规划方案的分解是一种复合分解，这就需要企业综合平衡和系统协调。在平衡和协调的过程中，要注意空间的合理性、时间的同步性、过程的完整性和类别的必要选择性。

## 6.4.2　计划体系的建立

为了保证人力资源规划实施的有效性，提高其效率，需要建立一个人力资源规划实施计划体系。人力资源规划实施计划体系具有 4 个方面的功能：一是保证企业的各种活动与企业的宗旨、人力资源发展目标、人力资源发展战略协调一致；二是使人力资源规划的实施具体化，并具有阶段性、连贯性、协调性；三是提供控制进度的依据和评价工作绩效的具体标准；四是使决策层、执行层、具体的操作人员，以及其他相关员工都能明确自己在规划实施中的位置，明确自己的目标、任务、责任和工作进度。人力资源规划实施的计划体系一般由中间计划、行动计划、预算和程序 4 个方面的内容构成。

所谓中间计划，就是上接人力资源规划，下连行动计划的中短期计划。制订中间计划可以使人力资源规划的实施在时间上阶段化、空间上层次化、过程上环节化、类别上分类化。中间计划要确保将人力资源规划的宗旨、目标和战略、对策变成对每个阶段层次、环节、部门的具体要求，从而保证人力资源规划能够顺利、有效地得以实施。行动计划也称行动方案，是指完成各项活动的具体安排，它比中间计划更为细化。行动计划作为活动方案，一定要步骤齐全详细具体，一般包括以下内容。

（1）确定招聘对象、条件、数量、范围和时间进度。

（2）成立招聘小组。

（3）确定经费预算。

（4）发布招聘信息。

（5）报名。

（6）初试（笔试，包括公共科目和专业科目）。

（7）复试（面试，包括结构化面试和无领导小组讨论）。

（8）心理素质测评。

（9）政审调查。

（10）试用。

（11）签订合同。

预算是一种以货币形式陈述的特殊计划。在中间计划和行动计划确定下来之后，为了管理和控制，就必须为它们制定预算，确定详细的成本。预算是实现人力资源规划的财力保证，越是微观的预算，越要准确。同时，预算也是对人力资源规划可行性的最后一道审查，实施预算如果太高，则表明此项人力资源规划实施的代价昂贵，即使此项人力资源规划很好，也不可行，只能放弃。实施预算所包括的内容比较多，它既包括教育投资、培训投资、卫生、保健和人力资源流动投资，也包括人力资源原始成本和人力资源重置成本，还包括为改善人力资源的工作条件和生活条件的投入，以及人力资源的各种收益。

### 6.4.3　资源的优化配置

资源是创造社会财富的生产要素的统称，它的含义很广，既包括人、财、物，又包括时间、信息、管理、技术、信度，还包括来自外部的力量，如政府的帮助和大众的支持等。人们日常讲的资源多指人、财、物和信息。人力资源规划实施的资源配置，是指为实现人力资源规划而进行的资源配置活动。人力资源的配置和人力资源规划的关系是一种辩证的关系。对人力资源规划而言，资源既是人力资源规划制订的依据，也是人力资源规划实施的保证。对资源而言，合适的人力资源规划的有效实施，既能促进资源的开发和利用，又能促进资源的优化配置和持续发展，尤其人力资源和人力资源规划的关系更是如此。资源与人力资源规划的关系模型如图 6-4 所示。

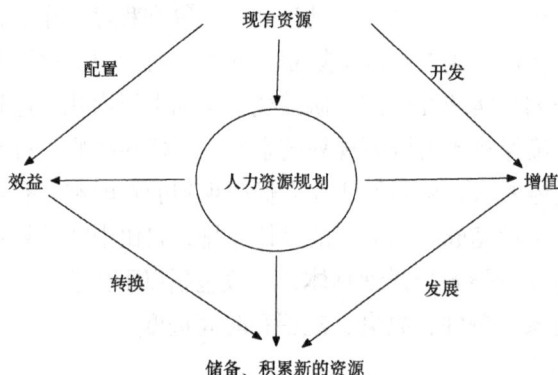

图 6-4　资源与人力资源规划的关系模型

企业在人力资源规划实施过程中，通常运用计划的手段去实现资源的优化配置。配置的方式不同，具体的措施也不相同。人力资源的配置也是同样的道理。人力资源只有经过使用才能产生效益，才能成为现实的生产力，而人力资源的使用又以人力资源的配置为前提。通过优化配置，可以使具有一定素质的人力资源与物质、技术、资本等生产要素形成有机结合，取得最佳效果。

人力资源的配置过程，就是人力资源的群体组合过程。人力资源进入企业，要和其他人力资源形成一定的微观生产关系，形成优化组合的人力资源群体，与企业内的各种相关生产要素有机匹配，达到优化配置的目的。在这一过程中，企业的管理机制起着重要的作用。企业要充分重视人力资源的开发机制和分配机制，允许和鼓励各种人力资源以各种生产要素的形式参与企业的经营和发展。企业要建立科学的领导体制和管理制度，使群体形成优化组合，与各生产要素形成有机匹配，充分调动个体的积极性，最大限度地发挥群体的组合优势，促使人力资源形成微观的优化配置，实现企业的持续发展。

## 6.5　人力资源规划的实施评价技术——平衡计分卡

在企业人力资源规划管理中，普遍面临的问题就是精心制订的规划如何才能得到有效实施。有一句话叫作"规划规划，墙上挂挂"，如果人力资源规划与日常管理过程严重脱节的老问题不能得到解决，那么人力资源规划只能落得"规划成了鬼话"的下场。为解决这一问题，企业应将人力资源规划与企业的日常管理及日常管理的效果联系在一起，以此来判断人力资源规划是否被认真执行，是否对企业日常管理发挥了作用。平衡计分卡（Balanced Score Card，BSC）作为战略规划执行评价的有效管理技术，可以对企业人力资源规划的实施控制发挥重要作用。

平衡计分卡是由美国著名管理大师罗伯特·卡普兰和复兴方案国际咨询企业前总裁戴维·诺顿，在总结了 12 家大型企业的业绩评价体系的成功经验的基础上提出的。平衡计分卡把企业的战略目标转变为可衡量的具体指标和方法，这些指标和方法分为 4 个部分：财务、部分、内部流程、学习与成长，各部分又被细化为若干指标。平衡计分卡通过这种全面衡量框架，帮助企业分析哪些是完成企业使命的关键成功因素、哪些是评价这些关键成功因素的指标，促使企业员工完成目标。

进入 21 世纪，平衡计分卡作为一种有效的绩效管理工具被广泛应用到实践当中，既包括营利性的企业，也包括非营利性的政府机关、学校、医院等。但是，人们在实践中发现，对一些大规模、多层次、跨地域的大型公司企业实施平衡计分卡进行绩效管理时，很难找到一个简单有效的集成战略、客观描述的准确工具，复杂的内部系统无法直观呈现，罗伯特·卡普兰和戴维·诺顿提出的"平衡计分卡+战略地图"的绩效管理理论，把平衡计分卡理论推向了一个新的研究阶段。2000 年，美国出版的《用平衡计分卡改善公共部门成果》和保罗·R.尼文的《面向政府和非营利组织平衡计分卡实施步骤》中，提出了平衡计分卡、在战略管理中的 9 个步骤，使企业的发展战略能够清晰、准确、突出重点地描述出来。2001 年，米基奥制定了绩效关系矩阵图；2003 年，Balanced Scorecard Collaborative Pty Ltd 的一项研究数据表明，全球有 73% 的公司、企业和单位将运用平衡计分卡来进行战略管理。2003 年，保罗·R.尼文在《平衡计分卡实用指南》中，从实用性的角度制定了平衡计分卡的操作步骤，为实现理论和实践的结合提供了帮助。2003 年，美国的《财富》杂志公布全球前 1000 位的公司中有 70% 使用平衡计分卡。2014 年，保罗·R.尼文在《What Exactly is a Balanced Scorecard？》中对平衡计分卡的基本问题进行了深入论证，包括平衡计分卡的起源、构成系统、战略地图、性能指标、目标、战略抉择、因果关系、战略规划等。2016 年，相关研究认为，平衡计分卡被广泛应用于世界各个国家的管理、测量系统，用以评价组织管理效率，主要从内部、财务、外部、学习与成长 4 个维度进行计量，这 4 个维度共同组成了一个系统整体。

一般情况下，企业在人力资源规划实施过程中，只能对人力资源规划自身的执行情况进行评价。很显然，这种评价方法并不是总能为企业所接受。因为企业人力资源规划的实施目的是支持企业的总体经营发展战略，因此对人力资源规划执行情况的评价不能仅就人力资源规划自身的执行情况与人力资源自身的发展情况进行评价，还应该针对人力资源规划执行以后对企业总体经营发展战略所产生的影响进行评价。由于平衡计分卡中的 4 个评价部分囊括了企业总体经营发展战略中的重要因素和指标，因此可以用平衡计分卡对企业人力资源规划实施后的真实效果进行评价。

## 6.5.1 平衡计分卡的 4 个角度

从平衡计分卡产生的根源看，平衡计分卡是一种绩效管理方法。它通过 4 个逻辑相关的角度及其相应的绩效指标，考察企业实现其愿景及战略目标的程度。这 4 个角度分别是财务、顾客、内部流程、学习和发展。

### 1. 财务

虽然传统的偏重用财务指标衡量企业业绩的体系存在种种缺陷，但这不意味着要完全否定或者废除财务衡量指标。财务衡量指标在平衡计分卡中不仅占据一席之地，而且是其他角度的业绩衡量指标的出发点和落脚点。

一套平衡计分卡应能够反映企业战略的全貌，将长远的财务目标同一系列行动（财务过程、顾客、内部经营过程和学习成长过程）相联系，最终实现企业的长期经营目标。假如质量、顾客满意度、生产率等方面的改善和提高最终无法转化为销售额的增加、营业费用的减少、资产报酬率的增加等财务成果，那么人力资源规划做得再好也无济于事。

处于生命周期不同阶段的企业，其财务衡量的重点也有所不同。在成长阶段，企业要进行数额巨大的投资，因此，其现金流量可以是负数，投资回报率亦很低，财务衡量应着重于销售额总体增长百分比和特定顾客群体、特定地区的销售额增长率等；在发展阶段，企业的账务衡量应着重于获利能力，如营业收入和毛利润、投资回报率、经济增加值；在成熟阶段，企业的财务衡量应着重于现金流量，企业必须力争实现现金流量最大化，并减少运营资金占用。

### 2. 顾客

在顾客方面，核心的衡量指标包括市场份额、老顾客回头率、新顾客获得率、顾客满意度和从顾客处所获得的利润率。这些指标存在着内在的因果关系：①顾客满意度决定新顾客获得率和老顾客回头率；②新顾客获得率和老顾客回头率决定市场份额的大小；③前面所提到的 4 个指标共同决定了从顾客处获得的利润率。

### 3. 内部流程

在内部流程管理方面，应本着满足顾客需要的原则来制定业绩衡量指标。早期的内部流程是以产定销式的，重视的是改善已有的流程；现在的内部流程却是以销定产式的，常常要创造全新的流程。内部流程循着"调研—寻找市场—产品设计开发—生产制造—

销售与售后服务"的轨迹进行。

（1）生产制造过程中的业绩衡量可以沿用财务指标，如标准成本和实际成本的差异、成品率、次品率、返工率等。

（2）产品设计开发过程中的业绩衡量指标如下：新产品销售额在总销售额中所占比例、专利产品销售额在总销售额中所占比例、比竞争对手率先推出新产品的比例、开发新产品所用的时间、开发费用占营业利润的比例、第一次设计出的产品中可全面满足顾客要求的产品所占比例、在投产前对设计进行修改的次数等。惠普公司还推出了"时间平衡法"来衡量产品开发部门的工作效率。这一方法要计算从开始研制某新产品到新产品投放到市场并产生可以平衡研制投资的利润所需的时间，它的潜台词是产品开发投资必须在一定时间内收回。

（3）对售后服务的衡量可以从时间、质量和成本几方面着手，可以采用的指标包括公司对产品故障反应的速度（即从接到客户请求到最终解决问题所用的时间）、用于售后服务的人力和物力成本、售后服务一次成功的比例等。

### 4．学习和发展

在学习和发展方面，最关键的因素是人才、信息系统和组织程序。过去企业的管理理念是企业应使员工出色地完成具体的工作；企业的高层管理人员确定员工的工作任务，并制定出相应的标准和监督机制；员工的任务是干活，而不是思考。然而近些年，这种管理理念发生了重大变化。人们认识到，企业若想超越现有的业绩、获得未来持续的成功，仅墨守企业高层制定的标准经营程序是不够的，还必须尊重、重视和尽可能采纳一线员工对改善经营程序、提高业绩的建议和想法，因为他们距离企业内部的工序和企业的顾客最近。正如福特汽车的一个修理厂厂长所言：员工的任务是思考问题、确保质量，而不是看着零部件生产出来。在此，员工被看作问题的解决者，而不是可变成本。

此外，要促进企业的学习和发展，还必须加强对员工的培训，改善企业内部的信息传导机制，激发员工的积极性，提高员工的满意度。这方面的衡量指标包括培训支出、培训周期、员工满意度、员工换留率、信息覆盖比率、每个员工提出建议的数量、被采纳建议的比例、采纳建议后的成效、工作团队成员彼此的满意度等。不过，目前学习和成长方面的衡量手段还远未达到成熟的程度，尚待进一步研究、探索。

表 6-2 所示为 BSC 中常见评价指标体系。

表 6-2　BSC 中常见评价指标体系

| 指 标 类 别 | 具 体 指 标 | | |
|---|---|---|---|
| 财务指标 | 盈利指标 | 利润基础 | 税后利润、EVA、ROI、RI、NOPAT、EBIT |
| | | 现金基础 | OCF、RCF、FCF、CFROI |
| | | 市价基础 | 股票市价、市价、托宾 Q |
| | 运营指标 | 资产周转率、存货周转率、应收账款周转率 | |
| | 偿债指标 | 流动比率、速动比率、资产负债率 | |

续表

| 指标类别 | 具体指标 | | |
|---|---|---|---|
| 非财务指标 | 顾客角度 | 顾客满意度、顾客忠诚度、顾客兼并、顾客盈利分析 | |
| | 内部流程角度 | 产品开发 | 开发所用的时间、开发成本、销售额 |
| | | 生产制造 | 成品率、次品率、返工率 |
| | | 售后服务 | 对产品故障的反应速度、服务成本、一次成功的比例 |
| | 学习与发展角度 | 员工 | 员工满意度、员工忠诚度、员工生产率 |
| | | 相关制度 | 员工培训、晋升、轮岗 |

## 6.5.2 平衡计分卡的实施步骤

### 1．确定企业人力资源发展目标、战略并予以实施

以平衡计分卡为导向，确定企业人力资源发展目标，也就是从平衡计分卡的 4 个角度来考虑企业人力资源发展的目标。例如，从财务的角度考虑，企业在未来要获得什么样的收益；从顾客的角度考虑，企业的管理层需要决定应为哪些顾客群体服务，以及在哪个细分的市场领域进行竞争等；从内部流程的角度考虑，在决定了企业的竞争领域及收益目标之后，选择内部业务流程和相应的衡量方法；从学习和发展的角度考虑，要对企业的使命愿景要进行反复的思考和讨论，进行相应的修正以达成共识。人力资源战略的制定，也需要从这 4 个角度进行考虑，使人力资源的发展合理化，能够真正地为企业总体经营发展战略提供支持，使企业的人力资源队伍健康成长。

### 2．进行人力资源战略目标分解

在人力资源战略目标分解过程中，要求在保证企业人力资源整体目标实现的前提下层层分解，并在分解过程中上下沟通，达成共识，从而形成上下一致、左右协调的考核目标。人力资源战略目标分解过程是员工和上级协商制定考核目标，然后把这些目标作为绩效考核的基础。它是一个循环的过程，这个循环过程从设定共同的企业人力资源发展战略目标开始，经过循环最终再回到这一点。平衡计分卡是一个层级的概念，首先需要制定的是企业的平衡计分卡，然后在这个基础上，进一步制定部门的平衡计分卡和个人的平衡计分卡。在制定了相应的平衡计分卡后，就可以较容易地对部门和员工的业绩进行考核，然后判断企业的人力资源战略是否恰当。

### 3．制订具体实施计划

在企业的人力资源战略确定后要找出战略实施的关键成功因素，然后再找出关键的绩效指标，据此，可以进一步制订企业的年度计划。企业的年度目标是按照平衡计分卡的思想在企业人力资源的战略分解下形成的，这就保证了企业的年度计划和战略规划的一致性，保证了战略规划的可操作性。年度计划制订后，就可根据年度计划来制定下一年的预算，分配企业的资源，保证企业人力资源规划的实现。

#### 4．评估与控制

每一年企业都要根据经营的结果，从平衡计分卡的 4 个方面评估企业人力资源规划实施的效果，对人力资源规划实施进行反馈。然后根据人力资源规划实施中存在的问题，重新进行分析，共同制定新的假设，也就是制定新的战略前提条件，开始新一轮的企业人力资源发展管理工作。

### 6.5.3 平衡计分卡的实施障碍

#### 1．职能分工混乱

中国企业的组织结构大多数是根据传统职能分工进行设计的。很多企业的组织结构层次较为混乱，职能分工重叠。此外，许多企业内部同时运作着各种目标各异的改进项目，不仅未能很好地统一战略目标，反而由于争夺有限的组织资源给企业带来很多混乱。这种组织结构的缺陷导致企业运作较难真正以战略为导向，从而导致企业战略目标纵向不一致。即使强行将战略目标分解也势必造成某些目标"无人背"的状况，绩效目标责任无法真正落实，因此关键绩效目标也往往无法得到实现。

#### 2．沟通壁垒

中国企业内部大都采用纵向控制式管理方式。管理者的授权与员工的参与程度较低，下级习惯听从上级指令。许多企业因跨部门沟通和协调上的困难与问题造成组织壁垒严重。各部门往往各自为政，根据部门职能设立绩效指标，缺乏应有的横向沟通。例如，财务部门只关注会计信息系统，人力资源部门只关注薪酬体系设计、培训计划实施，生产部门只关注设备的产量，采购部只关注供货价格和交货时限。而企业的主要业务流程却需要跨部门横向协作，通过部门间信息沟通、资源共享，以及相互间的衔接、配合，才能协同有效地完成企业战略目标。企业内各部门横向失衡，使企业的战略目标很难准确分解到各个部门。

#### 3．信息收集与处理能力差

国内企业的信息监控系统普遍不尽如人意。要想应用平衡计分卡，首先要建立和完善企业的信息管理系统，提高企业收集、分析信息的能力。这样，才能保证平衡计分卡各维度下的绩效指标能够准确反映企业的真实状况，这也是让员工普遍接受平衡计分卡、保证平衡计分卡有效性的重要环节。

#### 4．不重视平衡计分卡的学习和成长角度

学习和成长是企业最容易忽视的，也是最不容易评价的。企业要根据战略评价现有的人力资本、组织资本和信息资本等无形资产的战略准备状况，找出其中的差距，并设计相应的考核指标。

#### 5．平衡计分卡的指标设计问题

平衡计分卡从 4 个角度将企业人力资源战略目标转化为可衡量的具体指标和方法。

这使企业在短期目标和长期目标之间，外部指标（股东和客户）与重要的内部流程、创新、学习和成长之间，期望的产出与产出的绩效动因之间，客观的硬指标与主观的软指标之间达成一种平衡。在实际使用中，我们需要将平衡计分卡的每个维度目标再细分为多个子目标，每个子目标再细分为各种可以计量的评价指标。用这些指标对企业进行评价后，就可以根据其因果关系指标分析企业绩效产生变化的原因。通过信息的反馈和因果关系分析，可以理顺局部工作改善和企业关键成功因素的关系，使各部门能及时调整局部目标来支持企业人力资源规划，保证规划的顺利实施。

以往企业人力资源战略发展考核的指标一般采用人力资源自身的指标，对财务指标及非财务指标的考核很少，即使有也只是定性的说明，缺乏量化的考核，缺乏系统性和全面性。而企业人力资源规划的实施过程，如果要完全依靠量化的财务指标来监控是很难做到的，因为企业的财务状况受到企业多种因素的影响，很难在财务指标与人力资源状况之间建立直接而有效的关联。但是平衡计分卡可以从财务、顾客、内部流程、学习和发展 4 个角度全面考察企业人力资源规划，并从这 4 个指标中分解出许多与人力资源发展状况直接或间接相关的监控指标。例如，顾客的满意度往往与员工的服务态度、员工的服务水平紧密相关，学习与发展中的企业创新水平与技术人员的创新能力、创新积极性密不可分。因此，平衡计分卡可全方位地描述企业人力资源在实际运营中的业绩状况，使评价指标具有"全方位化"的优势。另外，财务指标是一个滞后指标，它只能反映企业上一年度发生的情况，不能反映企业目前的状况，更不能对企业人力资源规划的实施效果做及时的说明。但是平衡计分卡中包含了许多领先指标，这就可以使我们更关注于企业人力资源规划的实施过程，而不是实施以后的结果，有助于提高企业对人力资源规划实施的实时监控水平，可以获得更好的人力资源规划实施效果。这些领先指标，大大提高了信息的及时性和客观性，其评价指标具有"及时性"的优势。

平衡计分卡同时关注了企业的长期目标和短期目标。虽然平衡计分卡主要是一种长期战略管理工具，但是以系统理论的观点来考虑平衡计分卡的实施过程，可以发现战略是输入，监控目标是输出。由此可以看出，平衡计分卡是从企业的战略开始，即从企业的人力资源长期目标开始，逐步分解到企业的短期目标的。在关注企业长期发展的同时，平衡计分卡也关注了企业近期目标的完成，使企业人力资源规划和年度计划能很好地结合起来，弥补了企业人力资源规划可操作性差的缺点，因此其评价指标具有"实用化"的优势。

平衡计分卡中各种因果关系能使管理者看到提高信息系统水平和提高员工素质与实现长期财务目标之间的联系。平衡计分卡还能借助非财务指标反映财务指标变动的深层次原因，使人们在总结过去的业绩时，看到的不仅是数字，而是更多地考虑数字背后的策略，使评价指标具有"动因化"的优势。

平衡计分卡指标具有层次性，从企业落实到部门、个人，并与浮动薪酬、能力管理挂钩，将企业战略变成每个人的日常工作，说明了部门之间如何共同努力协作来实现企业的目标，而不是仅实现企业某一部门的目标。它把企业看作一个有统一内部联系的有机系统，即评价指标具有"全方位化"的优势。

在实际使用设置的指标时人们会发现难以对非财务指标进行量化和考评。有些非财务指标虽然重要但很难量化，如员工受激励程度方面的指标，需要收集大量信息，并且这些信息要经过充分的加工后才有实用价值，这就对企业信息传递和反馈系统提出了很高的要求，一般信息处理系统很难完成，通常需要建立在数据仓库的基础上。有些指标由于无法量化，如顾客忠诚度、顾客满意度和员工满意度等指标，导致评价工作无法进行实际操作。如何进行定量考评是一个较难解决的问题，这需要企业的长期积累。即使那些可量化的指标，也可能由于不同企业面临着不同的竞争环境，需要不同的战略目标和规划而不被采用。因此，每个企业需要经过长期的探索和总结，结合自己的实际情况建立平衡计分卡指标体系。

### 6. 平衡计分卡的整体观念

平衡计分卡从业绩驱动因素入手，突破了以往仅从财务数据间的关系着手分析并寻找问题症结所在的局限性，能够确定企业需要优先改进和发展的方面。首先平衡计分卡在财务、顾客、内部流程、学习和发展等方面建立了合理的评估手段，确立了客观的评价指标；然后通过各种评估手段实际值与指标之间的对比进行差异性分析，并根据各种评估手段之间的因果关系，找出企业确实薄弱的环节；最终，根据该薄弱环节引起的后果及其产生的根源，确定企业为实现财务目标和客户目标（建立客户目标的最终目的是实现企业的长远财务目标）必须改进和发展的方面。所以，利用平衡计分卡可以找出企业存在问题的真正症结所在，并有利于企业对目前有待解决的问题做出合理的安排。因此，平衡积分卡不仅是一个评估体系，而且还是企业战略的管理系统，是构成企业管理体制革新的重要基石。

平衡计分卡注重团队合作，防止企业管理机能失调。团队精神是企业文化的集中表现，平衡计分卡通过对企业各要素的组合，让管理者能同时考虑企业各职能部门在企业整体战略中的不同作用与功能，使他们认识到某一领域的工作改进可能是以其他领域的退步为代价换来的，促使企业管理部门进行决策时从企业出发，慎重选择可行性方案。

## 6.5.4 基于战略管理的平衡计分卡

平衡计分卡贯穿于战略管理的 3 个阶段。由于制定平衡计分卡时，要把组织经营战略转化为一系列的目标和衡量指标，此时管理层往往需要对战略进行重新审视和修改，这样平衡计分卡就可以就经营战略的具体含义和执行方法为管理层提供交流机会。同时，因为战略制定和战略实施是一个交互式的过程，在运用平衡计分卡评价组织经营业绩之后，管理者们了解了战略执行情况，可对战略进行检验和调整。在战略实施阶段，平衡计分卡主要是一个战略实施机制，它把组织的战略和一整套的衡量指标相联系，弥补了战略制定和战略实施间的差距。传统的组织管理体制在实施战略时有很多弊端：或是虽有战略却无法操作；或是长期的战略和短期的年度预算脱节；或是战略未同各部门及个人的目标相联系。这样会使战略处于一种空中楼阁的状态。

### 1. 平衡计分卡解释战略

在制定平衡计分卡时应与战略挂钩，用平衡计分卡解释战略。如前所述，一份好的平衡计分卡通过一系列因果关系来展示组织战略。如某一组织的战略之一是提高收入，则有下列因果关系：增加对员工销售技能培训→员工了解产品性能→促进销售工作→收入提高。平衡计分卡中的每一个衡量指标都是因果关系中的一环。一份好的平衡计分卡中的评估手段包括业绩评估手段和推动业绩的评估手段，前者反映某项战略的最终目标及近期的工作是否产生了成果，后者反映为实现业绩所做的工作，两者缺一不可。

### 2. 利用平衡计分卡宣传战略

利用平衡计分卡宣传战略。实施战略的重点是使所有员工、组织的高层管理人员、董事会成员都了解这项战略。通过宣传平衡计分卡可以使员工加深对战略的了解，提高其实现战略目标的自觉性。同时通过定期、不间断地将平衡计分卡中的评估结果告知员工，可以使其了解平衡计分卡给组织带来的变化。为了使董事会能够监督组织的高层管理人员及整个组织的业绩表现，董事会成员也应了解平衡计分卡。这样，他们监督的重点将不再仅是短期的财务指标，而是组织战略的实施。

### 3. 将平衡计分卡与团队、个人的目标挂钩

将平衡计分卡与团队、个人的目标挂钩。这一工作可以通过分解平衡计分卡的目标和衡量指标来完成。平衡计分卡是由一整套具有因果关系的目标、衡量指标组成的体系，因此，它对于分解非财务指标有着独特的优势（传统上，非财务指标很难分解）。分解可以采取以下两种方式。

第一种是由总组织管理人员制定平衡计分卡中财务、客户方面的战略，然后由中层管理人员参与制定内部流程及学习和成长方面的目标和衡量指标。

第二种是下一级部门将总组织的平衡计分卡作为参考，部门经理从总组织的平衡计分卡中找到本部门可以施加影响的目标和衡量指标，然后制定本部门的平衡计分卡。

### 4. 把平衡计分卡用于执行战略计划的过程，将战略转化为行动

第一步，要为战略性的衡量指标制定 3～5 年的目标。

第二步，制订能够实现这一目标的战略性计划。以资本预算为例，传统的资本预算未将投资与战略相连，而选用了回报率等单纯的财务指标进行投资决策。现在我们可以利用平衡计分卡来为投资项目打分，名列前茅的并在资本预算范围内的投资项目将被采用。这种投资决策方法使资本预算和组织战略紧密相连。

第三步，为战略计划制订短期计划。管理人员根据顾客情况、战略计划、经营过程、员工情况按月或季制定短期目标，即把第一步"3～5 年的目标"中的第 1 年目标转化为平衡计分卡中 4 个角度的目标和衡量指标。因为平衡计分卡中的衡量指标之间存在因果联系，所以当我们发现某项指标未达到预期目标时，便可以根据因果关系层层分析引起这项指标变动的其他指标是否合格。如果不合格，则表明执行不力；如果均已合格，那

么管理人员就应对组织内外部环境重新进行分析，检查战略的环境因素是否已发生变化，是否需要调整战略。这一反馈分析的过程，对于战略管理有着重要的意义，充分体现了战略管理的动态特征。

## 【本章小结】

企业需要通过规划任务的落实、组织机构的支持和有关资源的配置保证人力资源规划的具体实施。企业人力资源规划的实施包含了实施原则、实施路径、实施的保障措施、建立人力资源评估机制、实施要点和平衡计分卡。

平衡计分卡是一种比较有效的评价人力资源发展战略管理效果的工具，平衡计分卡的应用首先要解决评价指标的实用性和可测量性，其次需要注意其整体性和激励效果的问题。

## 【复习思考题】

1. 简述人力资源规划的实施原则。
2. 人力资源规划的实施保障措施及影响实施的因素有哪些？
3. 平衡计分卡的 4 个角度是什么？
4. 平衡计分卡的实施步骤及实施障碍有哪些？
5. 国内人力资源规划存在哪些不足？

## 案例分析一

### 信达公司的人力资源规划

信达公司是中国香港速递行业的领袖，也是全球性速递公司 LDG 在中国香港的子公司。信达公司共有全职员工 880 人、非全职员工 100 人。在所有员工中，经理级人员 60 人，主管级人员 100 人，一线员工 300 人。信达公司的所有者是一位华人，管理层中的大部分人也都是华人。信达公司的人力资源运作包括人事及培训两部分，负责人事部分的员工为 11 人，负责培训部分的员工为 6 人。

信达公司最成功的实践之一是人力资源计划（MP）。这一计划是人力资源部门开发的，它得到了总经理的全力支持。人力资源部门开发该计划的主要原因是人力成本是公司仅次于航运成本的第二大成本项目，MP 能控制支出并最大限度地促进收入增长。信达公司的 MP 制订是一个非常综合的、互动的过程，从高级经理到主管层都参与其中，总共包括 3 个阶段。

第一阶段：企业计划（Business Plan）。首先，市场部根据历史因素、总部战略、市场调查情况等提出企业战略，并提交给由不同职能经理组成的高级管理小组，人力资源主管也是这个小组中的一员。随后职能经理们开始共同讨论企业战略对各部门职能的影响。讨论结束后，紧接着进行的就是一个持续两天的管理层会议。该会议讨论了企业战略中的 10 个关键性方面，这些关键性方面是由公司总部提出来的，非常简短，各地子公司在制订自己的战略计划时都要以此为指南。与会的职能经理们要熟悉其中的每一个方面并再次讨论这些问题对本部门运作的影响。人力资源部门是此会议的组织者。在会议开始前，总经理会和人力资源部门就会议的风格、议程进行充分讨论并给予全力支持。

第二阶段：一系列的专门小组会议。专门小组会议的核心成员包括总经理、人力资源主管、人事经理、培训与发展经理、财务与行政主管及首席会计经理。各部门经理要向专门小组汇报他们部门的人力资源计划（包括人数、未来一年的人员结构）、培训计划、资本支出和 T 设备计划。讨论资本支出和 T 设备计划的原因是它们直接或间接地影响到人力资源和培训资源的安排。如果有的领域跟其他部门有关系，这些部门的经理也要与会。在制订各部门的人力资源计划时，部门经理可以参照以下格式。

（1）本部门的特殊问题。包括即将制订的战略计划对本部门有何影响。例如，如果公司战略准备涉足重物运输，航空服务部就要列出以下问题：①如何提高公司在重物运输业务上的信誉；②如何为员工提供手工搬运重物方面的培训；③如何帮助员工取得重型卡车的执照。

（2）优先级。

（3）预定完成时间。

（4）责任（包括其他相关部门）。

在会上，人力资源经理、其他核心成员和业务经理们一起讨论他们的计划并做出必要的修改。讨论的最终结果将以文件的形式由人力资源部门存档，而共同讨论所通过的计划将成为各部门制订行动计划的基础。

第三阶段：行动计划。行动计划的内容包括各单位或部门的人数加班时间、预计人员流动、激励计划和培训计划。其中，培训计划的人数包括将参加人力资源部门组织的内部培训的人数、将参加部门培训的人数和将参加公司外部培训项目的人数。每个职能经理都保留一份本部门的行动计划，总经理则掌握各部门的行动计划。职能经理对行动计划的执行负有责任，绩效评估以行动计划为基础，每季度和年底都要对行动计划的执行情况进行审核。

这个过程大概持续了半年，如图 6-5 所示。

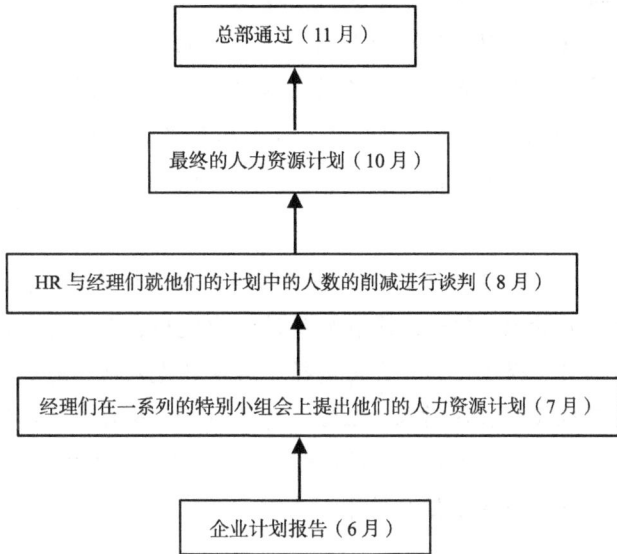

图 6-5　MP 的制订过程

　　MP 一个优点是所有部门共同参与，即从高级主管到最高管理层都参与其中。为了提出一个完整的、彻底的人力资源计划，部门经理们需要主管和助理经理为他们提供信息。另一个优点是部门经理们不能只考虑自己部门的资源和目标，而要顾及所有部门的共同目标，这使部门经理们的思考方式更有战略性，他们可以更好地管理自己的资源，更好地处理公司需要与员工发展的关系，有的经理甚至与他们的助理级别的主管共同制订人力计划。人力资源部门由于较早地介入了战略计划阶段，人力资源计划与企业计划保持了一致性，并通过这一过程理解了一线经理面临的困难，以及他们是如何工作的。经过几年的运行，合作关系已经在经理们之间建立起来。为了保证各部门提供的信息的准确性，人力资源部门要反复核对，对那些不能很好地理解人力资源投资概念的经理们，人力资源部门要用做得最好的部门作为样本，把他们的人力资源计划发给这些经理们所在的部门做参考。要保证计划的成功，需要特别注意以下因素：第一，人力资源部门要有强烈的商业意识，要了解企业是如何运作的。为提高人力资源部门的商业意识，人力资源主管要经常阅读市场报告和各部门的报告。为熟悉一线部门的运作，人力资源部门要每年组织一次所有支撑部门的经理考察一线的活动。另外，人力资源部门还应开设一门内部培训课程，来帮助员工熟悉不同部门的职能和运作。第二，高级管理层的支持是关键。信达公司的人力资源主管在接受采访时说，她很幸运有一位开明的总经理，总经理熟悉人力资源的职能，并全力支持"一线经理也要承担人力资源管理责任"的理念。为了争取职能经理们的支持，人力资源部门把他们吸收为各种人力资源活动委员会的委员，还通过信息通报、照片、证书等形式对经理们的工作给予肯定。人力资源部门对职能经理们为人力资源管理活动所做的贡献给予了充分的肯定。职能经理们也鼓励他们的下属积极参与人力资源管理，他们把这看作员工发展的一个机会。

（3）公司文化鼓励全面化而非专业化，每个人都要了解其他人在做什么。

资料来源：张岩松，等. 人力资源管理案例精选精析[M]. 北京：中国社会科学出版社，2006.

**案例评析**

企业战略是保障企业长期发展并在市场上取得竞争优势的过程，它的有效实施离不开战略高度的人力资源管理。信达公司在发展过程中发现，人力资本是公司仅次于航运成本的第二大支出项目。经过论证，公司选择了成本领先战略，通过实施人力资源计划控制支出并最大限度地促进收入增长。经过几年的运行，人力资源计划与企业战略计划保持了高度一致。人力资源部门强化了商业意识，一线经理也承担了人力资源管理责任，因此公司利润及市场份额保持了强劲的增长态势。

## 案例分析二

### 海南旅游国际化呼唤人力资源战略提升

在海南办特区之初，"十万人才闯海南"已成佳话，在当初的"闯海人"中，很多已成为各级旅游主管、旅游行业协会领导和旅游企业老总。他们为海南旅游业取得快速跨越式发展立下了汗马功劳。

海南旅游业已吹响向国际化进军的号角，海南国际旅游岛规划总体方案已经上报，海南旅游迎来新二轮发展黄金机遇期。然而，面对海南旅游业新的发展态势，人力资源已成为制约海南省旅游业发展的"瓶颈"因素之一。

**1. 旅游人力资源"断层"现象严重**

海南省旅游发展研究会高级研究员、工商管理硕士、海南上航假期国旅总经理姚君女士认为，人力资源也称人力资本，表现为知识、技能与体力等价值的总和。人力资本作为社会生产力的第一要素已成社会共识，人力资源在海南建设国际旅游岛进程中的作用与地位显得日益重要。如果没有充足的高素质的旅游人力资源支撑，海南省旅游业的国际化步伐将受到严重阻碍。

海南省旅游发展研究会副会长、海南职业技术学院旅游系主任杨哲昆教授认为海南现有旅游人力资源"断层"现象严重，具体表现为两个方面。一是现有的内资旅游企业职业经理人综合素质与国际旅游品牌集团派驻海南的外资旅游企业的职业经理人差距较大，导致具备国际水准的职业经理人出现断层现象。二是旅游企业中层以下的从业人员素质与其岗位要求差距较大，形成比较普遍的小材大用的"断层"现象。

业内人士介绍，在海南高星级度假酒店业内，从海南酒店业成长起来的高级经理人，与国际酒店集团派驻三亚喜来登、假日、希尔顿等度假酒店的高级经理人相比，双方存在明显差距。例如，三亚喜来登度假酒店总经理那瑞帝是海南外资酒店高级经理人的典型代表，凭借其先进成熟的国际化酒店管理与营销体系，使三亚喜来登度假酒店 2007 年年度营业额超过 3 亿元，成为三亚酒店业的纳税大户，将同类型的其他酒店远远抛在后面，并在三亚亚龙湾奇迹般地竖起了中国度假酒店"标杆"：第一房价、最高入住率、最高营业额、最佳效益和最高纳税额。

三亚旅游饭店业协会秘书长刘立明认为，近年来，海南高星级度假酒店呈加速度发展，对中高级酒店经理人和从业人员的需求量剧增，而海南度假酒店业发展水平又处于国内前列，各家新开业的高星级度假酒店在人员招聘时纷纷采取"就地取材"的办法，致使高星级酒店业内小材大用的"跳槽"现象非常突出。例如，有的人刚做了一年部门经理，就升为了总监，总监位子还没坐热，又升为了副总经理，很多人的晋升就像坐"直升机"一样快。

**2. 亟须制订旅游人力资源发展规划，满足产业发展需求**

海口市旅行社协会房新海会长认为，海南省旅游人力资源的发展应该采取政府主导模式，对海南省旅游总体规划进行相应修编，制订旅游人力资源教育、培训、引进、储备、交流规划，为海南省旅游业的国际化发展提供充足的高素质人才。

业内人士介绍，海南省相关的旅游院校已有十多家，但专业设置存在缺陷：大而全的专业多，实用细分的专业空白；而且专业设置陈旧，跟不上产业发展需求的步伐。例如，高星级酒店业的公关专业、旅行社业的产品设计与包装专业、计调专业、高尔夫专业及潜水专业等缺乏。为满足企业发展对人力资源的需求，一些企业纷纷与旅游院校联合办学定向培养所需人才，如三亚喜来登度假酒店率先与海南大学旅游学院联合办班培养人才，高尔夫协会也与旅游院校联合开办高尔夫专业培养专门人才。

姚君女士认为，企业的人力资源和知识管理能力是企业重要的核心竞争力。企业应建立人力资源培训制度，一是企业内部的日常培训，提升员工的业务操作能力；二是委托专业培训机构或旅游院校有选择性地重点培训，提升中高层管理人员的专业理论水平和领导能力。

姚君女士强调，员工就像花园里的花草，要让他们每年都开花，就需要不断地投入，——浇水、施肥、除虫。所以企业应该把对员工的教育纳入企业的薪酬体系中，把对员工进行不断的知识更新看作企业的一项福利。例如，海口市酒店协会会长、海南宝华海景大酒店总经理张会发看重人力资源培训交流机制。海南宝华海景酒店自开业以来，每年都斥巨资选派部分员工到国内外知名酒店参观、体验知名酒店先进的管理经验，每个人回来后都要提交体会和建议。

资料来源：http://www.docin.com/p-812851988.html，有删改。

## 本章实训

### 模拟制定与完善人力资源管理法律

**实训目标**：使学生对人力资源管理法律及其判例给人力资源管理实践带来的影响等有更清晰的认识。

**实训背景**：在这个练习中，参与者要根据自己对人力资源管理法律的了解，详细描述人力资源管理人员应该对哪些人力资源管理政策、制度或实际操作进行调整，以适应不断完善的人力资源管理法律，避免组织卷入那些危害组织声誉或使组织遭受损失的人力资源管理法律诉讼。

**实训步骤**：参与者可分组进行练习，一般以每组5~7人为宜。

1. 各小组成员分别列出当前人力资源管理急需补充的几项法律及其对现行组织人力资源管理政策、制度、实际操作等造成的影响，并按照现实情况对人力资源管理法律需求的迫切程度顺序排列。

2. 各小组就小组成员提出的人力资源管理法律进行讨论，找出小组成员共同认可的最需要国家立法机构通过的一项人力资源管理法律，并指出该项法律将会对组织和人力资源市场产生怎样的影响，包括积极的影响和消极的影响。

3. 各小组派出组长构成人力资源管理法律制定委员会，同时派出 1 名代表（不担任组长的其他组员之一）向所有参与者报告本小组的讨论结果。

4. 人力资源管理法律制定委员会综合各组提出的几项急需立法的人力资源管理法律及其影响，经过讨论达成一致，按照现实需求的迫切程度将最重要的 3 项人力资源管理法律列出，据此估计它们对人力资源市场公平标准的执行、组织人力资源管理的实际操作、个人就业等方面的可能影响，并推选 1 名代表口头报告给所有的参与者。

# 第 7 章
# 人力资源战略与规划的评价和控制

✏ **学习目标**

◆ 了解企业人力资源战略与规划评价和控制的必要性及目的。
◆ 清楚企业人人力资源战略与规划评价和控制的目的主要内容。
◆ 掌握企业人力资源战略与规划评价和控制的主要方法。

☑ **关键术语**

人力资源战略　规划　评价　控制　方法

◉ **引导案例一**

### 亚马逊公司的人力资源管理特色

亚马逊公司成立于 1995 年 7 月 16 日，之前名为 Cadabra，是一家网络书店。杰夫·贝佐斯看到了网络的潜力和特色，当实体的大型书店可以提供 20 万本书时，网络书店能够提供比 20 万本书更多的选择给读者。因此，杰夫·贝佐斯将 Cadabra 以地球上孕育最多种生物的亚马孙河重新命名，于 1995 年 7 月重新开张。该公司原于 1994 年在华盛顿州登记，1996 年时改到德拉瓦州登记，并在 1997 年 5 月 15 日上市。

2017年8月，亚马逊公司在美国举办了一场大型招聘会，成千上万的人前来应聘。应聘者都看好亚马逊公司的福利保险待遇及晋升机会。那么，亚马逊公司的人力资源管理有哪些特色呢？

第一，不拘一格用人才。人才是企业永葆青春的关键，亚马逊公司不拘一格用人才，员工中既有职业运动员，也有艺术家、音乐家、私人教练、退休警察。亚马逊公司以较好的企业文化吸引、保留人才。在公司多元化发展带来的人员变动及企业组织结构调整中，亚马逊用独特的精神信仰吸引人才，为公司的网络营销部门、库存管理、物流等部门配置专业人才，培养和提升员工忠诚度，形成积极团结的企业文化。

第二，设计各种培训。亚马逊公司向传统挑战，偏爱创意人才，为员工提供量身打造的培训。亚马逊公司为入职员工提供入门指导培训，为各个部门员工提供各种专业培训，根据学员需求开发课程，如提供电子商务培训，内容以实际运用为核心，切合学员掌握电商知识的实际情况，全面提升员工电商营销技能及客户服务能力。杰夫·贝佐斯相信自己正在创造历史，不论穿着与爱好，能创意，有信仰，就可能成为亚马逊公司的一员。

第三，团队文化。对一个企业来说，团队就是最大的资产，如同机器设备，不能随随便便地更换零件。亚马逊公司讲究团队文化与服务热情，在招聘时，对新应聘的员工会做性格测试，着重考察员工的内在素质。

第四，绩效考核与薪酬体系。亚马逊公司制定了较为严格的考核标准，坚持客户至上。通过薪酬体系鼓励有进取心、聪明、善于思考的员工。采用适合公司的考核标准与考核流程，对各个部门做了详细的岗位职责说明，对每个员工在工作中如何规范操作及完成岗位任务做了详细规定。

第五，晋升与员工职业发展。亚马逊公司各个部门与中高层每年召开会议，讨论员工的长处与不足，晋升一批员工的职位，给员工提供职业发展的空间。公司组织结构采取扁平化管理，运营中心按照小时计算新员工、产品经理、资深经理、总监、核心领导团队等的工资。在亚马逊公司得到晋升并非易事，但不少员工的薪酬达到了较高水平。

资料来源：https://www.sohu.com/a/163119673_816179，有删改。

◉ 引导案例二

## 宝洁公司——员工能力与责任感是构成企业知识资源的基本动力

美国宝洁公司是一家传统企业，已有多年的历史。进入新经济时代，宝洁公司运用新经济和新科技思想，激发员工的责任感与创造力，突出企业"人本资源"基本动力的再造与重塑，从而大大加快了企业科技创新与品牌创新的进程。据悉，宝洁公司平均每年申请创新产品与技术专利近万项。宝洁公司进入中国市场后，组成庞大的消费市场调查队伍，调动员工的工作热情，深入全国各地的大中城市家庭进行广泛调研。多年来，宝洁公司已创造出海飞丝、玉兰油、飘柔等多个具有中国特色的知名品牌。这些品牌在中国洗涤产品市场一直居于领先地位，在中国消费者中的信誉度和知晓度极高。

美国著名经济学家戴夫·尤里奇，把知识资本简化为数学公式：知识资本＝能力×热情（责任感）。他认为，能力强、热情低的企业拥有天赋，但没有完成其任务的工作人员；而热情高、能力低的企业拥有缺乏教育但能很快完成任务的工作人员。能力值低和热情值低，都会导致总的知识本值明显下降，这两种情况都是危险的。宝洁公司的做法正是将知识资源开发利用的战略目标锁定在创新人才及其创新能力、创新"热情"等无形资产拥有上，以最大限度地获取知识创新及开拓和占有市场的主导能力。

近年来，许多企业除突出人才等"知识经营"外，还高度重视挖掘员工"热情"这一无形的知识资本，以加速技术创新与资本增值。例如，提出"全面顾客关系协调"的观点，将企业员工纳入内部"顾客关系协调"的内容中，纷纷营造"维系人心环境"，充分尊重员工的自主创造性，激发其创新热情；兴起"员工充电，老板出钱"浪潮，亮出"能力再造"新招，为企业技术创新不断注入活力。

当今世界已步入新经济时代，知识、智力、无形资产无所不在，知识成为经济诸要素中的决定要素，成为重要的社会力量，影响了社会及经济发展的前途和命运。面对新经济的挑战，宝洁公司把掌握和运用知识的人才视为企业成功之本，重视员工能力与责任意识的培养，从过去的重视资本积累扩张转向重视人才和智能资本扩张管理，以拥有大量人才和大量现代知识资本，创新管理理念，从而成为市场竞争发展中的强者。

资料来源：https://www.docin.com/p-1161859527.html，有删改。

# 7.1　人力资源战略与规划评价和控制的必要性及目的

## 7.1.1　人力资源战略与规划评价和控制的必要性

通过确保人力资源战略与规划所要实现的成果和事先确定的人力资源战略与规划的预期目标相互吻合，从而成功实施人力资源战略与规划，达到进行人力资源战略与规划评价和控制的基本目的。管理人员可以将人力资源战略与规划的评价和控制过程看作与企业员工及可能加盟企业的人才进行有效沟通的手段，而企业员工也可以通过人力资源规划的评价和控制工作了解企业的发展战略、实施手段和人员要求。人力资源战略与规划的评价和控制是实施人力资源规划不可或缺的过程和活动，主要基于以下几项基本事实。

### 1. 企业内部的非均衡性

人力资源战略与规划实施的对象是企业，企业是人力资源规划实施的基础和基本条件，但企业本身由于组织规模、结构匹配程度，以及对外部环境的适应性等因素表现出明显的非均衡性。企业的这种非均衡性对人力资源战略与规划的要求和标准会有实时、动态的调整，而这种调整乃至革命性的变化都离不开评价和控制系统。

**2．人力资源战略与规划环境的多变性**

人力资源战略与规划的环境是多变的，这种变化包括企业内部环境与外部环境的双向变革。无论是组织结构、管理机制、企业文化的调整，还是市场竞争、劳动力择业期望与倾向的变化，无不表明当今企业面临的环境影响范围在不断扩大。而随着世界经济一体化的不断深入、知识经济的兴起、知识管理重要性的凸显，以及技术发展的日新月异，环境变化连续加速。人力资源战略与规划环境的剧烈变化更加大了企业制定与实施人力资源战略与规划的难度和不确定性。正是由于人力资源战略与规划的环境在广度、幅度、深度及速度方面的变化，必然要求企业实时且审时度势地对最初制定的人力资源战略与规划在内容、原则、实施手段及目标上进行相应的评价和控制。

**3．人力资源战略与规划本身的不全面性**

人力资源战略与规划在制定之初由于客观原因和主观能力问题，往往存在一系列意想不到的缺陷，不可能在事前规划得完美无缺，往往需要在具体实施人力资源战略与规划的实践中进行不断的修正、补充和完善。这就要求进行人力资源战略与规划评价，并在评价的基础上进行有针对性的控制。

**4．人力资源本身的能动性**

人力资源能动性是指由于劳动者具有社会意识，并在社会生产中处于主体地位，由此表现出主观能动作用。无论是战略性的人力资源规划、战术性的人力资源规划，还是操作性的短期规划，企业内外部的人力资源本身的能动作用会发生企业规划之初未曾精确预料到的变化。人力资源素质结构、损耗与内外部流动、人力资本及员工需求等诸多方面均要求人力资源战略与规划有动态的评价和控制来保证兼容性，促使企业的人力资源产生良性互动。

## 7.1.2　人力资源战略与规划评价和控制的目的

由于企业在实施人力资源战略与规划的过程中会遇到各种困难和障碍，所以评价和控制在企业人力资源战略与规划的实施过程中就产生了一种不可替代的作用，主要体现在以下几个方面。

**1．有效地保障了人力资源战略与规划的滚动实施**

人力资源战略与规划通过自身的能动性来适应企业的各种战略目标和作业目标的不断变化。要评判人力资源战略与规划的制定与实施成功与否，就必须不间断地对人力资源战略与规划制定和实施的全过程进行评价和控制。只有在及时而准确的评价和控制的作用下，才能及时发现人力资源战略与规划在制定之初及实施过程中的缺陷所在，高效地指导人力资源的开发与管理，并对人力资源战略与规划精确纠偏。通过评价，人力资源管理人员能够有效识别那些明显改善人力资源战略与规划的活动，从而保证有限投入的最佳回报。否则，不分主次、不分轻重缓急地盲目规划与投资，往往会降低人力资源部门和整个企业资源的利用水平。及时、客观的评价可以帮助企业及时纠正偏差，避免资源的进一步浪费，并减少不当的人力资源政策带来的风险。在评价基础上建立起来的人力资源信息系统还可以为企业决策提供人力资源战略与规划工作的详细历史数据，帮助企业通过过去的经验教训制定更加有效的方法。

**2. 有效地发现了人力资源战略与规划中的缺陷**

在不确定的环境中实施人力资源战略与规划，有时会有完全未曾预料到的情况出现，或实际贯彻结果与当初预期大相径庭。如果企业在最初制定人力资源战略与规划时并未对实际情况给予充分估计，则导致人力资源战略与规划存在弱点和缺陷。这时人力资源战略与规划的评价和控制系统就能起到安全阀的作用，使相关人员及时发现隐患，迅速采取针对措施来纠正各种偏差。例如，某跨国企业在制订人才招聘规划时为了节约费用决定放弃传统的登报招聘方式，只采用网上招聘。利用网络在招聘高级研究与开发人员时的确有效地降低了招聘费用，但在招聘熟练技术工人时却出现了问题，因为发展中国家的技术工人很少利用网络来寻找工作。该企业通过人力资源规划的评价和控制系统发现了这一判断失误，采取了一系列补救措施，保证了人力资源战略与规划预期目的的实现。人力资源开发与管理所面临的机遇与挑战给人力资源管理评估工作带来了巨大的外部压力和拓展空间。企业通过提供使那些成功项目增值及评定其成功程度的方法来帮助人力资源部门从过程导向转向结果导向。同时，人力资源管理思想的改变及信息技术在人力资源管理中的应用又大大推动了人力资源管理评估工作的发展。人力资源管理评估工作的意义也日益显著。

**3. 有效地将人力资源战略与规划与其他工作进行了无缝隙衔接，形成良性互动**

人力资源战略与规划是人力资源管理工作的关键部分。如果人力资源战略与规划制定得很糟糕，企业就可能遭受各种人员配置问题的困扰，或者缺少足够的员工，或者由于人员过多而不得不大量裁员。如果人力资源战略与规划的评价和控制体系十分完善，就能获得多方面的益处。例如，高层管理者可以更多地了解经营决策中与人力资源有关的问题，加深对人力资源管理重要性的认识；管理层可以在人力资源费用变得难以控制或超出预算之前，采取措施来防止各种失调，并由此来降低劳动力成本；由于在实际雇用员工之前已预计或确定了各种人员的需要，企业因此可以有充裕的时间来发现人才；经理的培养工作可以得到更好的规划等。

各种结果只要可以衡量，都可以作为考评人力资源战略与规划绩效的依据。人力资源战略与规划取得成功的最有说服力的证据是，在一个较长的时期内，企业的人力资源状况始终与经营需求基本保持一致。

### 4. 显现了人力资源管理部门的工作成绩

正如德鲁克所言，人力资源管理部门正将自己从对员工成本的关心中解放出来，转而关心他们的产出。有效的评价和控制能够使企业管理者及员工不仅看到在人力资源上的投入与花费，更重要的是看到人力资源的有效产出。正确的评价方法可以将这种产出及其对组织绩效的改善情况显示出来，令人信服。人力资源工作绩效的显示，有助于企业进一步重视人力资源管理，增加有效投入，而且使人力资源战略与规划工作有了评判依据，从而有助于相关工作人员获得工作成就感。

### 5. 生成了支持人力资源管理决策的信息

人力资源战略与规划的评价和控制工作为人力资源管理提供了可靠的依据。企业的人力资源管理或多或少要根据人力资源战略与规划评价和控制的结果进行决策，经过实践检验的评价和控制信息往往成为企业管理人员的第一手基础资料，能够确定偏差和人力资源开发的需求，为引进新的、更高的标准提供依据。管理人员可以有效地利用人力资源战略与规划的评价和控制来佐证自己决策的正确性和实用性。

### 6. 掌握了人力资源的保值、增值现状与发展趋势，保证了人力资源的合理开发、配置与利用

在目前的生产资源计划中，人力资源虽被视为经营资源的重要组成部分，但其资产价值的判定却有较大的不确定性和随意性。对企业人力资本的正确估价有利于企业准确掌握人力资本的增值情况，切实根据组织目标科学配置人力资源，并为人力资源开发政策的调整提供依据。通过加强员工知识和技能优化情况的多层次评价和控制，促进个人和组织人力资本的共同提高，从而为企业更好地开发、配置和利用员工技能与知识提供依据。在以员工的技能与知识为企业核心竞争力源泉与基础的知识经济时代，人力资源战略与规划的评价和控制的意义会更大。

## 7.2 人力资源战略与规划评价和控制的主要内容

在进行人力资源战略与规划的评价和控制研究时，要确定其原则，明确其内容，梳理好其程序，确保人力资源战略与规划的评价和控制能够公正公平、合理地进行，不断为企业人力资源工作的开展提供保障。

### 7.2.1 人力资源战略与规划评价和控制的原则

企业人力资源战略与规划工作必须遵循以下 4 点原则。

#### 1. 动态原则

（1）人力资源战略与规划应根据企业内外部环境的变化而经常调整。

（2）人力资源战略与规划在具体执行过程中应具有灵活性。

（3）企业应对人力资源战略与规划的灵活性及规划操作进行动态监控。

**2．适应原则**

（1）内外部环境适应。人力资源战略与规划应充分考虑企业内外部环境因素，以及这些因素的变化趋势。

（2）战略目标适应。人力资源战略与规划应当同企业的战略发展目标相适应，确保二者相互协调。

**3．保障原则**

（1）人力资源战略与规划工作应有效保证企业人力资源的供给。

（2）人力资源战略与规划应能够保证企业和员工共同发展。

**4．系统原则**

人力资源战略与规划要反映出企业人力资源的结构，使各类不同的人才恰当地结合起来、优势互补，实现组织的系统性功能。

## 7.2.2  人力资源战略与规划评价和控制的程序

**1．确定控制目标**

设定控制目标时要注意，控制目标既要能反映企业总体发展战略目标，又要与人力资源规划目标对接，反映企业人力资源规划实施的实际效果。在确定人力资源战略与规划控制目标时，应该建立控制体系，该体系通常由总目标、分目标和具体目标组成。

**2．制定控制标准**

控制标准包含定性控制标准和定量控制标准两种。定性控制标准必须与规划目标相一致，能够进行具体评价，如人力资源的工作条件、生活待遇、培训机会、对企业战略发展的支持程度等。定量控制标准应该能够计量、比较，如人力资源的发展规模、结构、速度等。

**3．建立评价和控制体系**

有效地实施人力资源控制，必须有一个完整的、可以及时反馈的、准确评价的、及时纠正的评价和控制体系。该体系能够从规划实施的具体部门和个人那里获得规划实施状况的信息，并迅速传递到规划实施管理控制部门。

**4．衡量、评价实施成果**

该阶段的主要任务是将处理结果与控制标准进行衡量、评价，然后提供完善现实规划的条件，使规划目标得以实现，或者对规划方案进行修正。当实施结果与控制标准一致时，无须采取纠正措施；当实施结果超过控制标准，提前完成人力资源战略与规划的任务时，应该采取措施防止人力资源浪费现象的发生；当实施结果低于控制标准时，需要及时采取措施进行纠正。

**5. 采取调整措施**

当通过对规划实施结果的衡量、评价，发现结果与控制标准有偏差时，就需要采取措施进行纠正。该阶段的主要工作是找出引发规划问题的原因，如规划实施的条件不达标、实施规划的资源配置不合理等，然后根据实际情况做出相应的调整。

## 7.2.3 人力资源战略与规划的评价内容

人力资源战略与规划的评价，一定要体现动态性的特点。人力资源战略与规划的评价是对前期人力资源工作的总结，对以后人力资源战略与规划的制定和实施有借鉴意义。人力资源战略与规划的评价是通过对企业实施的人力资源战略与规划的内在基础的考察分析，将人力资源战略与规划的预期结果和实际的反馈结果进行比较、判断和分析的管理活动。

评价是为了衡量人力资源战略与规划的目标是否实现，所以评价的内容就是与有关目标相对应的结果。一般而言，人力资源战略与规划评价的内容包括 3 个方面：人力资源战略与规划的制定基础、人力资源战略与规划的实施、人力资源战略与规划的评价技术手段。

**1. 人力资源战略与规划的制定基础**

成功的人力资源战略与规划对企业的战略发展意义重大。环境的变化使人力资源战略与规划从制定、实施到评价的周期越来越短，企业很难对人力资源的中长期战略与规划进行定位，短期的人力资源战略与规划也在不断调整，这就给人力资源战略与规划的评价提出了更高的要求。评价人力资源战略与规划的制定基础，可以从下列因素着手。

（1）企业人力资源战略与规划是否经过了充分的论证，是否有具体、客观的数据支持，对关键性的问题是否有考虑。

（2）是否充分、客观地评价与预测了企业的内外部环境。

（3）企业是否具备战略管理能力和人员、资金等资源保障。

（4）企业的战略目标是否人人知晓，企业战略的实施难度是否在预测范围之内。

（5）所有层次的管理人员能否有效、持续地贯彻人力资源战略与规划。

（6）企业的组织结构是否与人力资源战略与规划相匹配。

（7）企业文化和人力资源战略与规划是否冲突。

（8）企业的评价、奖励和控制机制是否有效。

（9）企业人力资源战略与规划和总体战略的关联度。

（10）控制手段和意识能否达成统一或者协调性妥协。

**2. 人力资源战略与规划的实施**

由于不同企业具有不同的特性，以及所面临的情况不同，在人力资源战略与规划的实施方面会有明显的企业特色，但需要评价的基本内容大致如下。

（1）企业管理层对人力资源战略与规划的重视和利用程度。

（2）高层管理者是否按人力资源战略与规划将具体任务分配给各部门。

（3）企业所有力量（单位、部门、员工、经理等）的努力目标是否一致。

（4）企业是否对实施人员进行了培训并使培训行之有效。

（5）企业对工作职责的具体规定和描述是否清楚。

（6）企业的信息沟通是否顺畅，解决问题是否高效。

（7）人力资源战略与规划的制定与实施人员对自身工作的熟悉和投入程度。

（8）人力资源战略与规划的目标是否达到。

（9）实际的员工流动率、缺勤率指标及供求差距与预测相比是否一致。

（10）企业人力资源战略与规划的成本与收益状况。

**3．人力资源战略与规划的评价技术手段**

由于信息技术等许多相关科学技术和方法的不断创新与发展，对传统和新兴的评价技术进行选择时，企业需要根据自身的实际情况进行评价，既不要盲目地选择一些过于复杂而成本高昂的评价技术，又要防止评价技术不当导致评价不准的情况出现。对评价技术自身需要评价的因素如下。

（1）人力资源战略与规划的评价技术是否适合企业的实际状况。

（2）人力资源管理信息系统的实效性。

## 7.2.4　人力资源战略与规划的控制内容

人力资源战略与规划的控制内容包括以下几项。

（1）控制企业外部的人力资源供应源。

（2）控制企业内部的人力资源需求。

（3）人力损耗的控制。导致员工损耗的因素可分为员工受到企业外部的吸引所引起的"拉力"和企业内部所引起的"推力"。

"拉力"：

① 员工渴望转到其他企业，以求获得较高的收入和较好的发展机会。

② 社会就业机会多，员工在企业外部也可以找到较好的工作。

③ 员工心理、生理问题，如员工已届退休年龄、怀孕或因故不能外出工作等，这些都可能导致劳动力损耗。

"推力"：

① 企业欠缺周详的人力资源战略与规划，造成人力资源政策不稳，如裁减员工等。

② 员工自身的问题，如某些年轻的员工对工作认识不够深入，或不能适应新的工作环境，加上年轻、未婚、家庭负担等，使他们常喜欢转换工作。

③ 工作压力大，如员工缺勤多、流失多造成人手不足，使现职员工压力增大，迫使他们辞职。

④ 人际关系的冲突也容易造成员工的不满而导致人员流失。

⑤ 工作性质的改变或工作标准的改变，使某些员工失去工作兴趣或无法适应工作而辞职。

在进行分析时，常用的人力损耗指标有以下几种。

① 人力损耗指数。人力损耗指数在某 1 年内离职的人数/在某 1 年内的平均员工人数的百分比。这一指标表示员工离职率，该指标数值越大，企业保留人力的能力就越低。

② 人力稳定指数。人力稳定指数指现时服务满 1 年或 1 年以上的人数/1 年前雇用的人数的百分比。这个指标没有考虑人力的流动，只计算了能任职一段时间的人数比例。

③ 服务期间分析。这个方法用于分析员工职位、服务期间与离职情况等项目的相互关系，可作为预测离职人数的参考。

（4）人力资源的合理利用控制，主要包括以下几项内容。

① 年龄。

② 缺勤。缺勤通常包括假期、病假、事假、怠工、迟到、早退、工作意外和离职等。

③ 员工职业发展。指导员工规划好他们个人的职业生涯、为他们提供充分发挥其潜能的机会是挽留人才的有效方法之一，也是人力资源战略与规划中的重要一环。帮助员工了解他们可以获得的职位或晋升机会，使他们对前途充满合理的期望。

④ 裁员。当企业内部需求减少或供过于求时，便会出现人力过剩的情况，此时裁员是无法避免的，这是国际上通行的做法。

# 7.3 人力资源战略与规划评价和控制的主要方法

人力资源战略与规划的评价和控制过程是对人力资源战略与规划的实施过程进行监督控制并对实施结果进行评价的过程。在人力资源战略与规划实施过程中如果发现人力资源战略与规划和现实存在偏差，还需要对规划重新加以修订，才能继续实施。人力资源战略与规划能够实施，人力资源战略与规划的制定才具有实际意义，因为只有能够具体实施、能够对企业人力资源战略发展起促进作用的人力资源战略与规划才是有意义的人力资源战略与规划。

## 7.3.1 人力资源战略与规划评价和控制的主要方法简介

在人力资源战略与规划评价和控制的具体实践过程中，许多管理人员已经归纳出了许多行之有效的方法，通过对各种方法的具体分析和大胆运用，可以保证人力资源战略与规划的有效实施。人力资源战略与规划的评价和控制方法还在不断地推陈出新，企业应结合各自的具体情况进行有效组合。虽然理论上和实践上对人力资源战略与规划工作进行评价和控制存在较多分歧与争议，对管理人员的管理实践也具有现实的挑战性，但是 20 世纪 80 年代以来人力资源管理的迅猛发展还是为我们提供了可以借鉴的一些评价和控制方法。人们对人力资源管理的不同方法进行了深刻的研究，并对人力资源管理评估进行了总结，这些评价和控制方法大致包括人力资源会计、人力资源关键指标、人力资源效用指数、人力资源指数、投入产出分析、人力资源调查问卷、人力资源声誉、人力资源审计、人力资源规划案例研究、人力资源成本控制、人力资源竞争基准、人力资源目标管理和人力资源利润中心评价和控制法，以及运用人力资源战略与规划研究进行评价和控制、利用离任交谈方式进行人力资源战略与规划评价和控制等方法。

### 1．人力资源会计评价和控制法

人力资源会计评价和控制法曾盛行于 20 世纪 60 年代末 70 年代初，80 年代度衰落，但近些年这种方法又被人们重新采用了。人力资源会计评价和控制法将员工视为企业资产，给出员工价值，采用标准会计原理去评价员工价值的变化。它是一个识别、评价人力资源并交流有关信息以实现有效管理的过程。人力资源被看作企业的资产或投资，与其他资产评估不同的是，人力资产评价和控制需要使用由行为科学提供的评价工具对员工的能力和价值进行计算。

### 2．人力资源关键指标评价和控制法

这种评价和控制法用一些测评组织绩效的关键量化指标来说明人力资源战略与规划的实施情况。这些关键指标包括求职雇用、平等就业机会、员工能力评估和开发、职业生涯发展、薪酬管理、福利待遇、工作环境、劳动关系及总效用等。每项关键指标均需给出可量化的若干指标，如企业在招聘时，各个岗位能够吸引的应聘人数与最终录用人数之比等。对人力资源规划工作与组织绩效的关联性的研究与实证分析显示，二者有较高的相关度，人力资源规划工作优秀的企业比较容易获得良好的企业业绩。

### 3．人力资源效用指数评价和控制法

人力资源效用指数评价和控制法是一种试图用一个衡量人力资源工作效用的综合指数来反映企业人力资源管理工作状况及其贡献度的评估方法。人力资源效用指数使用人力资源管理系统的大量数据来评估甄选、招聘、培训和留用等方面的人力资源管理工作，但由于其过分庞杂，加上指数与组织绩效之间的相关性仍不明确，不少研究者并不看好它。操作过于复杂和关联性不强导致使用人力资源效用指数评价和控制人力资源战略与规划的工作受到很大的局限。

### 4．人力资源指数评价和控制法

人力资源指数是美国舒斯特教授开发的，由薪酬制度、组织沟通、合作、组织环境等 15 个因素综合而成。人力资源指数不仅说明企业的人力资源绩效，而且反映企业的环境气氛状况，包括的内容比较丰富。在美国、日本、墨西哥等国家，许多企业使用人力资源指数问卷进行调查，并在此基础上建立了地区标准和国际标准。有人曾根据我国的实际情况，对人力资源指数进行重新设计，并在我国进行了大量的调查。调查结果显示，人力资源指数问卷的信度和效度均较高。

### 5. 投入产出分析评价和控制法

将投入产出分析方法运用于人力资源管理评估，计算人力资源成本与收益之比，具有较高的信度。在企业个案研究中，投入产出分析评价和控制法是比较成功的。一般而言，人力资源项目的成本是可以计量的，但项目收益的确认，尤其是无形收益的确认比较困难。投入产出分析评价和控制法在评估人力资源单一项目时是比较有效的，但在评估整个人力资源工作时则显得力不从心。

### 6. 人力资源调查问卷评价和控制法

这种方法将员工态度与组织绩效联系起来以实现对企业人力资源工作的评价。一般而言，员工态度与组织绩效之间存在正相关关系。已有的一些研究表明：或者是好的组织气氛提高企业业绩；或者是成功企业的环境产生了良好的气氛。这种方法用于人力资源战略与规划的评价和控制，目的是给职工一个机会来表达他们对人力资源部门的各种工作（包括人力资源规划工作）的看法。员工意见调查可以有效地用于诊断哪些方面存在着具体的问题，了解职工的需要和偏好，发现哪些方面的工作得到了肯定，哪些方面被否定。除了常规性的问卷调查，为了打消员工提出意见和建议的顾虑，企业也可以通过电子信箱调查和按钮话机对话式调查的方法来了解员工的意见。

员工意见调查是一种专项调查，它着重了解员工对自己的工作和企业的感受及信念。这类调查事实上可以视为一个讲坛，使员工得以公开他们对工作、负责人、同事，以及企业政策措施的看法。这种调查还可以成为企业改善生产力的一个起点。调查的频率应根据企业的具体情况而定，目前有些企业实行定期调查（如每年一次），有些企业则实行不定期调查。

### 7. 人力资源声誉评价和控制法

有些专家认为可以通过员工的主观感受来对企业人力资源规划工作进行评估。员工的反映及企业人力资源战略与规划工作的声誉对人力资源战略与规划的评价和控制来说是比较重要的。但实证分析和研究发现，这种评价和控制法和组织绩效之间的直接相关度不高。

### 8. 人力资源审计评价和控制法

审计是客观地获取有关经济活动和事项的数据，通过评价弄清实际效果与标准之间的符合程度，并将结果报知有关方面的过程。

与传统财务审计的综合特点类似，人力资源审计是评估人力资源规划效率的综合性手段，是对企业人力资源管理现状所进行的一种正式考察。人力资源审计的目的，是通过充分开发和利用统计报告和研究数据来全面、准确地评价人力资源管理工作的落实情况。

人力资源审计工作以管理层在人力资源管理方面所确定的各种目标为起点，由审计人员将人力资源管理工作的实际效果与各种原定目标进行比较。对人力资源进行审计，可以了解一个企业对人力资源管理工作的重视程度和实际管理状况，并依此给予评价。

在进行打分时，应先估计一下其他管理者和员工可能给予什么样的分数。得分总数情况可以作为改善企业人力资源管理的行动指南。

人力资源审计是传统审计的延伸，它通过采用、收集、汇总和分析较长时期内的深度数据来评价人力资源管理绩效。这种方法取代了过去的日常报告，经过调查、分析、比较，为人力资源工作提供基准，以便人们发现问题并采取措施提高效用。在人力资源审计过程中可综合使用访谈、调查和观察等方法。

### 9．人力资源规划案例研究评价和控制法

人力资源规划案例研究近年来被广泛地引入人力资源管理评估实践中，成为一种低成本的评估方法。具体做法是，通过对人力资源工作绩效的调查分析，对人力资源部门的顾客、计划制订者进行访谈，研究一些人力资源项目、政策的成功之处，并将其报告给选定的听众。

### 10．人力资源成本控制评价和控制法

大多数管理者虽然意识到了工资和福利等成本的重要性，但没有充分认识到人力资源工作的改变会带来巨大的开销。评估人力资源绩效的一种方法是测算人力资源成本并将其与标准成本进行比较。普通的人力资源成本可包括每个员工的培训成本、福利成本占总薪资成本的比重以及薪酬成本等。这种人力资源成本控制方法是对传统成本控制方法的拓展，典型的成本控制表中包括雇用、培训和开发、薪酬、福利、公平雇用、劳动关系、安全和健康、人力资源整体成本等。

### 11．人力资源竞争基准评价和控制法

竞争基准方法也在人力资源部门中得到运用并被用来评估人力资源战略与规划工作。具体做法是，先将人力资源战略与规划工作的关键产出列出来，然后将此与同行业中的佼佼者进行比较，从而进行评估。用竞争基准方法对人力资源战略与规划进行评价和控制时，需要将本企业人力资源工作情况与那些"表现最好"的企业的各项标准进行比较。它可以使人力资源部门的员工了解到，他们的工作业绩与其他企业相比到底处在什么样的水平。运用竞争基准方法对人力资源战略与规划进行评价和控制，可以促进以下方面的工作。

（1）确认人力资源战略与规划的运作情况是否应该进一步改进。

（2）评估人力资源战略与规划政策和人力资源利用效果。

（3）将人力资源战略与规划政策和人力资源利用效果与"最佳利用效果"进行比较。

为了进行评估差距，必须制订计划，以确立评价方法和了解最佳利用状态。在此基础上，再对存在差距的方面进行改进。

### 12．人力资源目标管理评价和控制法

运用目标管理的基本原理，根据组织目标的要求，确立一系列目标来评价人力资源工作。在这种方法中，关键是目标合理、可评估、有时效性、富有挑战性且又合乎实际，并能被所有参与者理解。同时，目标又必须达到高水平管理的要求。当然，这些目标应

尽可能量化，且必须与组织绩效相联系。

### 13．人力资源利润中心评价和控制法

人力资源利润中心评价和控制法是当代管理理论和实践将人力资源部门视为能够带来收益的投资场所的体现。人力资源部门作为利润中心运作时，可对自己所提供的服务和计划项目收取费用，典型的人力资源服务项目有培训与开发项目、福利管理、招聘、安全和健康项目、调遣项目、薪资管理项目和避免工会纠纷等。

### 14．运用人力资源战略与规划研究进行评价和控制的方法

通过运用人力资源战略与规划研究，对企业内外部的各种人力资源记录资料进行分析，从而确定以往和当前人力资源战略与规划实践措施的可行性、有效性。这种研究分析结果可用于以下几个方面。

（1）观察企业近期人力资源战略与规划的工作。

（2）确认企业人力资源方面存在的问题，并针对这些问题给出解决方案。

（3）预测各种发展趋势及其对企业人力资源管理的影响。

（4）考核企业人力资源战略与规划工作的成本与收益，由于缺乏适当的信息难以制定好的决策，这使研究分析工作对解决人力资源问题具有十分重要的作用。

人力资源专业人员必须研究和分析当前人力资源的管理措施，以保证未来的人力资源战略与规划工作变得更加实际和有效。研究可以是非常简单和直接的，如一个雇主拿着一份问卷，询问员工愿意选择什么样的工作时间安排，事实上也是一种研究。

### 15．利用离任交谈方式进行人力资源战略与规划评价和控制的方法

调研性的交谈是另一种可以采用的研究方法。这方法可用于许多方面，离任交谈就是一种被广泛采用的评价和控制方法。在这种交谈中，企业主要了解员工决定离开企业的原因。主持这种谈话的人员通常是人力资源专家而非企业的各级负责人。一个高水平的交谈者可从交谈中获得非常有价值的信息。交谈者通过离任交谈可以了解许多方面的问题，包括员工离职原因、管理问题、工资问题、培训问题，以及对自己工作最喜欢和最不喜欢的方面等。为了便于对交谈所得信息进行汇总，有些企业在离任交谈时采用统一化的提问方式。离任调查的结果将汇报给管理层，供管理层做各种评估之用。

## 7.3.2　人力资源战略与规划评价的具体操作

人力资源战略与规划评价的具体操作如下。

（1）实际人员招聘数量与预测的人员需求量的比较。

（2）劳动生产率的实际水平与预测水平的比较。

（3）实际的人员流动率与预测的人员流动率的比较。

（4）实际执行的行动方案与规划的行动方案的比较。

（5）实施行动方案的实际结果与预测结果的比较。

（6）劳动力的实际成本与预算额的比较。

（7）行动方案的实际成本与预算额的比较。

（8）行动方案的成本与收益的比较。

## 7.3.3　人力资源战略与规划的实施控制

企业在实施人力资源战略与规划时会遇到许多在制定过程中未曾预料到的问题，如果这些问题不能得到及时的发现和解决，就有可能使人力资源战略与规划的实施陷入困境，甚至给企业的经营战略带来极大的危害。因此，为了保证人力资源战略与规划能够正确实施，并及时应付实施过程中出现的意外情况，就需要对人力资源战略与规划的实施进行控制。

在人力资源规划实施中经常遇到的问题：人力资源战略与规划和实施计划出现问题、人力资源系统的外部环境和内部条件发生重大变化或人力资源规战略与规划实施失调。

（1）人力资源战略与规划和实施计划出现问题。人力资源战略与规划和实施计划发生问题时，给人力资源发展所带来的影响是各不相同的。如果人力资源战略与规划不合适，且没能及时采取有效措施进行纠正，则会造成人力资源战略与规划的实施失败。而在实施计划中出现的问题，则有可能给人力资源战略与规划的正确实施带来困难，严重时会使人力资源战略与规划无法实施。

（2）人力资源系统的外部环境和内部条件发生重大变化。企业人力资源系统的外部环境通常包含企业经营战略、企业经营水平、技术开发能力、生产能力和社会人力资源系统。这些外部环境是企业制定人力资源战略与规划的依据，如果这些外部环境发生重大变化，企业人力资源战略与规划就必须尽快修正，以适应环境变化的需要，否则企业人力资源战略与规划的实施只能失败。企业人力资源系统的内部条件主要是指企业人力资源系统的总量结构和素质等。当这些条件发生变化时，企业也需要对人力资源战略与规划的实施计划进行调整，以满足人力资源战略与规划的需要。例如，在人力资源 5 年规划中需要某类人力资源数量达到 150 人，现有 100 人，每年需要培训 10 人。但是在培训计划实施两年以后，该类人员突然流失了 30 人，这就需要对今后 3 年的培训计划进行调整，每年至少要培训 20 人，才能达到企业人力资源战略与规划的目标。

（3）人力资源战略与规划实施失调。企业人力资源战略与规划实施失调可能会发生在整个企业、某个部门，或某一个环节中。当人力资源战略与规划实施失调时，如果不能及时解决，不仅可能会造成人力资源战略与规划的局部失败，也有可能会造成人力资源战略与规划的全局失败。因此，对人力资源战略与规划实施过程中的失调问题必须及早加以解决。

### 1. 人力资源战略与规划实施的控制方式

控制方法按照控制时间分类有事前控制、事中控制和事后控制；按控制部位区分类有关键控制和全程控制；按参与控制人员多寡分类有全员控制和专业控制。

1）事前控制、事中控制和事后控制

（1）事前控制是指在人力资源战略与规划实施之前，就对其可靠性和可行性进行检查、验证，并设计适当、可行的计划，预计实施过程中所需要的各种条件和资源。在人力资源战略与规划实施前就要为其进展方向、发展轨迹和发展速度进行估计，并准备好各种控制方案。这种控制方式是对人力资源战略与规划实施控制的最佳方式，但是这种控制在具体操作中较为困难。因为人们不可能预先了解实施过程中所有可能发生的情况，并且如果要准备好所有可能的控制方案，将会带来高额的控制成本。

（2）事中控制是指在人力资源战略与规划的实施过程中给予密切的关注并随时加以控制，控制成本适当，并且能够及时纠正实施偏差。

（3）事后控制是在实施人力资源战略与规划的每一阶段以后对实施结果和计划目标进行对比分析，如果发现偏差，就要及时采取措施加以解决，控制成本一般较低。但是在人力资源战略与规划实施发生较大偏差时，容易造成较大损失。

2）关键控制和全程控制

（1）关键控制是指在人力资源战略与规划实施控制中，对关键的时机、环节、人员、岗位、部门和资源等进行控制。

（2）全程控制则是对人力资源战略与规划实施过程中的所有环节、人员、岗位、部门和资源等进行全部控制。

显然前者的控制成本要低于后者。

3）全员控制和专业控制

（1）全员控制是指参与人力资源战略与规划的所有有关人员均参与控制，并且对所有规划对象进行控制。

（2）专业控制则是指在人力资源战略与规划实施过程中，只由人力资源管理部门中负责人力资源战略与规划实施的人员参与控制活动。

显然，前者的控制成本高，但是控制全面；后者的控制成本低，但是控制不全面、不及时，可能无法及时发现企业人力资源战略与规划实施过程中的不利因素，从而导致人力资源战略与规划实施困难，甚至失败。

企业在对人力资源战略与规划的实施控制中，常常采取多种方式进行综合控制，以确定是否应该继续实施人力资源战略与规划，或是否需要采取某种措施对人力资源战略与规划实施中的问题进行纠正。

**2．人力资源战略与规划实施的控制过程**

为了能够有效地完成人力资源战略与规划控制，需要有序地按照人力资源战略与规划实施的控制进程执行。

1）确定控制目标

为了能对人力资源战略与规划实施进行有效控制，首先要确定控制目标。一般情况下，控制目标和人力资源战略与规划的目标是一致的。但是在设立控制目标时，有一个问题需要注意，是只选择与人力资源战略与规划有关的控制目标还是设置与企业总体发展战略有关的控制目标。很显然，如果选择与人力资源战略与规划有关的目标，能够直接对人力资源战略与规划实施进行直接、有效的控制。但是选择这些控制目标往往并不能有效地反映企业人力资源战略与规划实施的实际效果，因此最好的控制目标是能够反映企业人力资源战略与规划所支持的企业总体发展战略的目标。在确定人力资源战略与规划控制目标时，应该注意控制目标是一个体系，通常由总目标、分目标和具体目标组成。

2）制定控制标准

控制标准是一个完整的体系，依据控制目标而制定，包含了定性控制标准和定量控制标准两种。定性控制标准应该和规划目标相一致，能够进行具体评价，如人力资源的工作条件、生活待遇、培训机会、配置组合、能力发挥效果、对企业战略发展的支持程度等。定量评价标准必须能够计量、对比，如人力资源的发展规模、结构、速度、创新成果等。规划控制标准必须能够与本企业的历史状况进行比较，与同行业的竞争对手进行比较，或与国内外先进企业进行比较。为保证对人力资源战略与规划实施的有效控制，要确定一些关键衡量比率，使人力资源战略与规划的实施与控制容易操作，如员工收益率、直接生产人员和非生产人员之比、净收入与员工数之比等。

3）建立控制体系

为实现企业人力资源战略与规划实施的控制目标，必须有一个完整的、可以及时反馈的、准确评价的和及时纠正的体系。该体系能够从人力资源战略与规划实施的具体部门和个人那里获得人力资源战略与规划实施状况的信息，并能迅速地传递到人力资源战略与规划实施管理控制部门。管理控制部门可以将从规划实施现场所反馈回来的实施结果与控制标准进行对比、评价。该体系还能够根据评价结果，在必要的情况下对实施中的问题进行及时纠正。

4）衡量评价实施成果

当控制系统收集并处理完人力资源战略与规划实施中存在的问题以后，就需要将处理结果与控制标准进行衡量评价。衡量评价的结果主要有 3 种。一是实施结果与控制标准一致，是人力资源战略与规划实施的正常状态，无须采取纠正措施。二是实施结果超过控制标准，提前完成了人力资源战略与规划的任务，此时要注意该状态并不总是一个好的实施结果，因为企业人力资源规模、结构和素质的提高带给企业的不仅有人力资源使用的便利，还有人力资源成本的上升。因此，管理控制部门此时必须认真分析提前完成人力资源战略与规划目标的人力资源是否和企业经营状况相适应，是否出现人力资源浪费的现象。如果有此种情况发生，则必须采取适当的纠正偏差措施。三是实施结果低于控制标准，通常这种情况是一种不理想的结果，需要及时采取措施进行纠正。当然，在确定采取措施之前，必须对企业人力资源战略与规划进行评估，考察企业人力资源战略与规划所设定的环境及企业战略发展需要是否继续存在，如果环境与战略需要已经不存在，则企业对所要采取的纠正措施就要慎之又慎。

5）采取调整措施

通过对人力资源战略与规划实施结果的衡量、评价，发现结果与控制标准有偏差时，就需要及时采取措施进行纠正。在对人力资源战略与规划的实施结果评估中，可以发现引发人力资源战略与规划实施问题的原因，主要有实施工作不力、实施条件未能满足需要、实施过程中的环境因素变化或未能正确应对等。因此，所采取的措施主要是对实施不力的部门进行整改，提高工作效率；或对规划实施所需要的条件重新进行审核，对所需资源重新配置，若不能提供必需的条件，则要对规划进行调整；当环境因素发生变化时，如是有利因素则需要抓住利用，如是不利因素则需要加以克服，如是危险因素则需注意回避。如果环境因素变化太大，使人力资源战略与规划无法实现，就需要对人力资源战略与规划的目标进行调整。

## 7.3.4　在评价过程中需要注意的事项

（1）必须建立综合、科学的人力资源战略与规划及管理实践的指标体系，选择适当的分项指标并赋予合理的权重，使指标在代表性、效度和信度上有所保证。

（2）在完善的系统指标中，应将各种主观性指标和客观性指标有机结合起来。

（3）人力资源战略与规划评价不存在万能和最佳的方法。

（4）人力资源战略与规划评价应该符合其经济原则。

（5）人力资源战略与规划评价所提供的信息必须及时而有意义。

（6）人力资源战略与规划评价应该有利于采取行动。

（7）人力资源战略与规划的工作绩效指标应与企业绩效紧密联系。

【本章小结】////////////////////////////////////////////////////////

人力资源战略与规划是指在企业发展战略和经营规划的指导下，对企业在某个时期内的人员供给和人员需求进行预测，并根据预测的结果采取相应的措施来平衡人力资源的供需，以满足企业对人员的需求，为企业的发展提供合质合量的人力资源保证，为达成企业的战略目标和长期利益提供人力资源支持。现代社会竞争日趋激烈，人力资源的供求关系在不断变化，这就要求企业对内外部环境的变化及时做出预测，制订计划，采取相应的政策措施进行应对。本章主要阐述了人力资源战略与规划评价和控制的目的、人力资源战略与规划评价和控制的原则、人力资源战略与规划评价和控制的程序、人力资源战略与规划评价和控制的主要内容和主要方法。

【复习思考题】////////////////////////////////////////////////////////

1. 人力资源战略与规划评价和控制的主要内容是什么？

2．人力资源战略与规划评价和控制的主要原则是什么？

3．如何进行人力资源战略与规划评价和控制？请谈谈你的看法。

## 案例分析一

### 特弘公司的人力资源规划

特弘公司是一家以生产灯具为主营业务的企业，近年来，由于产量不断扩大，公司常常因人员不足而影响生产。最近，由于公司订单增加，使原本人手就不足的公司更加被动。

为此，特弘公司的人力资源经理建议进行一次彻底的人力资源规划。当公司的经营目标、经营战略、生产规模及经营活动发生变化的时候，公司人力资源面临的一系列问题如何解决？例如，公司的组织结构和人员结构是否需要发生变化？公司需要多少员工？公司现有多少合格员工？公司从外部能获得多少合格劳动力的供给？公司现在的劳动力供需均衡吗？是整体不均衡还是结构不均衡？应当如何解决这种不均衡？是否需要对现有员工进行培训？

经过调查发现，该公司以往对员工的需求处于无计划状态，情急之时聘请应急工的方式也不能从根本上解决问题。因此，公司决定把解决员工短缺及相关问题作为公司战略的重要部分来考虑。

特弘公司先对管理人员、专业人员和普通员工的需求状况及供给状况做了详尽的分析和预测。然后以此为基础，制订了人力资源管理的总规划，根据总规划制订各项具体的业务计划及相应的人事政策，做到提前招工、提前培训，解决了人员需求及相关问题。

案例启示：特弘公司的管理实践表明，人力资源规划对于企业的人力资源管理至关重要，做好人力资源供给、需求预测，结合企业的战略发展目标，制订适应企业发展的人力资源规划，才能主动避免组织出现人员短缺问题，才能确保组织在生存和发展过程中对人力资源的需求，也更有利于制定和实现组织的战略目标。

资料来源：https://wenku.baidu.com/view/c5733d205afafab069dc5022aaea998fcc2240ea.html，

有删改。

## 案例分析二

### 苏澳公司的人力资源规划

近年来，苏澳公司常为人员空缺问题所困扰，特别是经理层次人员的空缺常使公司陷入被动的局面。苏澳公司最近进行了人力资源规划。公司安排4名人事部的管理人员负责收集和分析目前公司对生产部、市场与销售部、财务部、人事部4个职能部门的管理人员和专业人员的需求情况，以及人力资源市场的供给情况，并预测下一年度各职能部门内部可能出现的关键职位空缺数量。

上述结果用来作为公司人力资源规划的基础，同时作为直线管理人员制订行动方案的基础。但是在这4个职能部门里制订和实施行动方案的过程（如决定技术培训方案、实行工作轮换等）是比较复杂的，因为这一过程会涉及不同的部门，需要各部门通力合作。例如，生产部经理为制订将本部门A员工的工作轮换到市场与销售部的方案，需要市场与销售部提供合适的职位，人事部也要根据这些需求做好相应的人事服务（如财务结算、资金调拨等）。而职能部门制订和实施行动方案过程的复杂性也给人事部门进行人力资源规划增添了难度。这是因为，有些因素（如职能部门间合作的可能性与程度）是不可预测的，它们将直接影响预测结果的准确性。

苏澳公司的4名人事部的管理人员克服种种困难，对经理层管理人员的职位空缺做出了较准确的预测，制订了详细的人力资源规划，使该层次人员空缺减少了50%，跨地区的人员调动也大大减少。另外，从内部选拔任职者人选的时间也减少了50%，并且保证了人选的质量，合格人员的漏选率大大降低，使人员配备过程得到了改进。人力资源规划还使该公司的招聘、培训、员工职业生涯规划与发展等各项业务得到了改进，节约了人力成本。

案例启示：合理的人力资源规划的制订和执行能完善组织结构，更好地协调各部门之间的关系，降低人工成本。但人力资源规划在制订过程中也会受到诸多因素的干扰和制约，因此要尽量做好各部门之间、部门与管理层之间的沟通和协调。

资料来源：https://wenku.baidu.com/view/d4c5012d951ea76e58fafab069dc5022abea4640.html，

有删改。

## 鼎文酒店集团的扩张

### 1. 背景

鼎文酒店集团最初只是一家普通的国有宾馆，由于地处国家著名旅游景区附近，故迅速发展壮大——原有宾馆已经推倒重建成一家五星级大酒店。集团在此尝到甜头后，先后在4个旅游景区附近收购了4家三星级酒店。对于新收购的酒店，集团只是派去了总经理和财务部全班人马，其他人员则全部采取本地招聘的政策。因为集团认为服务员容易招到，而且经过简单培训就可以上岗，所以只是进行了简单的面试，只要应聘者长相'顺眼'就可以。同时，为了降低人工成本，服务员的工资比较低。

### 2. 问题

赵某是鼎文酒店集团新委派的下属一家酒店的总经理，刚上任就遇到酒店西餐厅经理带着几名熟手跳槽的事情。他急忙叫来人事部经理商量此事，人事部经理满口答应立即解决此事。第二天，赵某去西餐厅查看，发现有的西餐厅服务员摆台时经常把刀叉摆错，有的不知道如何开启酒瓶，而领班根本不知道如何处理顾客的投诉。紧接着仓库管理员告诉赵某他发现丢了银质的餐具，怀疑是服务员小张偷的，但现在已经找不到小张了。赵某查了仓库的账本后，发现很多东西都标注丢失了。赵某很生气，要求人事部经理解释此事，人事部经理辩解说因为员工流动太大，多数员工都是才来不到 10 天的新手，餐厅经理、领班、保安也是如此，所以做事不熟练，丢东西比较多。赵某忍不住问："难道顾客不投诉吗？"人事部经理回答说："投诉，当然投诉，但没关系，因为现在是旅游旺季，不会影响生意的。"赵某对于人事部经理的回答非常不满意，又询问了一些员工后，发现人事部经理经常随意指使员工做各种事情，如接送他儿子上下学、给他的妻子送饭等，如果员工不服从，则立即开除。赵某考虑再三，决定给酒店换血——重新招聘一批骨干成员。于是赵某给集团总部写了一份有关人力资源规划的报告，申请高薪从外地招聘一批骨干成员，并增加培训投入。就在此时，人事部经理也给集团总部写了一份报告，说赵某预算超支，还危言耸听，造成人心惶惶，使管理更加困难，而且违背了员工本地化政策。

　　资料来源：https://wenku.baidu.com/view/d32331b386868762caaedd3383c4bb4cf7ecb7c7.html，有删改。

## 请思考

1. 赵某的想法是否正确？酒店是否必须从外地雇用一批新的骨干成员？

2. 赵某应当采取哪些措施以解决酒店目前面临的问题？

3. 酒店的人力资源规划重点是什么？对服务员是否需要进行规划，或者等到需要时再招聘？

4. 赵某应当与什么人一起完成酒店的人力资源规划？在进行人力资源规划的过程中，他们会遇到什么问题？

## 本章实训

一、实训内容分为若干学习小组，每组 5～6 人，根据所学知识，以某企业人力资源的需求预测为例，进行小组调研讨论，完成表 7-1 和表 7-2 的填写。

二、方法步骤

1. 熟悉人力资源需求预测方法。

2. 小组讨论以上表格具体内容。

3. 填写以上两个表格。

三、实训考核

1. 小组进行汇报展示。

2. 小组成员互评。小组成员互评实行百分制，最终小组互评成绩占本实训项目分值的 40%。

3．教师评价。教师评价实行百分制，最终教师评价占本实训项目分值的60%。

表7-1　现实人力资源需求预测表　　　　日期：____年__月__日

| 部　门 | 目前编制 | 人员配置情况 | | | 人员需求 | 备　注 |
|---|---|---|---|---|---|---|
| | | 超　编 | 缺　编 | 不符合岗位要求 | | |
| 总经理办公室 | | | | | | |
| 财务部 | | | | | | |
| 市场拓展部 | | | | | | |
| 运营部 | | | | | | |
| 工程部 | | | | | | |
| 人力资源部 | | | | | | |
| 行政部 | | | | | | |
| 项目中心 | | | | | | |
| 合计 | | | | | | |

表7-2　企业人力资源需求预测表　　　　日期：____年__月__日

| 职　系 | 当　前　年 | | 第　一　年 | | 第　二　年 | | 备注 |
|---|---|---|---|---|---|---|---|
| 管理职系 | 现实人数 | | 期初人数 | | 期初人数 | | |
| | 现实需求 | | 需增加岗位和人数 | | 需增加岗位和人数 | | |
| | 总需求 | | 流失人数预测 | | 流失人数预测 | | |
| | | | 总需求 | | 总需求 | | |
| 项目职系 | 现实人数 | | 期初人数 | | 期初人数 | | |
| | 现实需求 | | 需增加岗位和人数 | | 需增加岗位和人数 | | |
| | 总需求 | | 流失人数预测 | | 流失人数预测 | | |
| | | | 总需求 | | 总需求 | | |
| 技术职系 | 现实人数 | | 期初人数 | | 期初人数 | | |
| | 现实需求 | | 增加岗位和人数 | | 增加岗位和人数 | | |
| | 总需求 | | 流失人数预测 | | 流失人数预测 | | |
| | | | 总需求 | | 总需求 | | |
| 总计 | 现实人数 | | 期初人数 | | 期初人数 | | |
| | 现实需求 | | 需增加岗位和人数 | | 需增加岗位和人数 | | |
| | 总需求 | | 流失人数预测 | | 流失人数预测 | | |
| | | | 总需求 | | 总需求 | | |

# 第 8 章
# 人力资源战略与规划的发展趋势

📝 **学习目标**

◆ 了解人力资源管理在不同时期出现的特点。
◆ 掌握如何在不同环境下，正确组织和实施人力资源战略与规划。
◆ 了解不同时代背景下，人力资源的发展趋势及战略规划。

📋 **关键术语**

人力资源战略与规划　　发展趋势　　知识经济　　大数据　　管理变革

💬 **引导案例**

## 华为公司的人力资源变革

　　许多有关职场管理的文章，把华为今天的成就归为"管理之道"的成就，甚至归为人力资源管理的成就。所以我们在关于"996工作制"加班文化的文章中，经常能看到有人称赞华为是如何让员工自觉加班的。但是，任何一家企业的起落，除企业自身的因素外，还受制于消费者需求、竞争对手、产业周期等多种外部因素。华为作为一家经营多年的本土跨国企业，它的成功除了自身的努力，客观上也是由于它享受着中国改革开放的政策红利、市场红利和劳动力红利。在全球市场上，华为能和许多国际大品牌同台竞技，它背后的"国民品牌"和国家支持是不可忽视的。因此，华为今天的成就与它提倡的"奋斗者文化"并不能画等号。

客观来说，传统人力资源大多是面向企业的工作，不太容易被员工和外界感知到，而且大多数 HR 工作都是补充性和间接性的，如招人、找人，这些作用往往又是滞后的、需要长期才看到结果的。对初创期企业来说，业务部门最核心的事情是做出对的产品、找到对的客户、快速地卖掉产品，而人力资源部门的主要职责是找人。想要突破这种尴尬局面，企业需要从自身进行革新。许多公司的 HR 在一起交流时，大家总会不自觉地吐槽，如聊 HR 的不容易，抱怨公司不重视 HR。

要说现在如何体现 HR 对一家企业的价值，更多的是"减少企业成本"。

某些企业由于发展不景气出现裁员风波，很大程度上就是为了减少企业成本。而要说时下最具革新性的用工模式，就是灵活用工。

灵活用工不是什么新概念，其实一早就有，如兼职、临时工、合同工、劳务派遣等都属于灵活用工。从 2017 年年底开始，灵活用工一词就开始火起来了，其背后原因是灵活用工市场的迅猛爆发，以及人们就业观念的转变。由于《中华人民共和国劳动法》实施、个税改革、求职者就业观念改变等因素，除了员工工资，企业还要负担沉重的隐形成本。但灵活用工模式，一方面能为求职者提供更灵活的就业，另一方面也能为企业减少成本。

那么问题来了，灵活用工究竟能帮助 HR 改变什么？

灵活用工，重点是灵活，对用工方来说，需求是随叫随到、保质保量、完工即走；对求职者来说，需求是找工随时随地、工资不拖、意外有保险。HR 研究网人力资本高峰论坛上，专注灵活用工赛道的兼职猫创始人/CEO 王锐旭曾说近年来零工经济崛起，劳动就业观念也正悄然改变，人员在岗的流动性会越来越大。以服务业蓝领为例，"90后"都市服务业从业者平均一年要换三份工作。人力资源部门也在发生改变，未来几年人力资源部门的首要任务可能将从人员招聘转移到成本控制，从人力资源供给侧给予企业稳定的成本把控。随着灵活用工趋势的发展，未来灵活用工将会是众多企业用工方式的首选，更会成为求职者热衷的工作方式。

资料来源：https://baijiahao.baidu.com/s？id=1629762191378426823&wfr=spider&for=pc，有删改。

# 8.1 全球化背景下的人力资源战略与规划

## 8.1.1 全球化的概念与内涵

关于全球化的本质与内涵，学术界尚无统一的定论。目前有关全球化的定义和研究呈现十多种学科多视角的局面，包括经济全球化、政治全球化、文化全球化、人类发展和生存问题全球化等。相对来说，基于社会学对全球化的理解较具有综合整体性，其中德国社会学家乌尔利希·贝克的定义被广泛认同。他认为，全球化描述的是相应的一个发展进程，是指在经济、信息、生态、技术、跨国文化冲突与市民社会的各种不同范畴内可以感觉到的人们的日常行动，日益失去了国界的限制。从这个定义来看，显然，全球化是一个多元范畴的发展进程。这个多元范畴包含了经济全球化、生态全球化、文化全球化和政治全球化等方面。因此，整体上，可以把全球化理解为以下几点：①全球化是一个多维度的过程；②全球化在理论上创造着一个单一的世界；③全球化是统一和多样并存的过程与趋势；④当前的全球化是一个不平衡的发展过程，除全球经济初见端倪外，还没有出现全球政治体系、全球道德秩序或世界社会；⑤全球化是一个冲突与合作并存的过程，国家、个人、各种各样的团体、组织，以及不同的文化都包含在内；⑥全球化是一个观念更新和范式转变的过程，正如意大利学者康帕内拉所说："全球化是在特定条件下思考问题的方式。"

在全球化的多元范畴中，经济全球化最具代表性。甚至有些学者直接把全球化等同于经济全球化，也可以说，经济全球化带动和推动着全球各个领域或范畴的全球化。经济全球化，是指各国经济均被卷入世界市场，诸多生产要素在世界范围内得到优化配置，经济活动的诸多环节在世界范围内运作，各国经济相互依赖、密不可分，呈现出某种整体化、一体化趋势。其具体表现如下：全球生产、全球贸易、全球金融、跨国公司的重要作用和经济区域一体化趋势等。在经济全球化的进程中，作为"局中人"，世界各国和各种组织都在经历着一场基于经济发展的、有关生存与发展的多方博弈，是各国和各种组织竞争力的较量。在这种竞争过程中，人力资源至关重要，人力资源是国家和组织竞争与发展的动力之源。另外，全球化在加剧全球人力资源竞争的同时，也使全球各国、各类组织之间产生了千丝万缕的联系，商业环境变得异常复杂，不确定性和易变性成为世界的代名词，也进一步加剧了组织人力资源战略与规划的挑战。

## 8.1.2　全球化对组织人力资源的挑战与组织的战略选择

对外开放政策促进了国外资本在中国的投资，外资企业进入中国，进而促进了中国本土经济的国际化。中国加入 WTO 进一步加速了中国经济本土国际化，以及中国企业走向国际化、全球化的进程。在对外开放和经济发展的进程中，中国经济和组织经历了外资进入中国的本土经济国际化、中国企业走出去的国际化和中国企业参与全球竞合的全球化 3 个阶段。在组织国际化和全球化进程中，人力资源是组织面临的巨大挑战。

### 1. 人力资源过程全球化与实践本地化的嵌套战略

面对全球化，从战略层面来说，组织既需要有全球宏观视野的人力资源战略与规划，又要注重实践层面的地域、民族和国家的差异性，即人力资源战略实践的本地化。首先，人力资源过程全球化的战略，即组织在全球化、跨国、跨地域发展过程中，需要直接面对全球视域下的人才争夺竞争，以及组织全球范围内的人力资源整合与协同。如果说"全球化是在特定条件下思考问题的方式"，那么组织人力资源过程全球化战略的第一要务，就是要建立全球化的思维模式，这体现在组织人力资源系统的开放性和对文化差异的包容性，以及全球协同性上，如全球人力资源配置、全球领导力开发等。组织人力资源过程全球化战略，还体现在集团总部与全球范围内的子公司或事业部等采取共同的人力资源哲学理念、政策方针、一体化的人力资源系统和规范化的流程等。

其次，在人力资源战略实践层面上做到本地化，主要表现为心智模式转变基础上的文化匹配。在中国加入 WTO 以后，中国企业基本处于向西方学习管理理念和模式的阶段，包括人力资源管理实践。然而，随着这些管理理念和模式的引入，人们逐渐发现西方的管理理念和模式并不一定适合国内的组织。如西方关于高效人力资源管理的假设，在中国的经济情境下应用时将面临挑战。面对这些挑战，无论是中国企业走出去参与国际竞争，还是外资企业进入中国投资，如果想从战略层面在人力资源上取得竞争优势，则这些企业都需要学习其所在国家或地区的心智和思维模式，进而达到文化匹配性。例如，非洲国家的思维模式强调集体主义和群体团结，当地的领导和组织模式强调人性化、群体决策与互赖性等，这些思维模式与中国企业强调家庭关系网、社会资本、凝聚力类似。但显然，非洲国家和中国的思维模式，与西方国家组织中强调的个人主义、竞争和对抗的思维模式是不同的。本地化的人力资源战略的实施措施，包括理解所在地市场、人际和社会网络模式、适用于当地的知识技能的开发、文化和语言，以及管理与制度环境等。

总之，在当今时代，没有哪个组织能游离于全球化之外而免受全球的影响。在全球化竞争中，组织人力资源战略既要有全球化的战略思维模式，又要在人力资源战略实践中具有本地心智模式和文化的匹配性，达到战略层面与实践层面的嵌套契合。

### 2. 全球化进程中组织人力资源战略实践

全球化带来了商业环境的不确定性和易变性。在不确定性和易变性的商业环境中，组织变革成为组织管理新常态，组织需要不断变化和调整人力资源战略，以应对内外部环境的迅速变化，因此组织人力资源战略实践的灵活应变性变得至关重要，主要体现在以下几个方面。

#### 1）人力资源部门和专业人员的角色转变

组织对人力资源专家和专业能力的依赖性越来越强，组织人力资源专业人员由原来的职能人员变成专家型的组织业务伙伴，即人力资源业务伙伴和战略伙伴。这就要求，在经济全球化的背景下，人力资源专家必须掌握管理竞争、适应复杂性、把握变化、在实践中学习、完善组织行为和以人为中心的管理这 6 种关键技能。所以，在全球化进程下，组织需要把人力资源转变为组织的战略伙伴，把人力资源专业人员转变为组织的业务伙伴。

#### 2）建设和提升人力资源队伍的灵活性和应变能力

通过个体学习和组织团队建设和提升组织人力资源队伍的灵活性和应变能力，可以从个体和团队两个层面来实现。从个体层面来说，需要建设学习型组织文化，促进个体的学习习惯和行为的养成，因为应对变化的唯一方法就是变化自身，而变化的本质是学习与创新。从团队层面来说，组织可以通过建立自我管理式团队，把大组织变成精巧灵活的小团队，从而建立灵活动态的扁平化组织，消除机械化层级组织的惰性和低效率，提升组织的应变能力。

3）多元化人才队伍的管理与整合

随着组织的全球化发展和人力资源本地化策略的实施，组织的人才队伍也趋于多元化。因此，人才队伍多元化是全球化组织不可回避的一个挑战。面对人才队伍多元化，需要从个体和组织两个层面调整人力资源战略。从个体层面来说，包括了个体认知和心智模式的转变。这需要组织成员改变自我中心的观念，秉持开放包容的思维模式。组织可以通过培训开发策略，培养和训练组织成员的跨文化敏感性。从组织层面来说，一方面是组织的人力资源理念向文化多元性转变，另一方面是建立具有多元文化包容性和求同存异的组织文化，让多元化心智模式和思维模式转变为组织集体行动模式。

4）全球经营管理人才及领导力开发

组织发展全球化，一个重要的方面是拥有具备全球思维模式和领导力的经营管理人才队伍。全球化经营管理人才的开发战略如下所述。

（1）送出去，即选派合适的人员到国外公司工作。

（2）引进来，即引进海外优秀的人才到本企业工作。

（3）返回来，即充分吸引海外归国人员到本企业工作。

（4）移民，即充分吸引移民到本企业工作。

（5）与跨国公司进行合作联系，进行广泛的人才交流与信息技术交流。

（6）外脑借用，即通过网络信息技术间接利用优秀经营管理人才。

（7）标杆学习，即选派人员到国内外行业标杆组织学习先进技术与管理经验。由德勤公司发布的《2016 人力资源 10 大趋势》表明，领导力比以往任何时候都重要，90%的受访公司把领导力列为一个重要的问题。因此，管理人员的全球领导力开发，应是组织全球化发展中具有战略意义的议题。具体的举措包括为员工提供广泛的机会和非传统的开发技术，如跨界或跨文化工作岗位任职、任务与项目团队实践、国际教育培训项目等。

**3．通过雇主品牌建设，提升组织人力资源战略与规划的优势**

经济全球化使组织人力资源的全球化竞争加剧，商业环境变得更加易变与不可预测，组织变革成为组织管理新常态。高速运转和变化的商业环境与工作场所，以及万物互联的社会网络，导致员工特别是知识型员工的职业生涯呈现易变性与无边界性。因此，传统的、带有强制性的、基于劳动合同或契约的组织忠诚，已经越来越被基于员工心理契约的职业忠诚所替代。在注重职业忠诚的全球化竞争时代，战略性的人力资源吸引、使用、保留和激励，需要新的人力资源战略与规划作为支持，包括近年来越来越被组织重视的雇主品牌建设。一些领先企业的经验表明，创立并保持卓越的雇主品牌，已经成为组织获取人力资源竞争优势的战略选择。雇主品牌是在人力资源市场上享有良好的知名度、美誉度和忠诚度的组织形象系统，不仅体现了组织与员工之间的关系，还体现了组织为现有员工和潜在员工提供的工作经历，通常由人才形象、首席执行官形象、管理制度、组织文化环境和公民形象 5 个部分组成。雇主品牌是以雇主为主体，以核心员工为载体，以为员工提供优质与特色服务为基础，旨在建立良好的雇主形象，从而起到汇聚优秀人才、提高企业核心竞争力的一种人力资源战略性举措。

雇主品牌的建设，具体可以从两个方面进行。一是内部软环境（氛围）的建设和实践。人力资源管理咨询公司怡安翰威特认为，雇主品牌是一种雇主允诺，包括员工加入公司后能体验到的工作文化、环境和机会等，如职业发展前景、自由/自主权、社会责任、领导力、团队合作、变革等。二是外部人力资源市场的定位。人力资源管理咨询公司华信惠悦认为，雇主品牌是雇主在人力资源市场上的定位，并与组织品牌保持一致。对外，在潜在员工中树立卓越的组织和工作场所形象，激发他们受雇于组织的意愿与行动；对内，通过对员工的承诺，在现有员工心目中树立卓越的形象和口碑，提升员工满意度和组织忠诚度。可以预见，在全球化竞争时代，体现组织软实力的雇主品牌建设将会是组织实施人力资源战略与规划的重要选择。

## 8.2　网络与知识经济时代背景下的人力资源战略与规划

### 8.2.1　网络与经济时代概述

进入 21 世纪之后，在计算机、全球互联网、移动互联网等信息技术的推动下，人类进入了知识大爆炸时代，这意味着人类社会进入了网络与知识经济时代。知识经济时代以知识传播、技术创新为根本，而信息技术则是知识经济的物质基础。因此，可以说网络与知识经济时代，具有信息网络化、经济全球化、资源知识化和管理人本化的特征。一方面，组织持续发展的动力，来源于知识型员工的知识创造与技术创新；另一方面，网络和信息技术有利于新知识的传播、学习与应用，进而将知识转化为生产力，转化为组织竞争优势。因此，进入 21 世纪以后，技术创新，以及知识型员工的获取、使用和保留，将成为组织之间竞争的关键。

与此同时，网络（全球互联网和移动互联网等）技术，改变了或正在改变着人与人、物与物、人与组织、人与物，以及人与世界的连接方式，进而改变了组织的结构形态。扁平化和网络化组织将是未来主流的结构形态，具有开放包容性、动态适应性（即适应知识经济时代的到来）。网络和信息技术在组织中的应用，使组织结构变得越来越扁平化、网络化。网络与知识经济时代的这些特征，正在推动和颠覆着传统组织架构与理念、商业模式、组织发展的驱动力，进而影响组织人力资源战略与规划的选择和实践。组织变得越来越扁平化，促成了平台型组织的出现，改变了组织内部、组织与外部信息传播的模式和速度，知识的传播与分享变得更加快速和便捷。

## 8.2.2　网络与知识经济时代的组织人力资源战略和实践

### 1．扁平化和平台型组织的人力资源战略与实践

人类社会进入网络与知识经济时代后，信息与科技贯穿了企业整个经营活动，扁平化和平台型组织已经成为许多高科技企业的组织形态，且正在逐步替代传统纵向控制型的组织形态，成为现代组织分工的主要形式。在这种扁平化和平台型组织中，自我管理式团队将成为组织运行的主要形式，自我管理式团队倾向于自我指导，团队成员互相依赖，共同完成某些富有挑战性的目标。在扁平化和平台型组织结构和形态中，人力资源专业人员的职责之一是组建高效团队调整人力资源战略和规划，指导员工改变行为以适应组织变化等。同时，在扁平化和平台型组织中，信息技术的运用，使组织与员工之间变得更加透明，组织需要越来越重视员工的自主性和参与意识。因此，在扁平化和平台型组织中，组织要给予员工充分的信任和自主性，采用参与式的人力资源战略。这意味着，在网络与知识经济时代，组织需要建立基于价值共享的新范式。在这种新范式中，有关个体价值的创造会成为核心，知识型员工和新生代员工将更关注个体价值的实现、自主和独立性；需要管理去中心化，激发个体价值创造活力，使人力资源走向人力资本。

### 2．通过学习型组织的构建与实践，创造知识型和创新型组织

如有些学者断言，21 世纪组织人力资源将面临的挑战之一是知识型员工的短缺。而金哲等 80 多位学者所编写的《21 世纪预测》更是断言："21 世纪的企业将是学习组织型企业，即知识型企业。"在 1997 年世界管理大会上，300 多位经济学、管理学专家则明确提出："未来时代最成功的公司，将是那些基于学习型组织的公司。"资料显示，20 世纪末，在美国排名前 25 名的企业中，80%的企业按照"学习型组织"模式改造自己，世界排名前 100 名的企业已有 40%的企业按"学习型组织"模式进行彻底改造。改造的效果如下：1994—1997 年连续 4 年入围"世界五百强"的前 10 名企业均为知识型企业，而且研究表明，无论是利润绝对数还是销售利润率，知识型企业都比等级权力控制型企业高出 30 多倍。因此，创新将是未来组织可持续发展的必要选择之一，而组织又将面临知识型员工短缺的问题，所以学习型组织的建立与实践，必将成为组织人力资源战略的不二选择。

### 3．充分利用互联网优势，实施开放式人力资源利用战略

在网络与知识经济时代，人力资源服务外包和众包等形式，不失为组织实现人力低成本战略的现实选择。例如，美国的软件业，利用印度的低人力成本，通过远程控制的方式，把业务外包给印度组织；而众包则是组织通过互联网的人才集聚功能，把一些研发创新任务发布到特定的网址上，再由这些网络上的跨领域专家自发形成团队解决组织的问题，许多国际大型组织（如宝洁、IBM 和宝马等）都是众包这种人力资源服务的受益者。正是基于这种知识的无边界性，以及全球互联的时代特性，在未来，人力资源外包和众包将成为组织完成一些服务功能和跨领域的研发创新任务等重要的战略选择。

## 8.3 大数据时代背景下的人力资源战略与规划

### 8.3.1 大数据时代背景下的组织人力资源面临的机遇和挑战

在人力资源领域，大数据将给组织带来全新的机遇和挑战，主要包括以下内容。

首先，大数据正在改变组织人力资源管理的现实环境。以前，组织在进行人力资源管理实践时，总是以相对静态的视角看问题，而在大数据时代，组织每天都能获得海量数据。组织管理人员处在一个数据的"海洋"中，大数据使管理者和员工双方处于更加"透明"的状态，"信息不对称"造成的管理困境将因大数据而得到改善。其次，人力资源管理的传统思维和手段将被"颠覆"。大数据是一种不可忽视的冲击旧有思维模式的新浪潮，势必会给组织人力资源管理带来一场思维和方法的变革。在大数据环境下，组织人力资源部门和专业人员的价值，将从后台服务发展为业务部门的合作伙伴和业务驱动者，进而成为组织的价值创造者。最后，大数据将重新定义组织管理者的技能素质，这体现为管理者一方面需要具备大数据思维和先进的管理念，另一方面则需要具备预制数据和觉察变化的技能，以及由此做出迅速反应的能力。这意味着组织管理人员将成为一定程度上的数据专家，需要有对数据的敏感性和洞察力，并将这种对数据的理解和意义认知转变为组织的管理效率和价值实现。

### 8.3.2 大数据时代背景下的组织人力资源战略与实践

#### 1. 基于大数据提升组织人力资源战略与规划的精确性和灵活性

无疑，大数据技术将作为组织人力资源战略与规划的必然选择之一。任仕达在 2014年发布的《2013/2014 年度工作的世界报告》表明，61%的中国企业受访者把人才分析和"大数据"当作人才战略的一部分；47%的中国企业受访者认为，更有效地规划劳动力队伍是使用大数据的首要理由。《2014 德勤全球人力资源趋势报告》表明，越来越多的人力资源部门使用大数据作为更为科学的人才决策及员工绩效预测手段，并提前做好人力资源战略与规划。而基于大数据的人力资源战略与规划主要表现在精确性和灵活性提升两个方面。

首先，从精确性方面来说，可以利用大数据的精确预测能力，提升组织人力资源战略与规划的科学性和有效性。在大数据技术产生之前，传统的人力资源信息系统和分析软件只能提供并分析结构化数据；大数据技术产生后，则可以获取并分析大量的非结构化数据，如图文、音频和文本数据等，甚至可以做到即时获取、即时分析，如此便可以对人力资源战略和规划进行精确的数据化预测与分析。借助大数据技术，组织不仅可以有效测量和分析人力资源管理效果，而且能够更精确地掌握其人力资源发展趋势，为组织人力资源战略和规划及其实践提供深入、全面的决策依据，进而提升组织人力资源战略与规划的精确性和有效性。

其次，利用大数据技术的动态实现性，提升组织在具有不确定性和易变性的商业环境中组织人力资源战略与规划的灵活性和应变性。在迅速变化的环境中，组织人力资源战略与规划向短期化转变，事实上也是向灵活性和应变性转变。这种转变的前提是，组织掌握了内外部环境的实时数据流，能够迅速做出预测和战略调整，并采取相应的行动策略。而人力资源战略与规划的灵活性和应变性，将随着大数据技术的成熟和应用逐步提高。

总之，利用大数据几乎可以把一切量化的能力、数据动态捕获和分析的能力，以及其预测性的核心功能综合起来，实现对组织内外部环境和人力资源活动的实时监测与预测，提高组织人力资源战略与规划的预测精准性和动态灵活性。

**2．通过围绕大数据技术人力资源软实力的建设，建立组织竞争优势**

世界各国和各类组织在进行大数据优势建设的竞赛过程中，已经竞相在大数据技术研发、硬件设施和系统建设等基础性工作上各自发力。然而，这些技术和系统效用的发挥，都离不开围绕大数据技术人力资源软实力的建设与提升，即大数据人才队伍的建设与培养。甚至可以说，大数据的获取和开发，将成为影响组织基于大数据技术获得人力资源竞争优势的重要因素。普华永道发布的一份报告指出，随着技术的发展，企业员工也接触和运用了越来越多的技术设备进行学习，数据分析将成为企业知识型员工必备的技能。因此，首席数据官和大数据团队开发培养，将成为组织人力资源核心竞争力的关键所在。

当前，作为一个新兴的研究领域，大数据研究横跨多个学科，然而这方面的复合型人才非常稀缺。在这样的情况下，为了抢占大数据技术人才的制高点，世界各国有实力的组织都在采用高投入的人力资源战略，外部吸引和内部开发并重。而对于实力相对较弱的组织来说，只能退而求其次，在发挥人才团队整体协同效能的基础上减小差距，采用差异化的人力资源战略，保持在这场基于大数据技术的竞争中的核心竞争力。因此，组织必须把数据人才的获取和开发上升到战略层面，以获得组织未来的竞争优势。

## 8.3.3  大数据技术促使人力资源管理面临的一些挑战

**1．技术进步的挑战**

面对竞争激烈的市场，组织必然要不断提高劳动生产率，提高产品质量及服务。技术的进步在使企业更有竞争力的同时，也改变了企业的工作性质，于是新技术便应运而生。网络技术的发展改变了人们的工作和生活方式，被广泛应用于人力资源管理的各个领域。这些新技术的出现在给人力资源管理带来生机和活力的同时，也带来了新的挑战。组织只有利用好这些新技术，才能在激烈的竞争中立于不败之地。

**2．管理模式创新的挑战**

传统的人力资源管理模式大体上可以分为以美国为代表的西方模式和以日本为代表的东方模式两大类。西方模式的特点是注重外部人力资源市场，人员流动性大，劳资关系具有对抗性，薪资报酬较刚性等；而东方模式注重内部招聘和提拔，员工教育和培养，团队参与和管理，工资弹性等。在历史上，这两种模式都被证明是有效的，但都存在一定的缺陷。网络与知识经济时代的人力资源管理模式是人本管理模式、团队管理模式、文化管理模式、以知识管理为中心的企业管理模式等几种管理模式的交融与创新。它要求管理要以人为中心，人处于一种主动的地位，要尽可能地开发人的潜力，知识管理和企业文化在人力资源管理中被提到新的高度，组织既要做好适应全球经济竞争加剧的准备，又要真正认识到人才才是企业最重要的战略资源，利用企业文化来感染员工、凝聚员工，塑造新的、更具竞争能力的员工队伍，发挥团队优势，以知识管理为中心，来适应网络与知识经济时代下人力资源管理模式创新的挑战。

### 3．组织结构变革

在网络与知识经济时代下，企业的组织结构呈现扁平化、网络化、柔性化，提高了员工的通用性和灵活性。组织根据每名员工的专长组成各种工作小组，以完成特定的任务，而不再采用对员工的具体任务有明确规定的传统的金字塔式的结构，这使主要承担上下之间信息沟通的中间管理层失去了应有的作用而遭到大幅精减，员工的晋升路线也不再局限于垂直晋升，而是广泛的水平晋升，如角色互换。这些变化相应地对人力资源管理提出了新的要求，管理者需要从战略高度重视人力资源的开发与管理，以确保员工拥有知识、技能和经验的优势，确保人员配置实现优化组合。组织结构变革是网络与经济时代下企业面临的重要问题。

## 8.3.4 大数据时代背景下人力资源管理发展的新趋势

随着企业管理的逐渐发展，企业越来越重视"人"的作用，逐渐提高了人力资源是企业重要的资源这一认识。因此，人力资源管理成为现代企业发展中一项极为重要的核心技能，人力资源的价值成为企业核心竞争力衡量的关键性标志之一。随着经济全球化的发展，人力资源管理受到了重大的影响和挑战，如信息网络化的力量、知识与创新的力量、顾客的力量、投资者的力量、组织的速度与变革的力量等。21世纪人力资源管理既有着工业文明时代的深刻烙印，又反映着新经济时代的基本要求，从而呈现出新的发展趋势。在人力资源管理的地位日益提升的新形势下，人力资源管理要为企业战略目标的实现承担责任，因此人力资源管理在组织中的战略地位上升，并在组织上得到保证，如很多企业成立人力资源委员会，使高层管理者关注并参与企业人力资源管理活动。人力资源管理不仅是人力资源职能部门的责任，也是全体管理者的责任，企业高层管理者必须承担对企业的人力资源管理责任，关注人力资源的各种政策，坚持"以人为本"和"能本管理"的理念。此外，随着知识经济和信息时代的到来，工业时代基于"经济人"假设的人力资源管理工具越来越不适应管理实践的发展，人力资源管理趋向于以"社会人""复杂人"为假设的人本管理。人本管理要求管理者注重"人"的因素，树立人高于一切的管理理念，并在其管理实践过程中形成一种崭新的管理思想，即以人的知识、智力、技能和实践创新能力为核心内容的"能本管理"。"能本管理"是一种以能力为本的管理，是人本管理发展到新阶段的产物。"能本管理"的本质就是尊重人性的特征和规律，开发"人力"，从而尽可能发挥人的能力，以实现社会、组织和个人的目标。

### 1. 注重个体的全面发展

创新是企业的生命和活力，更是企业生存和发展的决定性因素。因此，企业人力资源管理的重点就是激发人的活力、挖掘人的潜力、激活人的创造力，通过引导员工了解企业发展目标，围绕具体项目赋予他们一定的处置权和决策权，并完善相关的薪酬、晋升和约束机制，鼓励员工参与企业管理和创新，给予他们足够的信任，使其感到自己对企业的影响力，从而释放人力资源的创造潜能，为企业发展开辟永不枯竭的动力源泉。

### 2. 注重人力资源系统最优

人力资本是指企业员工所拥有的知识、技能、经验和劳动熟练程度等。在网络与知识经济时代，知识、技术和信息已成为企业的关键资源，而人是创造知识和应用知识的主体。因此，人力资本成为企业的关键资源，也是人力资源转变为人才优势的重要条件。现代人力资源管理的目标指向人的发展，就是要为员工创造良好的工作环境，帮助或引导员工成为自我管理的人，在特定的工作岗位上创造性地工作，在达到企业目标的同时实现员工全面的自我发展。此外，应该注意的是，人力资本不仅是一种资本，也是一种实际的投资行为，因而人力资本的投入要求有一定的收益与之相匹配。

### 3. 人力资源管理逐渐全球化、信息化

随着世界各国经济交往和贸易的发展，全球经济日益成为一个不可分割的整体，这种经济变化趋势已彻底改变了竞争的边界，国际竞争的深化必然推动企业在全球内的资源配置，其中包括人力资源的全球配置。管理人力资源的难度、培训的难度、不同文化的冲突、跨文化管理，都将成为企业人力资源管理的重要课题。此外，知识经济也是一种信息经济、网络经济，人力资源也将逐步融入信息时代，呈现出鲜明的信息化和网络化特征。企业要想使自己的人力资源管理顺应时代发展的潮流，就应该牢牢把握住人力资源管理发展的新趋势，与时俱进，不断创新，在符合人力资源管理发展方向的前提下，结合本企业的特点，制定出切实可行的人力资源管理政策，为企业保驾护航。

【本章小结】

人力资源管理战略与规划一直是学者和业界企业管理者讨论的主题，如何对人力资源进行战略规划，是一个重要的研究课题。本章分别从全球化背景、网络与知识经济时代、大数据时代等不同视角出发，对人力资源管理战略与规划进行了系统阐述，对不同背景下的人力资源管理特征和趋势进行了相关说明。

【复习思考题】////////////////////////////////////////////////////////////////

1. 全球化的本质及其给组织人力资源带来的挑战有哪些？全球化背景下，组织可以采取什么样的人力资源战略和规划？

2. 在网络与知识经济时代，组织如何通过人力资源战略途径取得竞争优势？

3. 大数据技术及其特征有哪些？如何利用大数据技术提升组织人力资源战略与规划能力？

## 案例分析

### 海尔的 OEC 管理法

海尔的 OEC 管理法可以用 5 句话概括：总账不漏项、事事有人管、人人都有事、管事凭效率、管人凭考核。这体现了只认功劳，不认苦劳，更不能认疲劳的理念。由此可见，在市场经济条件下，"没功劳有苦劳，没苦劳有疲劳"的观点在海尔是不适用的。海尔要求全体员工每天必须进步一点点，在行业竞争策略上要求一定要比对方快一步，如不能快一步快半步也行，员工每天必须有进步。海尔认为只有承认功劳才会有进步，承认苦劳的后果只能是退步。

海尔的 OEC 管理法像泰勒制一样分解操作员的动作，对任务的量化是下达指标、考核工作质量并实行奖惩，从而奠定了海尔的管理风格：严、细、实、恒。严，即严格要求。"日日清工作法"要求所有的体系、所有的员工必须严格按规定的内容、时间、标准逐日进行清理，对工作中的成绩与缺陷严格奖惩。细和实，即分工细、责任实。"日日清工作法"在对所有的物和事进行分解时，强调三个"一"，即分解量化到每一个人、每一天、每一项工作，清楚地标明责任人与监督人，有详细的工作内容及考核标准，形成环环相扣的责任链。恒，即持之以恒。海尔认为企业和每个员工都可以做好一天的工作，而每天都做得好，就是一件难事。"日日清工作法"就是要通过每天的清理和总结，持之以恒地做好企业每天的各项工作，实现天天好的理想目标。老子说过："天下难事，必作于易；天下大事，必作于细"，在海尔，则体现为"成也细节，败也细节"。张瑞敏在海尔处于快速发展时曾说过："目前，我们的一些中层干部目标定得很大，但工作不细，只在面上号召一下，浮浮夸夸，马马虎虎，失败了不知错在何处，成功了不知胜在何处，欲速则不达。"他的行动风格是，凡欲成就一件大事，事先都要进行艰苦、周密的策划工作，对过程还要进行严密的监控。

正因为海尔具有严谨的组织和管理体系，以及科学的管理理念和机制，才会获得今天的成就。它所取得的成功证明人力资源管理在决定企业的竞争力方面起到了关键性作用。海尔的人力资源管理实践帮助其在与对手的较量中赢得了竞争优势，成为中国现代企业经营成功的一个典范。

资料来源：https://doc.mbalib.com/view/b24c6519fa5f2524e5147cc6dc60986b.html，有删改。

## 本章实训

**一、实训内容**

谈谈在当前社会环境下，你认为人力资源管理需要哪些个体特征，以及你具备哪些未来职业需求的特征。同时以 5～6 人为单位组成小组，与相关企业进行访谈，了解企业当前的人力资源管理战略及规划。

**二、方法步骤**

1. 每个人写出自己的学习目标及安排（200 字左右）并上台交流。

2. 以 5～6 人为一组，简要撰写关于本小组整体完成情况及基本现状的报告。

3. 每个小组派一名代表在课堂上用 2～3 分钟的时间进行交流发言。

**三、实训考核**

对小组讨论交流的成果给予点评。

# 第 9 章
# 中国企业的人力资源战略与规划

**学习目标**

◆ 了解中国企业人力资源战略与规划的发展历程、特点与现状。

◆ 领会中国企业人力资源战略与规划的主要成绩和面临的问题。

◆ 立足中国企业实际，活用所学知识，选择和制定人力资源战略与规划。

**关键术语**

中国企业　　人事管理　　人力资源管理制度　　人力资源规划发展

**引导案例**

## 深圳中航集团人力资源战略与规划

深圳中航集团（简称深圳中航）是以投资实业为主体的战略控股型企业，是中国航空工业系统内非航空业务的主力军和中航技总公司的实业平台。自1982年成立以来，深圳中航依托航空工业雄厚的技术实力和人才优势，逐步发展成为集高科技制造、地产开发、物业管理、酒店经营、零售、高档消费品、贸易、资源等核心业务为一体的多元化企业。深圳中航拥有深中航、中航地产、深天马、飞亚达等四家境内外上市公司及天虹、深南电路、中航资源、中航物业、中航商贸、中航酒店等一批具有影响力的知名企业。

**一、深圳中航人才理念——"人力资源是第一资源"**

深圳中航将集团的人才理念确定为"人力资源是第一资源",将人力资源视为一切的中心和根本。深圳中航始终将员工放在第一位,充分尊重员工的权利与需求,创设相应环境,给人才提供展示才华的舞台和广阔的发展空间,重视对人的激励,不断开发人的潜能,实现员工与企业的共同发展。

**二、深圳中航人力资源战略——建立现代人力资源体系,实施战略人力资源管理**

作为一家战略控股型公司,深圳中航将 HR 提升到了集团战略的高度,将总部的 HR 定位于集团战略人力资源构建和实施的推动者。深圳中航从集团层面,明确制定人力资源战略,推动战略人力资源管理体系,有效支撑集团战略的达成;同时利用集团的平台,整合各个企业的共性需求,实现资源共享与价值最大化。例如,校园招聘、培训等,均由集团牵头共同实施。

2005 年,深圳中航确定了到 2010 年实现经营收入 305 亿元、利润总额 28 亿元的宏伟战略目标,并保证主要业务在细分市场居领先地位。培育一流的人才,打造一流的团队,实施一流的管理,制造一流的产品,提供一流的服务,打造行业一流的企业成为深圳中航新的五年目标。

围绕集团的发展战略,集团人力资源部确定了以部门战略地图为核心的各项战略目标。例如,高管人员的选拔、培养、激励、考核等系统管理体系,深圳中航整体人才培养体系的推动与实施;以"深圳中航经理学院"为平台的集团培训体系实施;以"校园招聘"为核心的集团人才引进、指导和推进各主要投资企业战略人力资源管理体系实施等。在前瞻性的人力资源管理研究中,为保证人力资源的各项工作与集团的发展战略保持高度一致,更好地对前瞻性、创新性的人力资源管理方法、工具进行研究和探讨,集团专门成立了"集团人力资源咨询委员会",其中包括两位外部资深 HR 专家,负责政策和人力资源规划的制订,就集团整体战略人力资源管理实施的政策、体系、方案等重大议题进行研究,为集团人力资源工作指明方向。为此,集团人力资源还承担了一个重要职责,就是先行探索最新的人力资源管理理念、工具、方法,并由总部开始推行至各个企业,同时由企业 HR 扮演顾问的角色。

**三、管理创新的充分运用**

1. 以领导力发展为核心的高管人员系统管理体系构建

深圳中航从 2005 年开始和专业咨询公司合作,结合企业战略和文化,推行高管领导力发展计划,并于 2006 年建立了深圳中航的领导力素质模型,采用 360 度考核方式对现有高管人员进行持续评估,并提出有针对性的培训和提升方案,以不断提高其领导能力。为适应企业快速发展对高管人员的需求,集团专门制订并启动了继任者的培养计划,通过对高管继任者的选择、评估及培养机制,建立起高管后备人才库。

2. 管理创新的旗帜——精益六西格玛

2007 年，深圳中航精益六西格玛整体推进工作全面推动，实践精益六西格玛与经营战略的结合，创新运用并融合多种方法论和管理工具，拓展财务、研发和市场等管理应用领域，深圳中航的精益西格玛结合"平衡计分卡""变革加速""群策群力""行动方案"等多种方法，灵活、创新地针对企业不同层级的问题，区分问题的复杂性，采取有针对性的改善工具，在传统六西格玛项目改善的基础上，广泛推广群策群力、精益行动方案等活动，并导入 DMADV 方法论，使深度和广度进入加速期，以逐步形成具有深圳中航自身特色的经营管理之道。

3. 战略管理的有效工具——平衡计分卡

2005 年下半年，深圳中航开始在全集团范围内推行平衡计分卡，由集团总经理吴光权亲自参与推动。为进一步深化、统一平衡计分卡的应用，深圳中航以集团高层为主要成员组成平衡计分卡推进委员会，作为推进工作的领导机构。委员会下设项目组，各实施企业及集团各部门负责人为本单位推行平衡计分卡的责任人。从财务、客户、内部流程、学习与成长等纬度，体现出与战略相关联的衡量指标、目标值及战略行动方案，推动和梳理战略执行。

### 四、信息化的人力资源战略

深圳中航人力资源的战略地位于 2003 年确立。2002 年在"以变革求发展"的经营目标下，经过调研、分析、评估与设计，深圳中航明确了集团总部的战略控股公司定位。由于总部对主要投资企业的示范作用极大，深圳中航提出了重塑人力资源观，推行以绩效管理为核心的人力资源制度。

为确保集团新战略目标实现，人力资源部门引入目标管理，确立以战略目标为导向的绩效管理体系，对集团战略目标进行逐层分解，并通过深入的绩效管理制度确保战略目标的执行。在绩效管理中，各部门根据公司战略目标，在 K3HR 系统中制定部门的考核指标，并且将指标分解到员工。在考核评估时，对员工、部门完成评分后，还需要进行分数的汇总及统计分析。考核周期结束后，上级可以直接在 K3HR 系统中对下属的指标完成情况进行打分和评定绩效等级。评估完成后，系统对评分和等级自动进行汇总统计，人力资源部门只需要直接打开绩效管理报表，就可以一目了然地查看每个员工的绩效评分和等级，以及绩效等级的分布情况。

E-HR 系统的建立，使企业实现了工作流驱动人事事务，轻松实现薪酬的计算与发放，促进 HR 管理流程标准化，即时掌控下属机构 HR 状况目标，有效地体现了执行价值。系统形成了以企业 CEO、HR 经理、业务经理和每一个员工共同参与的战略人力资源管理平台。同时，由于在不同的平台上的不同员工获得了对于信息的最大满足，让员工参与人力资源管理，普通员工、经理、总经理等不同角色，都可以通过 HR 工作台，在人力资源系统中进行日常人事审批、绩效考核评估等工作处理。对深圳中航影响更大的是，通过变革将企业战略目标传递给员工，让员工参与绩效管理工作，培养了员工的绩效意识、危机意识，让员工感受到了"压力"，增强了员工的科学创新意识，也进一步加深了 HR 的战略地位。

深圳中航的管理层认为：企业最高层次的竞争不再是人、财、物的竞争，而是文化的竞争；看不见、摸不着的企业文化，就像神经系统和免疫系统一样，成为企业内在的生命线。"人本"观念是深圳中航的核心价值观之一，目前在集团推行平衡计分卡的工作中，各下属企业把建设"以人为本"的企业文化提高到了战略高度。

资料来源：https://ishare.iask.sina.com.cn/f/334UUUfw2Bv.html，有删改。

# 9.1　中国企业的人力资源战略与规划的发展历程

总体上讲，我国企业的人力资源管理的发展历程主要经历了人事管理和从人事管理向人力资源管理转变两大阶段。从中华人民共和国成立后到改革开放前，我国企业实行的是人事管理，这是与当时的计划经济体制相适应的；改革开放后，随着我国企业的改革发展和社会主义市场经济体制的建立，我国企业逐步从人事管理向人力资源管理转变。本节着重阐述我国企业人力资源管理的发展历程，进而提出我国企业人力资源管理的发展任务。

## 9.1.1　人事管理

1949 年，中华人民共和国的成立，昭示着一个新时代的到来，中国从此摆脱了半殖民地半封建社会的羁绊，开始独立自主地建立起全新的计划经济体制下的劳动人事制度。中华人民共和国成立之初，主要是学习和实行苏联的劳动人事制度，企业采用的是与劳动人事制度相对应的人事管理。

在计划经济体制下，我国的劳动人事制度具有以下特点。

（1）企业用工由国家统一调配，并实施终身录用制。

（2）企业高层领导甚至中层管理者都由上级相关管理部门选派，企业实际上是行政部门的一部分。

（3）企业职工的工资标准由国家统一制定，其特点是"寡而均"，并与工厂的生产效率无关。

（4）企业职工的福利和医疗等社会保障由企业全面负责。

中华人民共和国建立初期，根据《宪法》规定，结合社会主义革命和建设工作的具体情况，从中央到地方，各级各部门都建立了相应的劳动人事管理机构，彻底废除了封建的包工制度，工人在企业中当家做主人，实行"低工资、高就业、统包统配"制度，企业的人事管理在国有企业中初步得以展开。

1952—1955 年，我国实行了第一次工资改革，将以供给制为主的工资制度改为工资制。1956 年，我国进行了第二次工资改革，在吸收革命战争时期人事管理工作的经验和学习苏联经验的基础上，在企业中建立了以班组为基础的劳动组织，制定劳动定额，实行按劳分配、计件工资奖励制度，定员编制，开展学徒培训和劳动竞赛，建立了统一的劳动保险制度，并逐步建立了包括对工作人员的吸收录用、调配、使用、培训、任免、奖惩、工资福利、退休、退职等一套比较完整的社会主义劳动人事管理制度。

从中华人民共和国成立后到改革开放前，我国企业的人事管理属于一种业务管理，主要负责日常的事务性工作，一切照章办事、按计划行事、就事论事，强调单方面静态的制发控制和管理，人才结构处于相对固定、静止和封闭的状态，人事管理计划和过程未能直接服务于企业目标，与企业经营目标脱节等。

## 9.1.2　企业人事管理向人力资源管理的转变

改革开放以后，我国企业人事管理进入了一个新的历史发展时期。1978 年安徽凤阳小岗村的土地承包制度改革，拉开了中国农村经济体制改革的序幕，对中国社会的改革产生了先导影响。伴随着改革开放的渐进过程，企业人事管理逐步从计划经济体制下的人事管理向社会主义市场经济体制下的人力资源管理转变。

### 1. 转变进程

1）人事管理逐步改革

1978 年至 20 世纪 80 年代中期，为了刺激企业及职工向商品极度匮乏的社会提供更多的商品，企业实行了在计划经济体制框架内以"放权让利"为特点的体制内改革试点，国家对扩大自主权的试点企业实行利润留成制度，使企业在生产计划、产品销售、资金使用、干部任免、职工奖惩等方面有一定的自主权。但由于人力资源市场和社会保障体系不健全，以及旧的用人观念根深蒂固，企业对这些自主权的运用极为有限，企业在招收和解雇员工方面仍然受到严格的限制。但在此期间，我国企业人事管理制度也在逐渐完善，定额管理、定员定编管理、技术职称评聘、岗位责任制等得到广泛推广；工资管理逐步规范化，打破了分配的平均主义，增强了激励作用；还推行了对工人的业绩考核。总体来说，这一阶段我国的企业人事管理制度没有实现根本意义上的变革，整个企业管理还处于摸索初期。

20 世纪 80 年代中期到 90 年代中期，是以计划经济体制和市场经济体制并行为特点的"双轨制"改革阶段。在这一阶段，我国企业的外部经营环境发生了根本性的变化，中国经济改革进入了实质性的阶段。1983 年，价格"双轨制"全面铺开，以乡镇企业为首的非国有企业开始进入中国的经济舞台。继 1980 年我国在深圳、珠海、汕头和厦门设立了经济特区之后，1984 年我国又宣布开放沿海 14 个城市，外资企业开始进入中国。随着非国有企业和外资企业在市场上的竞争愈来愈烈，国家对国有企业也采取了一系列改革措施：1984 年，国务院专门颁发了《关于进一步扩大国营工业企业自主权的暂行规定》；1984—1985 年，国家对国有企业开始实行"利改税"政策；1986 年，企业承包制开始在国有大中型企业中推行；1988 年，我国制定了《中华人民共和国全民所有制工业企业法》，该法明确规定政府不干预企业的经营，并给予企业 14 项权利；同年，我国第一部《中华人民共和国企业破产法（试行）》生效，这意味着国有企业开始对自己的生产经营负责。

国有企业劳动人事制度在这一期间也进行了全方位的变革。在工资改革方面，1985 年 1 月，国务院印发了《关于国营企业工资改革问题的通知》，决定实行职工工资总额与企业经济效益挂钩的办法，并且还宣布国家不再统一安排企业职工的工资改革和工资调整。1987 年，国家试行地区、部门全部企业工资工效挂钩制；1993 年，全国国有大中型企业基本上都实行了这种工资制度。

在企业用人和人事管理权方面，1984 年，本着"管少、管活、管好"的原则，国家开始把部分干部管理权交给企业。1986 年，全国开始普遍推行厂长负责制。1988 年，国家规定政府主管负责厂级领导的管理，其他人员由企业负责管理，企业实行分级管理的人事管理体制。企业有权根据经营需要招聘人员，有权对员工进行奖惩。在这一时期，虽然企业的经营自主权得到了进一步落实，人事管理制度有了很大变革，但受体制所限，许多人事规定并不能真正落实，社会保障制度、劳动法制建设仍严重滞后，企业人事制度的改革仍然比较艰巨。

2）人力资源管理的兴起

1993 年，中共中央十四届三中全会通过《关于建立社会主义市场经济体制若干问题的决定》，提出要进一步转换国有企业经营机制，建立适应市场经济要求的现代企业制度。1994 年年初，全国人民代表大会通过了《中华人民共和国公司法》；同年，国家选定 100 家各类企业开始进行公司制试点。1995 年，为了促进企业劳动人事制度的市场化，《中华人民共和国劳动法》正式生效执行，该法明确了劳动合同制作为我国劳动用工的基本制度，淘汰了过去的固定工制度，形成了劳动合同工制等多种用工形式并存的状态。

随着市场经济的迅速发展，如何招人、用人、留人成为企业关注的焦点。高层管理者主导着企业人力资源管理的发展方向，而人事部门则处于被动听从的地位，但此时我国的人力资源管理意识已经被唤起，许多企业将人事部的门牌换成了人力资源部，人事经理开始向人力资源经理的角色转换，人事管理开始向人力资源管理转型。这一时期的标志性事件是，1993 年中国人民大学在全国率先开办人力资源管理专业，将人力资源作为一项专门课程来研究。1999 年，全国有 37 所大学开设了人力资源管理课程。在实践方面，企业开始建立以招聘、培训、绩效等为内容的人力资源管理架构，人力资源管理进入了探索和初步形成的阶段。

**2. 发展任务**

在复杂多变的环境下，机遇与挑战并存，我国企业人力资源战略与规划面临着迫切的发展任务。

首先，我国企业人力资源战略与规划的水平亟待提升。我国企业人力资源管理是伴随改革开放从人事管理逐步转变而来的，但目前仍处于转型期，与西方国家的企业人力资源管理还存在一定差距。面对复杂多变和竞争日益激烈的经营环境，我国企业人力资源战略与规划的水平亟待提升。2002年党的十六大报告中提出"人力资源是第一资源"；2003年党的十六届三中全会明确提出了"坚持以人为本，树立全面、协调、可持续发展"的科学发展观；2007年党的十七大报告中提出要"优先发展教育，建设人力资源强国"；2008年新修订的《中华人民共和国劳动合同法》开始实施，这些都给我国企业人力资源战略与规划的发展带来了深刻的影响和有利的外部环境。与此同时，全球经济一体化的作用越来越明显，企业经营环境的变化越来越快，我国企业人力资源战略与规划面临着严峻的挑战。

因此，我国企业人力资源战略与规划的水平必须全面提升，一方面要从管理念、管理模式上完成从人事管理到人力资源管理的转变；另一方面要紧随人力资源管理的趋势和我国企业发展的迫切要求，提升人力资源管理的战略层次和水平。

另外，还要探索和提炼中国本土化的人力资源战略与规划的理论和方法。

中国改革和发展的经验充分说明，西方的理论无法完全适用于中国的实际情况，不能全面移植或照搬照抄，这样完全的"拿来主义"无法解决中国的实际问题。从我国企业人力资源管理的发展历程也可以看出，无论改革开放前学习苏联的人事管理模式，还是改革开放后从人事管理向人力资源管理转变，都必须立足于中国国情，适应中国本土化企业的特点，形成有中国特色的人力资源管理理论，才能从根本上指导我国企业的人力资源管理实践。

## 9.2 中国企业的人力资源战略与规划的基本情况

中共中央组织部人才工作局委托国务院发展研究中心人力资源研究培训中心等单位对中国企业人才优先开发战略问题进行了研究。相关专家花了大约1年的时间，对国内2100多家不同地域、性质、行业、类型、销售额、资产总额等背景企业的人力资源管理制度的建设及执行状况进行了分类随机抽样问卷调查，主要涉及人员岗位管理、招聘录用、绩效考核、培训、薪酬、社会保障、高层人员管理等内容，从制度建设与执行的角度比较广泛地反映了我国企业人力资源战略与规划的基本现状。

### 9.2.1 中国企业人力资源管理制度建设总体情况分析

根据统计结果来看，我国大部分企业都在尝试制定各种人力资源管理制度并努力执行，但有必要进一步强化。具体情况如下。

（1）在所调查的有效样本企业中，64.4%的企业有员工手册，其中44.4%的企业能认真遵守，21.2%的企业没有认真遵守。没有完整的员工手册的企业占有效总样本企业的

35.6%。由此可见，中国还有约 1/3 的企业有待强化员工手册的建设。

（2）在所调查的有效样本企业中，57.9%的企业正在建立或没有与企业发展战略相结合的人力资源规划，仅有少部分企业建立了与企业发展战略相结合的人力资源规划，即使有，也大多数不遵照规划实施。

（3）在所调查的有效样本企业中，70.3%的企业有明文发布的岗位管理办法。其中，能按办法执行的企业占有效总样本企业的 35.5%。这是自倡导现代人力资源管理以来，国内企业做得比较好的一个制度模块。

（4）在所调查的有效样本企业中，78%的企业有明文发布的人员招聘录用制度。其中，能按制度执行的企业占有效总样本企业的 53.1%。由此可见，国家倡导市场导向的就业机制，"自主择业，双向选择"得到了较好的体现。

（5）在所调查的有效样本企业中，84%的企业有明文发布的劳动合同管理制度。其中，能按制度执行的企业占有效总样本企业的 65.7%。由此可见，国家改革劳动用工制度，实施劳动合同管理取得了较大范围的成功。

（6）在所调查的有效样本企业中，73.7%的企业有明文发布的定期考核制度。其中，能按制度执行的企业占有效总样本企业的 41.4%，不能按制度执行的企业占有效总样本企业的 32.3%。由此可见，大部分企业都认识到了定期考核制度的重要性，但执行效果有待强化。

（7）在所调查的有效样本企业中，81.8%的企业有明文规定的新员工岗前培训或新员工见习制度。其中，能按制度执行的企业占有效总样本企业的 59.8%，不能按制度执行的企业占有效总样本企业的 22%。由此可见，大部分企业都认识到了新员工适应性培训的重要性，并得到了有效执行。

（8）在所调查的有效样本企业中，66.6%的企业有明文发布的培训制度。其中，能按制度执行的企业占有效总样本企业的 38.8%，不能按制度执行的企业占有效总样本企业的 27.8%。由此可见，大部分企业很重视员工培训制度，但执行效果有待强化，部分企业不太重视员工培训但也未完全忽视。

（9）在所调查的有效样本企业中，78.3%的企业有明文发布的奖惩制度。其中，能按制度执行的企业占有效总样本企业的 47.1%，不能按制度执行的企业占有效总样本企业的 31.2%。由此可见，大部分企业很重视员工奖惩制度，但执行效果有待强化。

（10）在所调查的有效样本企业中，75.8%的企业有明文发布的薪酬制度。其中，能按制度执行的企业占有效总样本企业的 60%，不能按制度执行的企业占有效总样本企业的 15.8%。由此可见，大部分企业很重视薪酬制度建设，执行效果较好。

（11）在所调查的有效样本企业中，66.5%的企业有明文发布的职业安全与劳动保护制度。其中，能按制度执行的企业占有效总样本企业的 52.3%，不能按制度执行的企业占有效总样本企业的 14.2%。由此可见，大部分企业很重视职业安全与劳动保护制度建设，执行效果较好。但也有部分企业不太重视职业安全与劳动保护制度建设，正在建立、拟建或没有职业安全与劳动保护制度的企业占有效总样本企业的 33.5%。

（12）在所调查的有效样本企业中，82.7%的企业有明文发布的职工社会保障制度。其中，能按制度执行的企业占有效总样本企业的69.5%，不能按制度执行的企业占有效总样本企业的13.2%。由此可见，国家推行社会保障政策以来，各企业都很重视职工社会保障制度建设，并且执行效果较好。

（13）在所调查的有效样本企业中，44.6%的企业有明文发布的干部竞聘上岗制度。其中，能按制度执行的企业占有效总样本企业的26%，不能按制度执行的企业占有效总样本企业的18.6%。正在建立、拟建立或没有干部竞聘上岗制度的企业占有效总样本企业的55.4%。由此可见，干部竞聘上岗制度在各企业建立及实施的效果并不太理想。有必要进一步强化干部任用的竞争性。

（14）在所调查的有效样本企业中，29%的企业有明文发布的后备干部管理办法。其中，能按制度执行的企业占有效总样本企业的15.5%，不能按制度执行的企业占有效总样本企业的13.5%。正在建立、拟建立或没有后备干部管理办法的企业占有效总样本企业的71%。由此可见，国内各企业在后备干部管理方面随意性很强，难以形成可持续的后备管理队伍。

（15）在所调查的有效样本企业中，15%的企业有明文发布的员工职业生涯发展计划。其中，能按制度执行的企业占有效总样本企业的7.2%，不能按制度执行的企业占有效总样本企业的7.8%。正在建立、拟建立或没有员工职业生涯发展计划的企业占有效总样本企业的85%。由此可见，员工职业生涯发展计划在各企业建立及实施的效果极不理想，员工在企业"做一天和尚，撞一天钟"的现象十分严重。

（16）在所调查的有效样本企业中，55.4%的企业有明文发布的员工合理化建议制度。其中，能按制度执行的企业占有效总样本企业的27.2%，不能按制度执行的企业占有效总样本企业的28.2%。正在建立、拟建立或没有员工合理化建议制度的企业占有效总样本企业的44.6%。由此可见，各企业有必要强化员工合理化建议制度建立及执行。

（17）在所调查的有效样本企业中，43.9%的企业有明文发布的员工申诉制度。其中，能按制度执行的企业占有效总样本企业的26.1%，不能按制度执行的企业占有效总样本企业的17.8%。正在建立、拟建立或没有员工申诉制度的企业占有效总样本企业的56.1%。由此可见，大部分企业在员工申诉制度建设及实施方面并不理想，保障员工合理权益的途径不太通畅。

依据统计结果，就企业所在的地区来看，东部地区和西部地区企业的人力资源管理制度建设及执行情况并不太理想。就企业性质来看，私营企业的人力资源管理制度建设及执行情况最差。集体企业、非国有的股份公司和有限责任公司、外资、港澳台资企业、其他不同性质的企业等的人力资源管理制度建设及执行情况次之。国有企业和国有控股企业的人力资源管理制度建设及执行情况最好。就企业所在行业来看，房地产业、地质勘查业、水利业的人力资源管理制度建设及执行情况最差，建筑业、信息技术服务和软件业及其他行业企业的人力资源管理制度建设及执行情况次之，采掘业和水电煤气业的人力资源管理制度建设及执行情况最好。就企业是否上市来看，境内外上市企业最好，没有或拟上市的企业最差。就企业的销售额来看，销售额越高，人力资源制度建设及执行情况越好，3亿元以上销售额的企业的人力资源管理制度建设及执行情况最好。3000 万元以下销售额的企业的人力资源管理制度建设及执行情况最差。就企业的资产额来看，资产额越高，人力资源制度建设及执行情况越好，3 亿元以上资产额的企业的人力资源管理制度建设及执行情况最好，3000 万元以下资产额的企业的人力资源管理制度建设及执行情况最差。

## 9.2.2　不同背景下企业人力资源管理制度建设状况分析

### 1．不同地区的企业人力资源管理制度建设情况

东、中、西部地区企业在岗位管理办法、人员招聘录用制度、劳动合同管理制度、定期考核制度、新员工岗前培训或新员工见习制度、培训制度、奖惩制度、薪酬制度、职业安全与劳动保护制度、职工社会保障制度等人力资源管理制度建设及执行方面做得比较好；但在员工手册（除东部地区外）、与企业发展战略相结合的人力资源规划、干部竞聘上岗制度、后备干部管理办法、员工职业生涯发展计划、员工合理化建议制度、员工申诉制度等人力资源管理制度建设及执行方面做得比较差。另外，中部地区企业在员工手册和培训制度两方面与东部地区企业相比略差一些；西部地区企业在员工职业生涯发展计划方面较差。

### 2．不同性质的企业人力资源管理制度建设情况

就国有企业和国有控股企业、集体企业、非国有的股份公司和有限责任公司、私营企业、外资和港澳台资企业、其他不同性质的企业来看，在人员招聘录用制度、劳动合同管理制度、定期考核制度（除私营企业外）、新员工岗前培训或新员工见习制度、奖惩制度、薪酬制度、职工社会保障制度等人力资源管理制度建设及执行方面做得比较好；在与企业发展战略相结合的人力资源规划、干部竞聘上岗制度、后备干部管理办法、员工职业生涯发展计划、员工申诉制度等人力资源管理制度建设及执行方面做得比较差，尤其是在与企业发展战略相结合的人力资源规划、后备干部管理办法、员工职业生涯发展计划方面比较欠缺。

国有企业和国有控股企业、集体企业与其他不同性质的企业相比，人力资源管理制度建设及执行情况普遍要好一些。国有企业和国有控股企业、集体企业、非国有的股份公司和有限责任公司、私营企业等性质的企业普遍缺乏员工手册。私营企业、外资和港澳台资企业与其他不同性质的企业相比，人力资源管理制度建设及执行情况普遍要差一些，尤其在与企业发展战略相结合的人力资源规划、后备干部管理办法、员工职业生涯发展计划等方面十分欠缺。

### 3．不同行业的企业人力资源管理制度建设情况

就农林牧渔业、采掘业、制造业、水电煤气业、建筑业、交通运输及仓储和邮政业、批发零售餐饮、金融保险、房地产、社会服务业、信息技术（IT）服务和软件业、其他行业等不同行业的企业来看，在岗位管理办法、人员招聘录用制度、劳动合同管理制度、

定期考核制度、新员工岗前培训或新员工见习制度、奖惩制度、薪酬制度、职工社会保障制度等人力资源管理制度建设及执行方面做得普遍比较好；在与企业发展战略相结合的人力资源规划、后备干部管理办法、员工职业生涯发展计划、员工申诉制度等人力资源管理制度建设及执行方面做得普遍比较差，尤其是在后备干部管理办法、员工职业生涯发展计划等方面十分欠缺。在人力资源管理制度建设及执行方面，采掘业企业比其他行业企业做得更好；制造业、建筑业、批发零售餐饮、房地产、信息技术服务和软件业企业与其他不同行业企业相比做得普遍差一些。

### 4．不同上市情况的企业人力资源管理制度建设情况分析

就境内上市、境外上市、境内和境外上市、拟上市、非上市等不同背景的企业来看，在员工手册、岗位管理办法、人员招聘录用制度、劳动合同管理制度、定期考核制度、新员工岗前培训或新员工见习制度、培训制度、奖惩制度、薪酬制度、职业安全与劳动保护制度、职工社会保障制度等人力资源管理制度建设及执行等方面做得普遍比较好；在与企业发展战略相结合的人力资源规划、后备干部管理办法、员工职业生涯发展计划、员工申诉制度等人力资源管理制度建设及执行等方面做得普遍比较差，尤其是在与企业发展战略相结合的人力资源规划、员工职业生涯发展计划等方面十分欠缺。

境内上市和境外上市的企业在人力资源管理制度建设及执行方面要做得更好一些。

### 5．不同销售额的企业人力资源管理制度建设情况

就不同销售额（3000万元以下、3000万～1.5亿元、1.5亿～3亿元、3亿元以上）的企业来看，在员工手册、岗位管理办法、人员招聘录用制度、劳动合同管理制度、定期考核制度、新员工岗前培训或新员工见习制度、奖惩制度、薪酬制度、职业安全与劳动保护制度、职工社会保障制度等人力资源管理制度建设及执行等方面做得普遍较好；在与企业发展战略相结合的人力资源规划、干部竞聘上岗制度、后备干部管理办法、员工职业生涯发展计划、员工申诉制度等人力资源管理制度建设及执行等方面普遍比较差，尤其是在后备干部管理办法、员工职业生涯发展计划等方面比较欠缺。

在人力资源管理制度建设及执行方面，1.5亿～3亿元和3亿元以上销售额的企业要明显好于3000万元以下和3000万～1.5亿元销售额的企业，3000万元以下销售额的企业普遍做得比较差。

### 6．不同资产总额的企业人力资源管理制度建设情况

就不同资产总额（3000万元以下、3000万～1.5亿元、1.5亿～3亿元、3亿元以上）的企业来看，在员工手册、岗位管理办法、人员招聘录用制度、劳动合同管理制度、定期考核制度、新员工岗前培训或新员工见习制度、培训制度（3000万元以下资产总额的公司除外）、奖惩制度、薪酬制度、职业安全与劳动保护制度（3000万元以下的公司除外）、职工社会保障制度等人力资源管理制度建设及执行方面普遍比较好；在与企业发展战略相结合的人力资源规划、干部竞聘上岗制度（3亿元以上的公司除外）、后备干部管理办法、员工职业生涯发展计划、员工申诉制度等人力资源管理制度建设及执行方面

普遍比较差，尤其是与企业发展战略相结合的人力资源规划、后备干部管理办法、员工职业生涯发展计划等方面比较欠缺。

3000 万元以下资产总额的企业在人力资源管理制度建设及执行方面明显差于 3 亿元以上、1.5 亿～3 亿元、3000 万～1.5 亿元资产总额的企业。

### 9.2.3　不同背景下企业在人力资源管理制度建设方面的差异比较

统计分析发现大部分人力资源管理制度建设及执行方面在各种不同背景变量企业之间皆存在显著性差异（$p<0.05$）。根据 T 检验结果，国有和非国有两种不同性质的企业在员工手册、岗位管理办法、人员招聘录用制度、劳动合同管理制度、定期考核制度、新员工岗前培训或新员工见习制度、培训制度、薪酬制度、职业安全与劳动保护制度、职工社会保障制度、干部竞聘上岗制度、后备干部管理办法等人力资源管理制度建设及执行方面存在显著性差异（$p$ 值皆小于 0.05）。在与企业发展战略相结合的人力资源规划、奖惩制度、员工职业生涯发展计划、员工合理化建议制度、员工申诉制度等人力资源管理制度建设及执行方面未发现显著性差异（$p$ 值皆大于 0.05）。

上市和非上市两种不同类型的企业在所有人力资源管理制度建设及执行方面皆存在显著性差异（$p$ 值皆小于 0.05）。

3 亿元以上和 3 亿元以下两种不同销售额、资产总额的企业除员工手册的建设及执行方面未发现显著性差异（$p=0.204$，大于 0.05）外，在其他所有人力资源管理制度建设及执行方面皆存在显著性差异（$p$ 值皆小于 0.05）。除上市和非上市企业在人力资源管理制度建设途径方面存在显著性差异（T 检验结果，$p=0.019$，小于 0.05）外，其他各种二分变量（按事物性质划分为两类的变量称为二分变量）企业在人力资源管理制度建设途径方面未发现显著性差异（T 检验结果为 $p$ 值皆大于 0.05）。

## 9.3　中国企业的人力资源战略与规划存在的问题

### 9.3.1　中国企业人力资源战略与规划发展的不足

我国人力资源战略与规划的发展还不够壮大。这主要表现在以下 6 个方面。

（1）人力资源战略与规划工作没有引起管理者的足够重视，在组织中的地位明显不如薪酬管理、绩效管理等板块突出。

（2）人力资源战略与规划缺乏系统研究，很多组织在研究和应用人力资源战略与规划时都显得比较功利，强调技术、模型、方法的学习，而缺乏对人力资源战略与规划体系的整体构建，造成人力资源战略与规划的有效性下降。

（3）组织成员对人力资源战略与规划的参与度不够，人力资源战略与规划仅由人力资源管理部门或者人事部门开展，获取内外部信息的触角不够全面、广泛，难以形成有指导意义的人力资源战略与规划。

（4）人力资源战略与规划停留在纸面或者"制订"阶段，不重视执行修正、评估、反馈等后续工作，使人力资源战略与规划不能充分发挥对企业活动的指导功能。

（5）缺乏独立研究、开发的人力资源战略与规划体系或者模型，我国大多数组织使用的都是从国外引进的技术。

（6）我国人力资源战略与规划停留在操作化阶段，离战略化还有一段距离。发达国家的企业在 20 世纪 90 年代就基本上进入了战略化人力资源战略与规划的时代，国内的企业与之还存在相当大的差距。

### 9.3.2 中国企业人力资源战略与规划发展不足的原因

我们必须正视中国企业人力资源战略与规划发展存在的不足之处，也应该看到，造成这些不足的原因是多方面的。我们认为，造成国内人力资源战略与规划水平相对落后的原因主要有以下 4 点。

（1）对广大中国企业来说，人力资源管理就是"舶来品"，自 20 世纪 90 年代末才开始引入现代的人力资源管理思想和管理技术，人力资源管理整体水平偏低。

（2）在人力资源管理的各个板块中，薪酬管理、绩效管理、培训管理是最受国内企业关注的，也是过去传统的人事工作的重点。很多企业认为人力资源战略与规划不是人力资源管理的核心部分，往往不是很重视。

（3）在计划经济时代，组织对所有资源都没有自主权，人力资源也不例外。进入市场经济后，很多组织还没有从计划经济思想和行为习惯中转变过来，没有对人力资源的稀缺性产生正确认知，也就很难认识到开展人力资源战略与规划的重要性。

（4）受中国几千年来传统文化的影响，"人治"管理和非理性管理是中国企业人力资源管理的主流。西方经历了科学管理时代，强调管理理性，倡导计划、规划对管理的指导作用，这与中国的文化和管理哲学本身有着矛盾，因此，国内组织很难真正自发地开展理性的人力资源战略与规划活动。中国要参与激烈的国际竞争，就难免与国外的先进企业短兵相接，争夺稀缺人力资源的"战争"也是在所难免的。目前，大量国外企业涌入中国市场，吸引了很多优秀人才，国内企业在人才竞争上已经开始感到吃力。因此，只有快速提高人力资源战略与规划水平，才能在人才市场的竞争上获得先机，大力提高组织的生产效率和社会效益，最终提高我们国家的竞争力。

## 9.4 中国企业的人力资源战略与规划的典型经验

### 9.4.1 雅来（佛山）制药有限公司人力资源战略管理转型

**1. 雅来（佛山）制药有限公司背景介绍**

雅来（佛山）制药有限公司的前身是佛山市制药厂，该厂组建于 1959 年年底。1994

年，佛山市政府决定对佛山制药厂进行改造，并与澳大利亚的康宝顺集团公司达成合资意向，成立了康宝顺（佛山）药业有限公司。合资 6 年来，公司在生产方面进行了大量投入，设备得到部分更新，但公司业绩未见明显好转，人员状况与 6 年前相比也未见改善。相反，部分生产骨干与技术专业人士流失情况较严重。2001 年，股东雅来国际集团公司代替康宝顺进驻佛山，开始了对该企业的改造。

雅来（佛山）制药有限公司创立于 1903 年，在 28 个国家设有工厂、分部等机构，业务范围涉及美国、英国、挪威、丹麦、日本、新加坡等多个国家，并在美国、欧盟的通用名药市场具有重大影响。雅来（佛山）制药有限公司是美国最大的液态通用名药制造商，也是欧洲几大国家最大的通用名药原料供应商，还是纽约证券交易所（NYSE）的上市公司。雅来（佛山）制药有限公司是世界通用名药领域的领导者，在全球排列第 3 位。所谓通用名药，就是已过专利保护期、制药企业均可生产的药品。雅来（佛山）制药有限公司的特点：一是普遍性，雅来（佛山）制药有限公司日常使用的药品 90% 以上是通用名药；二是经济性，在品质、疗效与原研药相同的情况下，价格大大降低。

**2. 人力资源部门面临的新挑战及 SWOT 分析**

在雅来国际集团公司进驻佛山之后，对公司的 HR 工作来讲，主要面临以下几方面的挑战。①从本公司中挑选出合适的人以保证公司的正常运转；②制订有效的培训计划对原有员工进行培训；③建立几个最基本的正式的管理系统；④新的公司文化的引入；⑤吸引有能力和经验的当地员工（中国本土员工）加入等。

公司 2002 年的 SWOT 分析认为公司的优势在于以下几个方面：成功的高层组织结构重组；新的有经验的 HR 专家的有力支持；拥有很多熟悉业务、掌握相关技能的老员工；员工人数相当稳定等。但公司同样也有以下几方面的劣势：员工士气较低；劳动力结构相对老化；缺少系统化管理；一些过程处置不当；专业化程度不够高；对有能力的人才的吸引力不够强。在总结公司优势和劣势的基础上，公司还对面临的机会和威胁进行了分析。分析认为，公司的机会如下：合并后成为更加专业化的公司；多样化的工作方式；成为一个新的公司，可以在新的起点上描绘最美好的未来；与政府建立了良好的关系。而它所面临的威胁如下：新公司所需要面对的法律问题；国内外的竞争问题；进行改革的阻力；缺少有能力的员工；组织成长的压力，发展的基础不好等。

**3. 人力资源管理的新型战略与规划**

根据上述分析，雅来（佛山）制药有限公司着手制定新的人力资源战略与规划。

1）规划公司远景、公司使命和公司价值观

雅来（佛山）制药有限公司的目标是要成为中国品牌普药行业的先锋。使命是通过提供高质量产品，以易懂的语言向广大客户进行诠释，使他们在可以支付的价格水平上接受雅来的产品。其价值观是合作、勇气、诚信与创新。在确立公司文化方面，HR 扮演着推动者的角色。

2）根据公司战略设计个人发展规划

对于新入职的员工，雅来（佛山）制药有限公司会进行入职培训。首先是让他们了解雅来（佛山）制药有限公司的企业文化，学习公司的发展战略方针，然后再进行个人的发展规划。他们将得到同样的参考框架，基础的 HR 系统和过程是必需的，包括员工手册、守则和工作指导。对个人而言，他们必须有统一的方向。基础的 HR 思想渗透也是必需的，而且应当来源于一线、联系于一线并由一线来执行。HR 最初的支持者是职业经理，但是使一个由资深的 HR 专家组成的团队成为其伙伴也是必需的，以便给予建议、使其工作更容易，并提供基础的 HR 服务。其可信性是 HR 工作有活力的源泉，包括道德规范、商业操守、机密性、专业精神等。对待不同的问题有不同的解决办法，形成一种"在不同的环境下，我需要改变，我的团队也需要改变"的思维方式。

3）目标管理计划、接替计划

第一阶段：目标制定阶段——目标树的构建。首先是总目标的制定。依据公司的方针策略，结合本公司的实际生产能力，分别确定在新产品数目、创汇和增收节支方面应有的较大的突破。在此基础上，将公司的总方针具体化、数量化，初步制订总目标方案。其次是部门目标的制定。各部门的分目标由各部门和公司高层领导共同商定，先确定项目，再制定各项目的指标标准，目标完成标准由各部门以目标卡片的形式填报给公司高层，通过协调和讨论，最后由公司高层批准。最后是目标的进一步分解和落实。部门的目标确定了以后，接下来的工作就是目标的进一步分解和层层落实到个人。先把部门目标分解，落实到职能组，职能组再分解，落实到工段，工段再下达给个人。通过层层分解，全公司的总目标落实到了每一个人身上。在雅来（佛山）制药有限公司，人们把这个目标分解过程称为目标树构建过程。该过程将公司的远景、年度工作重点及个人目标紧密联系在一起。

第二阶段：目标实施阶段。在目标实施过程中，主要抓以下 3 项工作。

（1）自我检查、自我控制和自我管理。每个部门、每个人都有具体的、定量的明确目标，所以在目标实施过程中，人人会自觉地、努力地实现这些目标，并对照目标进行自我检查、自我控制和自我管理。这些工作，能充分调动各部门及每一个人的主观能动性和工作热情，充分挖掘每个人的潜力，完全改变了过去那种上级只管下达任务、下级只管汇报完成情况，并由上级不断检查、监督的传统管理办法。

（2）加强经济考核。打破了目标管理一个循环周期只能考核一次、评定一次的束缚，坚持每一季度考核一次和年终总评定。这种加强经济考核的做法，进一步调动了广大员工的积极性，有效地促进了经济责任制的落实。

（3）重视信息反馈工作。随时了解目标实施过程中的动态情况，以便采取措施及时协调，使目标能顺利实现，更重要的是加强了各部门的责任心和主动性，从而使全公司各部门从过去等待问题找上门的被动局面，转变为积极寻找和解决问题的主动局面。

第三阶段：目标成果评定阶段。目标管理实际上就是根据成果来进行管理，故成果评定阶段显得十分重要。公司采用了"自我评价"和上级主管部门评价相结合的做法，使评定结果更加客观、公正。

　资料来源：刘善仕. 卓越人力资源实践：知名外企人力资源管理案例[M]. 北京：清华大学
　　　　　　出版社，2004.

**案例评析**

企业进行合资后，人力资源管理理念、技术与方法必然面临战略转型。雅来国际集团公司把先进的通用名药经营和服务模式引入我国，"健康关怀、无处不在"的模式给我国医药产业界的营销观念造成强烈冲击。国有企业的人力资源管理同时面临着各方面的挑战，必须转变企业公司目标、使命和价值观，设计员工发展规划、接替计划和制订员工培训规划。企业要对自身进行 SWOT 分析，知道自己的优、劣势，以及整个行业的机会和威胁有哪些。根据公司战略设计个人发展规划时，要形成一种"在不同的环境下，我需要改变，我的团队也需要改变"的思维方式。

## 9.4.2　安利（中国）日用品有限公司的人力资源规划透视——在规范中发展

在现代企业生活中，人才是重要的资源，没有出色的人才，没有良好的团队，企业将无法生存和发展。安利（中国）日用品有限公司推行"吸纳人才、培育人才、善用人才、善待人才"的人才资源策略，为其长远发展注入了强大生命力。

1959 年，纽崔莱公司的两位直销员温安格与狄维士离开了纽崔莱公司，创立了安利公司，生产并销售清洁剂。几十年过去了，安利公司已成为世界知名的直销公司之一，业务遍及多个国家和地区。

### 1. 坎坷的直销之路

安利公司在中国的直销之路并不平坦。1994 年和 1995 年，随着国际性直销公司进入中国发展，一些打着直销旗号的金字塔诈骗公司（"老鼠会"）亦纷纷涌现，严重扰乱了市场秩序，甚至危及社会的稳定。无法独善其身的安利（中国）日用品有限公司被迫突破其在全球采用的单纯的无店铺直销模式，进行经营转型。1998 年 7 月，安利（中国）日用品有限公司获得对外贸易经济合作部、国家工商行政管理局、国家国内贸易局的批准，以大型生产性企业定位，采用自设店铺并雇用推销人员方式经营（包括自开店铺、雇用营业代表推广产品、批发零售等）。

### 2. 开放的招聘政策

在直销人员招聘方面，不同于大多数跨国公司对招聘对象的严格要求和复杂的招聘程序，安利（中国）日用品有限公司实行一种低门槛开放式的招聘政策。安利（中国）日用品有限公司规定：年满 22 周岁，具有初中或以上学历（1970 年 1 月 1 日以前出生者例外）的中国公民，且非列入国家公务员管理范畴的工作人员、现役军人、全日制在校学生或法律、法规规定不得兼职经商的其他人员，不论工作经验，可以直接向安利（中国）日用品有限公司提出加入申请，或者通过在安利（中国）日用品有限公司服务满15天（从申请加入之日起计）的营销人员介绍加入。

整个招聘过程只包括以下3个步骤。

第一，填写《安利营业代表申请书》。

第二，通过审核后，申请人交纳106元的《安利资料套装》（内含《安利见习营业代表劳务合同》、《安利见习营业代表申请书》、《安利营销人员手册》、《安利产品目录》、《安利产品价目表》、《透视安利》、《安利业务须知》、《追求卓越新里程VCD》及其他企业传讯资料）工本费、每年11本《安利月讯》和《安利新姿》及由国家内贸局统一颁发的推销人员证书的工本费。

第三，公司与申请人签订营业代表劳务合同。合同注明，安利（中国）日用品有限公司的内部职能部门中设有业务部，专门负责营业代表的培训、监督和管理，如营业代表违反公司守则规范的，公司将按规定予以处罚。按照国家规定和合同约定，营业代表在劳务合同授权范围内推销公司产品所产生的法律责任由安利（中国）日用品有限公司负责，在合同规定以外的行为由营业代表本人负责。不过，即使签订了劳务合同，营业代表也并非拥有了安利（中国）日用品有限公司的职工身份，因为对安利（中国）日用品有限公司来说，一般的营业代表有可能已有其他全职工作，推广安利产品只是其兼职事业；而且，根据以往经验可知，销售人员的流动性相当大，若把营业代表全部纳入职工编制，提供底薪和福利，企业将不堪重负。

### 3. 系统的人员培训政策

为确保招聘进来的人员成为一支高素质、专业化、规范化的营销队伍，安利（中国）日用品有限公司制定了系统的人员培训政策，即"以公司对全体营销人员的定期、定向教育为主导，以营业主任/经理对营业代表的日常培训辅导为基础，以营销人员自主学习、自我提高为补充"。

（1）在安利（中国）日用品有限公司的人员培训中，企业经营理念和员工职业道德教育是极其重要的一项内容。公司提出了安利营销人员多个严禁事项：严禁弄虚作假，人为操纵业绩；严禁抬价、压价，违反明码标价规定；严禁轻视其他行业、职业或攻击其他品牌等。

（2）安利（中国）日用品有限公司的营业代表的另一门"必修课"是专业知识培训，目的是学习并全面掌握产品知识、销售及服务技巧，不断提高自身的专业水平。为此，安利（中国）日用品有限公司为营销人员提供被业内人士称为"UPS"（不间断电源）的产品知识及销售培训，定期举办产品培训会及业务培训会。例如，安利（中国）日用品有限公司规定，在设立营业网点的城市每月应至少举行一次安利业务大会，对营业代表进行业务培训或产品介绍，协助营业代表开展工作。

（3）为提高公司培训的时效性，公司还会根据新产品上市、业务发展和政策变化对营销人员进行不定期培训，邀请各方面的产品专家给营销人员讲授产品知识，增加营销人员对新产品的理性认识和感性了解。

（4）安利（中国）日用品有限公司的专业知识培训是根据中国市场销售代表的薄弱点来制定的，所以很有特色并富有成效。

（5）安利（中国）日用品有限公司的专业知识培训非常重视心理素质教育，强调参加培训不仅是聆听，更多的是销售人员的自我展示，是一种行为毅力的积累，因为营业代表在实际的销售工作中会遇到各式各样的问题。

（6）在正式培训之外，安利（中国）日用品有限公司还非常强调营销人员应发挥主动性进行自学，希望大家在实践中不断学习、不断提高。

（7）在培训工作的组织实施方面，安利（中国）日用品有限公司也有系统的安排。一方面，安利（中国）日用品有限公司的营销队伍较庞大，且分布广泛、素质不一，公司整齐划一的培训不可能完全满足营销人员的实际需要。因此，作为公司教育培训体系的基础，安利（中国）日用品有限公司委托营业主任/经理对营销人员进行日常具体的、有针对性的培训和辅导，并在实际操作中带动、教育和培训营业代表，协助他们解决遇到的困难和问题，帮助他们成长。另一方面，对于新晋营业主任，由各省市分公司和各地区办事处集中组织培训，新晋高级营业主任、营业经理和高级营业经理则需要参加全国业务部集中组织的培训班。

实践证明，安利（中国）日用品有限公司的培训体系不仅成本低，实际效果也非常好。通过培训政策的实施，不但使安利（中国）日用品有限公司优秀营业代表的销售经验得到传承，整个销售团队的凝聚力和活力得到提升，而且使很多营业代表的人生态度有了积极的转变。

#### 4. 激励形式多元化的薪酬政策

企业制定薪酬政策的一个重要目标是在吸引高素质人才的同时，激发员工的工作热情。为了实现这一目标，采用（直销人员）无固定工资制度的安利（中国）日用品有限公司把薪酬政策的重点放在了激励形式多元化上面。激励形式之一是递进式的销售佣金提成制度——每月销售得越多，提成比例越大，营业代表的积极性也就越高。激励形式之二是"职位"晋升。按照安利（中国）日用品有限公司的政策，当营业代表具备持续良好的工作表现，并有志于帮助公司传承经验、开拓市场，经公司培训考核合格后，便有机会获公司委任成为见习营业主任。若见习营业主任符合相关条件，经公司培训考核合格后，又有机会晋升为营业主任、高级营业主任、营业经理及高级营业经理，并授予一系列的荣誉奖章，包括银章、金章、直系、红宝石、明珠、翡翠、钻石等。

为鼓励营业代表遵守公司规定，安利（中国）日用品有限公司按其推广给最终消费者的产品金额计算顾客服务报酬及个人销售佣金，并不硬性规定营业代表每月的最低营业额，避免营业代表在销售压力下铤而走险。安利（中国）日用品有限公司特别推出了"买回原则""七成原则""10个顾客原则"3项规定。"买回原则"是指安利（中国）日用品有限公司应买回直销商和上线直销商卖不出去的存货，或在直销商希望退货时，负责购回未经使用而仍可销售的商品；"七成原则"是指直销商须将自己当月进货量的 70% 销售出去，才可以获得当月奖金；"10 个顾客原则"是指上线直销商本身须将物品零售给 10 位不同的顾客，才能享有就销售下线之商品数量来领取业绩奖金的资格，否则只能领取自己零售数量的业绩奖金。

资料来源：郭克莎.2003 年度中国企业最佳案例一人力资源[M]. 北京：商务印书馆，

2003 年. 有删改。

**案例评析**

业务模式遭遇风霜，人力资源政策只能调整。如此庞大的员工队伍，如此高的流动率，人力资源管理面临的挑战是空前的。安利（中国）日用品有限公司能够在多次"传销"风暴中生存并发展起来，得益于其成功的人力资源管理政策。实行低门槛开放式招聘政策、培训规划系统完善和激励形式多元化，从而吸引了高素质人才的加盟，激发了员工的工作热情，促进了公司业绩的发展。通过培训政策的实施，安利（中国）日用品有限公司不但使公司优秀营业代表的销售经验得到传承，整个销售团队的凝聚力和活力得到提升，而且使很多营业代表的人生态度有了积极的转变。

## 9.4.3　某民营科技企业的人力资源战略与规划

作为高科技民营企业，该企业抓住国内电力领域市场化、科技化、能源化的有利时机，成功抢占江苏电力市场高地并辐射河北、湖南、四川、广东、云南等地，业务也不断扩展到其他公用事业领域，企业知名度和综合实力持续提高。随着市场需求不断扩大和 IT 行业竞争进一步加剧，企业面临空前的发展机遇和前所未有的强劲挑战，而管理缺陷也越发成为制约企业进一步发展的"瓶颈"，因此人力资源优化配置和人力资源管理职能整合成为企业进一步挖掘潜力、提升竞争力的关键举措。针对企业的发展战略及企业人力资源现状，作者就企业人力资源发展战略和近期的工作规划提出几点看法。

### 1. 建立全员人力资源管理模式

随着企业的快速发展，各部门职能和业务不断扩展，管理越来越专业化、精确化、程序化，根据国内外人力资源发展趋势和企业的特点、传统，必须建立由公司领导层、人力资源部、各部门主管及普通员工四位一体的科学分工又相互协作的全员、全方位的人力资源管理模式。

（1）企业领导层根据企业发展战略制定人力资源发展战略，支持人力资源部门、各职能部门开展人力资源实务，为开展各项管理工作提供必要的资源。

（2）人力资源部门根据企业人力资源发展战略制订工作规划，开展职位分析，组织招聘、培训和绩效考核，完善各类管理制度，做好人力资源事务性工作。

（3）职能部门主管在人力资源核心业务中把握关键环节，如工作管理、招聘中的面试选拔、培训实施、部门人员考核、反馈、部门人员工资定位与奖惩等（必须切实提高部门主管的管理理念、技术和水平）。

（4）员工可以通过工作分析会、座谈会、面谈沟通等渠道参与企业业务、管理、考核、工资福利、培训等方面的建议和修正，不断完善企业工作流程和管理制度，体现企业管理的公平、公正、透明和持续改进的原则。

### 2. 完善职位分析、规范工作管理

（1）对企业的组织机构和各部门职位进行梳理、整合，编写规范的部门职责、职位描述、工作规范、作业说明书，确定各部门、各职位的工作职责、任职条件、考核方法，杜绝因人设职、职位业务重叠、部门职责交叉等不合理现象，使企业机构和职位设计流程清晰、职责明确、分工合理、协调方便、沟通流畅。更重要的是，明确各部门、职位在日常工作或项目实施中面对业务问题尤其是突发问题的职责、反馈渠道和应急措施，使每项工作都有人负责，形成"人人在管事，事事有人管"的良好作风。

（2）企业中高层主管必须切实认识到，出现员工没有按规定开展工作或其他违反规章制度的行为或生产效率提高缓慢等不良现象，不一定是员工意识差或方法不对，也可能是工作流程上存在缺陷，或管理体制上存在漏洞。那么，要想提高生产效率、工作质量及工作规范，必须从工作流程本身着手，根据 IT 行业的特点和人事配合要求，分析人、机、料、法、环等制约因素，结合企业的实际情况，不断完善工作管理规范，使每项工作都有清晰的流程和相关责任人，每个项目在市场调研、论证、接洽、竞标、签署、方案、开发、实施、验证、维护等环节都能形成完整的程序和资料，既能培养员工良好的工作思路和习惯，又能有效降低人员流失带来的风险。

### 3. 重视人才引进、储备和培养

（1）企业应正确认识到 IT 行业人才流动的特点，在保证关键人才和企业特意培养的人才基本稳定的前提下，对于一些不适合企业发展或能力达不到企业要求的人员要有计划地放弃。企业还要根据业务发展和岗位空缺情况，建立系统的人员需求统计和人才储备机制，制订年度人才引进计划，保证空缺岗位能及时补充及企业的部分关键管理岗位有足够的人才储备。

（2）改变目前单一的岗缺招人的被动的招聘模式，利用网络、报刊、人才交流会等途径发布长期人力资源需求信息，扩大选择范围和提高应聘人员的素质。同时优化面试流程，通过对应聘人员的道德品质、基本素质、专业知识、社会实践、应变能力、性格特征等方面的全面考察，选拔出符合要求的人才。

（3）在项目实施过程中进行工作协作和轮换，培养一专多能的人才，减轻由于专业化程度过高而产生的工作枯燥感，防止工作效率降低。提高员工多种业务能力，加强部门和岗位间的协调沟通，充分利用企业人力资源的优势和潜力。

（4）企业应有意识地引进或培养一些骨干人才如项目主管、客服主管、销售主管等，既能协助部门经理开展工作，又能协调部门之间或部门内部的业务分工和人员调配，还能提高企业的管理水平和绩效。

（5）目前企业销售环节的管理水平不高，应规划在适当时机引进高级营销主管，既能统筹策划，又能开拓市场和管理队伍，还能使总经理从烦琐的事务中脱离出来，致力于企业战略管理。

### 4．健全培训制度

企业近年来十分重视培训，但效果不太理想，主要是因为培训没有系统化，仅以应急培训和产品培训为主，只能是"头疼医头，脚痛医脚"。要想充分发挥培训的作用，需要通过以下几个途径不断改善。

（1）加强入职培训的力度。由人力资源部门和新员工所在部门联合实施，对新员工进行企业概况、发展战略、管理制度、组织机构和部门职责、岗位知识、沟通机制等知识培训，不能因业务急就简略行事，要使每个新员工了解哪些应该做、哪些可以做、哪些不能做，能自觉遵守企业各项规定，为以后开展工作奠定基础。

（2）规范日常培训。企业应根据年度业务发展需要和项目实施要求，制订翔实的培训计划，通过有序、系统的产品知识、工作技能、工作规范、业务技巧等方面的培训和成熟经验交流推广，让每个员工都能得到提高和锻炼的机会，使他们既熟悉产品知识，又具备良好的业务技能。

（3）重视中高层主管培训。通过委外培训、厂内班培训等方式切实提高中高层主管的管理理念、管理技巧、激励方法和业务能力，以适应当前管理、业务发展的要求和员工多变的思维模式，保证分管工作或本部门工作高效、精确地开展。

（4）培训方式要多样化。通过网络、多媒体教学、现场分析讲授、互动式探讨等方式，提高培训的趣味性、知识性、实用性，扩大培训效果。

（5）完善培训反馈机制和成果转化机制。通过对培训对象进行考核、面谈、笔试、工作跟踪等方式评价培训效果，并深入了解各类员工的培训需求，以修正企业的培训计划、培训方式、最佳培训时间等，并为员工培训学到的知识提供应用的环境，达到增强培训效果、降低培训成本和切实改善工作的目的。

### 5．构造工资体系和绩效考核系统有机结合的激励机制

（1）不断完善企业薪资政策和薪资结构，建立全体员工的鉴定考核体系，制定相应的考核标准和奖惩制度，使每位员工的工作表现、工作能力、贡献大小与个人工资、晋升充分挂钩，激励先进，鞭策、淘汰落后。对于经过多次培训和考核仍达不到企业要求的员工应有计划地调整、降薪、限制使用乃至辞退。

（2）不同的薪酬发放方式对员工的激励效果差异很大。对高科技型企业的员工来说，福利模块更能解决他们关心的问题，使他们感受到企业的尊重和关怀。企业可以借鉴一些先进企业的管理经验，调整工资结构，有针对性地调整交通补贴、住房补贴、节日奖金等员工福利在工资中所占的比例，在工资总额不变或增长很小的情况下充分调动员工的积极性和责任感，增强员工的凝聚力和工作绩效。

（3）对现有工资体系不断调整完善，使员工收入水平随着企业业绩的上升和工作效

率的提高稳步上涨。同时根据"20%与80%的不平衡法则"，重点培养和激励属于"20%"的如部门经理、助理、项目主管等骨干力量，来带动另外80%的员工，并且注重不断引入新的人才，让"20%"得以新陈代谢，从而使全企业的人员素质、工作效率、经营业绩不断攀升，这就需要工资政策的真正倾斜和激励机制的差异性作为支持。

### 6．修改完善管理制度

企业目前的各类规章制度管理比较散乱，许多文件或条款已经不适应现在的形式需要，更有不少文件或条款已经与实际情况脱节，既不利于员工对制度的理解，也不利于管理部门对制度执行情况的监督和检查，必须尽快整理、完善。

1）文件体系目录

（1）行政综合类：保密规定、办公用品管理规定、办公辅助设施管理规定、餐饮管理规定、仓库管理规定、会议管理规定、文件管理规定、业务接待管理规定、印鉴管理规定等。

（2）人力资源类：人力资源管理条例、招聘管理规定、薪资管理规定、职务分析、培训管理规定、绩效考核办法、企业文化等。

（3）财务管理类：各类财务管理规定。

（4）技术开发类：软件开发规范、技术资料管理规定、工作任务考核办法等。

（5）市场管理类：市场信息管理方法、竞标管理方法、项目实施管理规定等。

2）执行、检查、监督制度

管理是为了规范正常，发现异常；文件的制定是为了规范工作，有章可依。文件的适用范围、对象必须严格按照规定认真执行，同时部门要负起日常检查的责任，人力资源部门要进行监督，不要等出了问题才去分析原因。同时，对于发现的一些异常要积极制定防范和改进的方法，人力资源部门要组织相关部门不断修改、完善文件，保证员工使用的文件是有效和唯一的版本，能够符合员工工作的需要。

### 7．建设特色企业文化

企业文化建设是整个企业发展战略和人力资源管理的重点和难点，是培养员工共同价值观的长期、艰巨的过程，包括组织机构、管理制度、管理风格、激励机制、团队精神、企业礼仪、共同价值观等涉及企业发展的各方面。而企业文化的核心共同价值观是维系企业和员工的一条无形的精神纽带，可以使全体员工了解企业的战略意图、管理风格、激励方式，知道自己应该干什么、不能干什么，珍惜自己的工作，以身在企业为荣，从而激发他们的工作热情，并通过企业的各种保障措施和激励机制使全体员工齐心协力地为实现企业战略而努力。针对当前企业的企业文化建设相对薄弱、员工责任感不强、集体意识淡漠、凝聚力欠缺等情况，企业必须采取各种切实可行的措施来建设特色企业文化。

（1）强化全体员工的企业精神和企业礼仪教育。企业员工的言行举止和精神风貌代表着企业的形象和实力。制定企业礼仪规章制度，规范员工与内外部人员的接洽或交流行为，并不断对员工进行企业精神和礼仪培训和检查督促，既有利于提升企业在客户心中的整体印象，也便于内部的协调沟通及团结协作。

（2）给员工营造一个宽松的生活、文化氛围。企业由于人手少、任务急、项目紧的原则，也缺乏必要的文娱措施，员工业余生活比较枯燥，长期下去会影响员工凝聚力和协调性。因此，企业可以建立员工活动室、图书角、文体娱乐、参观等活动，改善员工业余生活水平，提供再学习的有效途径，不断提高员工自身的素养和集体凝聚力。

（3）建立一个平等、互信、互动的交流平台。本着着眼企业未来、关心员工发展的思想，通过日常交谈、座谈会、分析会、集体活动、培训等各种机会，部门之间、岗位之间要认真思考项目、工作的协调和开展、落实情况及存在的问题，企业中高层管理人员更要积极和员工交流、沟通、反馈，了解员工的思想方法、工作业绩、生活境况，同时也传达企业的最新发展动向和发现实际问题，并及时解决员工比较敏感或感兴趣的问题，让员工切实感受到平等、信任和效率。

（4）企业文化建设是以制度建设和严格管理为前提的。想要引导员工按企业战略要求开展工作、发挥活力、规范行为，必须先制定全面、详细、合理、可行、公平的规章制度和奖惩措施，约束员工的行为，让所有人明白应该做什么、鼓励做什么、限制做什么、严禁做什么。对于符合奖励或处罚条件的员工，根据规定实施奖惩，并视企业时势需要调整奖罚力度，从而不断鞭策、激励员工。

企业文化建设是一个系统的工程，市场条件和企业境况是不断变化发展的，企业文化也必须随着企业业绩的提高和所处环境的变化不断健全、完善、丰富、发展、适用，才能与企业的发展战略保持一致并相互促进。

资料来源：https://www.docin.com/p-1578345367.html，有删改。

**案例评析**

企业的人力资源部门分别结合外部环境和内部环境，立足经济飞速发展的时代趋势和企业正处于的发展中的阶段，制定了人力资源规划的战略目标。同时又考查了现阶段人力资源管理所存在的问题，并在战略的分解实施过程中利用相关制度避免此类问题的出现。从企业的发展战略出发，在人员的引进和管理方面制定相应制度。

（1）选人：改变单一的岗缺招人的被动招聘模式，开辟网络、报刊、人才交流等多种招聘渠道，长期储备合格的优秀人才。对于一些重要岗位的管理人员，除了企业自身培养，还注重利用猎头公司等挖掘。

（2）制定了程序化的面试流程和多维度的考查方面。不仅注重员工的职业技能，还注重员工的道德素养。

（3）育人：基于企业的战略目标，延伸出的对员工数量和技能水平的要求。提前培训，定期为员工制定工作技能培训的课程。对新员工进行严格的入职培训，让新员工了解企业文化和企业的制度规定。同时也为中层的管理人员提供相关的培训，让他们理解先进的管理理念，适应员工的多思维模式。

（4）用人：企业秉承全员参与的管理模式，领导与员工双向沟通制定相关的工作目标。由人力资源部门制定详细的工作说明书和工作流程，使人人有事做、事事有人做，尽量做到人尽其用。

（5）留人：在企业整体的文化建设下，制定公平、公正的薪酬制度和奖惩措施。注重员工的薪酬结构调整，以激励员工以更好的状态去工作。同时企业注重员工的业余生活，使员工在工作的同时也能做到劳逸结合。

缺点：企业在选人的阶段只有大体的思路概况，并没有制订详细的人员数量规划和招聘渠道的具体运用流程；在留人阶段未注重对员工家庭的关心。

## 【本章小结】

我国企业人力资源管理的发展主要经历了人事管理和从人事管理向人力资源管理转变的两大阶段。目前，我国企业人力资源管理还处于转型期，人力资源战略与规划尚处于探索发展期，改革和创新的任务还比较艰巨。根据学者们对中国企业人力资源战略与规划的调查结果和研究观点可知，目前适应中国本土化企业发展要求的人力资源管理理论与实践仍在不断创新和发展，我国人力资源战略与规划的发展虽取得了一定的成绩，但也面临着许多问题。我国企业越来越重视人力资源战略与规划工作，人力资源战略与规划的实践也有了一定的发展，但人力资源战略与规划的相关制度有待完善、层次和水平有待提高。本章所介绍的几个成功案例，生动鲜活地反映了我国企业人力资源战略与规划的典型经验，为我们立足中国企业实际、学以致用、选择和制定人力资源战略与规划提供了参考。

## 【复习思考题】

1. 我国企业人力资源战略与规划经历了怎样的发展历程？
2. 我国企业人力资源战略与规划的发展现状和主要特点是什么？
3. 我国企业人力资源战略与规划的主要成绩和面临的问题有哪些？
4. 应用所学知识，谈谈我国企业应如何选择和制定人力资源战略与规划？

## 案例分析

### 阿里巴巴赢得人力资源竞争优势的工具

阿里巴巴集团于1999年在中国杭州创立，目前已成为全球电子商务的领先者之一。2014年，阿里巴巴集团在纽约证券交易所正式挂牌上市，在中华地区、印度、日本、韩国、英国及美国的70多个城市共有24 000多名员工。2015年，阿里巴巴集团获得2014

中国任仕达奖内资企业组最佳雇主金奖（注：外资企业组的桂冠由国际商务机器公司摘得）。

任仕达集团在给阿里巴巴的评语中写道："如果要问哪一家公司真正将价值观、文化贯彻到日常工作，无疑当属阿里巴巴……通过相互促进与合作，去实现企业及个人的理想是坚守阿里文化价值的体现。"

阿里巴巴集团为员工提供行业内富有竞争力的薪资，每年参加同行业的薪酬福利市场调研，以确保公司员工的薪酬在同行业内具备良好的竞争力。阿里巴巴集团根据业绩导向，为不同的职能人员制订完善的绩效奖金计划或业务提成计划；对于特别优秀的员工，提供上不封顶的薪酬回报和独特的培养体系。

阿里巴巴集团拥有完备的培训系统，每一位员工都可以找到适合自己的成长方式。阿里巴巴集团有不少在创立之初加入的普通岗位上的员工，他们通过自己努力不断轮岗，现在已走上公司副总裁、高级总监等重要岗位。对于新员工，有"百年阿里"的入职培训，之后的培训课自主参与。针对技术、产品等不同岗位，有专门的新人培训。同时，阿里巴巴集团设立"师兄导师制度"，一带一路引导新员工融入整体，尽快成长。

阿里巴巴集团追求沟通的有效性。阿里巴巴集团开设公开的总裁热线、公开邮箱，员工可随时致电、写信给总裁，总裁会及时回复。同时，企业高管还会定期召开圆桌会议，员工可自由报名参加，高管现场解答员工问题；不能当场解决的，也会在一周内制订行动方案。这些问题及回复，也会及时在企业内网、内刊中公布。员工若有任何意见、建议，还可以在阿里巴巴集团的内网论坛中畅所欲言。

阿里巴巴集团提倡快乐工作、认真生活，将"成为员工幸福指数最高的企业"写进阿里愿景之中。阿里巴巴集团拥有员工俱乐部，分为足球派、宠物派等。员工们各显神通，在内网上发展会员、组织活动。每年的 5 月 10 日，更被定为"阿里日"。所有的员工家属，在这一天可以走进阿里巴巴集团，看看亲人的工作环境。一年一度的集体婚礼是阿里巴巴集团的传统，由总裁主婚，首席人才官证婚，全阿里人观礼。阿里巴巴集团不但为阿里人提供一年一度的身体健康检查，而且还为员工家属提供阿里折扣价，共同关注阿里人家属的健康。

资料来源：http://news.mydrivers.com/1/302/302834.htm? fr=m，有删改。

## 请思考

1. 哪些方面体现了阿里巴巴最佳雇主品牌？
2. 请列举一个阿里愿景。

## 本章实训

### 制订小米公司未来 5 年的人力资源规划

#### 一、实训内容

小米公司是一家专注于智能产品自主研发的移动互联网公司。"为发烧而生"是小米公司的产品概念。小米公司首创了用互联网模式开发手机操作系统、"发烧友"参与开发改进的模式，采用饥饿营销方式，打造粉丝经济。这使小米公司很快在智能手机市场获得了大量市场份额。

小米公司致力于扩大团队，涉足新领域，扩展产业链。2016 年，小米的企业战略方向是云服务和大数据，即小米将通过"生态链"系统连接一切可以连接的智能设备，大量终端数据汇聚于小米，最终建成一个数据采集、服务中心。目前，市场竞争激烈，缺乏核心专利、核心配件、核心软件设计能力导致小米公司的核心竞争力不足、供应链控制力不足等问题愈演愈烈。如何根据内外部环境的挑战和机遇，制定小米公司未来 5 年的人力资源战略与规划，是小米公司人力资源部门的一项重大任务。

假设你们是小米公司人力资源部门的员工，公司领导通过了人力资源部门制定的小米公司未来 5 年的人力资源战略报告，现安排人力资源部门继续制订未来 5 年的人力资源规划。作为人力资源部门的成员，你们将如何根据人力资源战略制订未来 5 年的人力资源规划？

#### 二、实训步骤

1. 教师讲授科学人力资源规划流程，并演示人力资源供需预测的重点方法。
2 根据教学班级规模，对学生进行分组，每组 4～5 人，组员协商推举小组组长。
3. 每组根据各自已完成的小米公司未来 5 年的人力资源规划，以及人力资源规划制订流程，进行分工、讨论与合作。
4. 将组员各自负责的人力资源规划工作内容汇总为人力资源规划初稿，注意规划的连贯性、一致性。
5. 小组研讨：假设这份 5 年人力资源规划已实施，结合教材与实际，归纳并总结小米公司可能出现的问题及其应对方案。
6. 每组派代表展示最终形成的人力资源规划报告。

# 参考文献

[1]    张相林，吴新辉. 人力资源战略与规划[M]. 北京：科学出版社，2017.

[2]    谌新民，唐东方. 人力资源规划[M]. 广东：广东经济出版社，2002.

[3]    赵曙明. 人力资源战略与规划[M]. 北京：中国人民大学出版社，2008.

[4]    侯光明，王月辉，刘存福. 人力资源战略与规划[M]. 北京：科学出版社，2009.

[5]    赵永乐，李海东，张新玲，姜农娟. 人力资源规划[M]. 北京：电子工业出版社，2014.

[6]    萧鸣政. 人力资源开发：方法与技术[M]. 北京：中国人民大学出版社，2015.

[7]    赵永乐，陈京民，韩松. 人力资源规划[M]. 上海：上海交通大学出版社，2006.

[8]    文跃然. 人力资源战略与规划[M]. 上海：复旦大学出版社，2017.

[9]    杨清，刘再. 编著人力资源战略[M]. 北京：对外经济贸易大学出版社，2003.

[10]   寒武. 人力资源战略与规划[M]. 中国发展出版社，2007.

[11]   赵曙明. 人力资源战略与规划[M]. 北京：中国人民大学出版社，2012.

[12]   杨维富，王仁理. 执行人力资源战略规划[M]. 北京：中国发展出版社，2008.

[13]   王玉琴. 现代公立医院人力资源管理战略与规划探讨[J]. 现代经济信息，2019.

[14]   谢锦华. 浅谈企业战略规划与人力资源管理[J]. 人才资源开发，2019.

[15]   王彦君. 基于企业战略的人力资源规划流程及方案探析[J]. 人力资源，2019.

[16]   余晓云. 论人力资源的战略规划与管理[J]. 现代经济信息，2019.

[17]   刘昭. 浅析企业战略人力资源规划创新[J]. 经营管理者，2019.

[18]   胡月琴. 关于战略人力资源规划的人员规模预测方法研究[J]. 现代经济信息，2018.

[19]   李志华. 基于企业战略的人力资源规划要点探析[J]. 中国管理信息化，2018.